来也思想库

国家旅游局2009年课题"城乡统筹与乡村旅游的转型升级"（课题编号：09TACG018）

# 城乡统筹与乡村旅游

## 第二版

杨振之 黄 葵 周 坤 / 著

URBAN-RURAL COORDINATION AND RURAL TOURISM (SECOND EDITION)

经济管理出版社

ECONOMY & MANAGEMENT PUBLISHING HOUSE

**图书在版编目(CIP)数据**

城乡统筹与乡村旅游/杨振之,黄葵,周坤著.
—2版.—北京:经济管理出版社,2012.2
ISBN 978 - 7 - 5096 - 1778 - 6

Ⅰ.①城…　Ⅱ.①杨…②黄…③周…　Ⅲ.①乡
村—旅游业—研究—中国　Ⅳ.①F592.3

中国版本图书馆CIP数据核字(2012)第016349号

出版发行：**经济管理出版社**

北京市海淀区北蜂窝8号中雅大厦11层
电话:(010)51915602　　　邮编:100038

印刷:三河市海波印务有限公司　　　经销:新华书店

组稿编辑:王光艳　　　　　　责任编辑:王光艳　金　泓
责任印制:黄　铄　　　　　　责任校对:超　凡

720mm×1000mm/16　　　　　17.75印张　343千字
2012年6月第2版　　　　　　2012年6月第1次印刷

定价:58.00元

书号:ISBN 978 - 7 - 5096 - 1778 - 6

# 总　序

做策划需要思想，做规划需要思想，做设计也需要思想。

思想是人的智慧显现的火花，是人之所以为人的存在方式。

所以，笛卡尔说，"我思故我在"。我存在于这个世界上，是因为我思。

但海德格尔还是批评笛卡尔，说他在这个"激进的"开端处没有说清楚这个能思之物的存在方式，"我在"的存在意义是什么？

海德格尔说，"人诗意地栖居在大地上"，才是人的存在意义。

问题是，人真能"诗意地栖居"在大地上吗？

千疮百孔的大地，喧嚣纷呈的城市，追名逐利的生活，难以找寻到诗意。

尽管如此，我们还是要努力去寻找诗意。

哲学家在寻找，艺术家在寻找，旅游者在寻找，我们策划师、规划师、设计师也在寻找。

"诗意地栖居"是一种理想的存在状态。旅游者在旅游中能获得"诗意地栖居"，我们就是要为他们规划好"诗意地栖居"的场所。

城市规划是让人们在现实中更好地生活，乡村规划是让人们隐逸地生活，旅游规划是让人们诗意地生活。

从城市，到乡村，到旅游地；人们从现实，到隐逸，到诗意；人越来越回归本我，越来越发现自我，越来越激发自我的潜能。

我们干了一件最有意义的工作，最幸福的工作。

我们能让人隐逸，我们能让人诗意。

人诗意地栖居，故我思，故我在。

我们的团队，是一个思想的团队，是一个诗意的团队。我们把这些思想收罗起来，形成一个文库，让它持续地发光。也许有人能借着此光前行，我们就满足了。

杨振之
2012 年孟春

# 前　言

　　我国乡村旅游发展迄今为止经历了两个阶段，现在正进入第三个阶段。第一个阶段为"农家乐"时期，发端于20世纪80年代中期的成都郊区，90年代初在成都形成燎原之势，一时影响到全国。当时的"农家乐"旅游产品单一，消费低廉，依托农村良好的自然生态环境和朴素的乡风民俗，或农家休闲，或农家小住，尤其是气候环境较好的山乡成为人们避暑的向往之地。此时乡村旅游缺乏规划，自然生成，产品虽然低级却让农民尝到了甜头。第二个阶段开始于90年代中后期，乡村旅游大多进入到景区管理阶段，此时的乡村旅游开始统一规划、统一建设、统一管理、统一营销，乡村环境也得到了整治，基础设施与服务设施得到了有效改善，社会资本开始投向乡村旅游项目，第一产业、第二产业、第三产业开始互动融合发展，如著名的成都红砂村"五朵金花"就是一个典型的代表。但此时的旅游产品还是以观光农业和休闲农业为主，农业开始走向集约化、规模化，但集约化程度并不高，农业产业的规模化、集约化由于土地制度的限制而受到制约。但成都红砂村在土地流转和统筹城乡方面做出了有益的尝试。第三个阶段可以称为乡居和乡村度假阶段，其标志是2007年6月国家批准成渝两地为统筹城乡综合改革试验区，尤其是成都市在土地流转方面作出了大胆的创新与尝试，为乡村旅游向休闲度假高级产品的转化打开了大门。尤其是在汶川地震之后，通过灾后重建的"联建"政策，城市居民与农民合伙联建的方式，与农民共享宅基地，实现在农村建别墅的梦想。农村的土地流转方式则显得更加活跃。成都市更是适时成立了农村产权交易中心，为农村土地转化为资本提供了平台。随之而来的是农业产业的升级、乡村旅游的升级、乡村旅游产品向休闲度假尤其是乡村度假转型，乡村治理水平大大提高。在城乡统筹的过程中，乡村旅游的发展扮演着十分重要的角色。

中国农村的改革，在解决了农村土地制度变革的"瓶颈"后，城乡统筹的历史作用将是革命性的，将会基本上消灭城乡二元化。其实欧美发达国家早已走过了这样的路径，下面以法国为例。

法国的乡村，土地利用的规模化和集约化已达到了相当高的水平，成片的农田、森林相互交错，村落镶嵌在广袤的田地上，居民大都被集中安置居住，很少有分散居住的村民。

法国农业土地私有化程度高，农民已成为产业工人，并享受着全面的社会福利，农场主就是资本家，占有着广袤的土地，因此土地早已完成了整理，沟渠、田埂等都得到平整，以适应大机械化生产。农场主种什么、种多少，全由市场决定，因此法国农业的市场化程度很高。市场需要的产品，就会引进集约化生产和规模化种植，当然也就促进了农产品的深加工。农业产业是法国的支柱产业和出口换汇的主要产业之一，法国农业产业和农产品深加工都稳居世界前列。法国农业产值居欧盟第一，农业食品出口居世界第一，占世界市场的11%，食品加工业是国家的支柱产业。

以盛产葡萄和葡萄酒著名的法国西南部城市波尔多（Bordeaux）为例。这里离大西洋海岸90多公里，受大西洋和地中海气候的影响，阳光充足，气候温和，特别适宜葡萄的生产。在葡萄生长的季节，雨量较大；在葡萄收获的季节，阳光充沛，这里地形缓缓起伏，形成大丘状地貌，土壤沙砾石，表层土覆盖着混合细沙的第三纪砾石，底土掺杂着贝壳化石的砾质岩层。

葡萄种植和葡萄酒酿造始于公元一世纪，在资产阶级革命后得到大规模的发展，在这里每个农场主都种植葡萄，每个农场主都有一个葡萄酒庄，且每个酒庄都创有自己的品牌，葡萄酒销往世界各地。除了葡萄产业化、集约化生产之外，葡萄酒食品加工业和出口贸易得到大力发展。此外，以葡萄的种植、葡萄酒生产、品尝、葡萄园体验、葡萄酒养生和葡萄酒庄住宿为特色的系列旅游产品被开发出来，促进了乡村度假旅游业的发展。

整个法国南部有十大葡萄产区，包括普罗旺斯（Provence）、克朗多—鲁西荣（Languedoc - Roussillon）等地区，都实现了葡萄酒的产业化。除此之外，像图卢兹（Toulouse）大面积的向日葵栽种和葵花油的加工，普罗旺斯大面积的薰衣草种植和薰衣草香精的提炼，都为旅游业的发展提供了大的景观背景和旅游吸引物。

与此相应，乡村治理获得了极大的成功。城乡一体化发展，城乡之间的差异被消灭，各个村庄被治理得像一个个小城市。

首先是基础设施完善，道路四通八达，重要的大村庄还通快速列车，停车场设施完备，标识系统完善。

其次是服务设施完善，购物超市、医院、图书馆等公共服务设施配套齐全。以村落为中心，四周田园上分布着私人农庄和别墅。完备的基础设施和服务设施在为当地居民提供生产生活便利的同时，也极大地方便了各地旅游者。配套的基础设施可以让游客快速地到达任何一个乡村旅游地，减少了旅途的奔波疲惫与候车的时间；而多样化的服务设施也为游客的休闲度假需求提供了众多的旅游活动项目。

农村社会保障体系完全建立起来，高福利社会也使农业工人享有最低工资和社会保障。

法国的乡村规划与乡村治理是紧密联系在一起的。同时，良好的乡村规划与乡村治理也为法国的乡村旅游发展奠定了坚实的基础。

对照法国的状况，中国的乡村规划与乡村治理需加强以下几点：

首先，明确乡村规划与乡村治理的目的。明确了主要目的才能进行科学合理的规划并促使乡村治理能力的提高。乡村规划的目的是解决乡村在发展过程中遇到的问题，并进行乡村资源的优化配置，促进乡村地区的可持续发展和当地居民的收入增加。而乡村地区的可持续发展，需要两个必备的条件：一是良好的生态环境和乡村景观，这是乡村区别于城市的重要特征，也是其自身发展的根基；二是乡村地区地域文化的保护与传承，包括当地的民风民俗、建筑特色、生产生活习惯、邻里之间的社会交往等。法国乡村地区时至今日依然保留着许多有几百年历史的堡垒式建筑，其生产生活习惯也一直延续至今，而不断变化的是外部交通可达性更加优越，公共服务设施更加完善，生活更加舒适。只有明确了乡村规划的目的之后，才不会出现国内误将乡村规划简单做成农村土地整理与居民点合并以及拆迁大量农户这样的状况，将乡村居民搬迁到城市的高楼住宅小区之中，不仅严重破坏了其原本的生活习惯，也不利于农业生产活动的进行，更是毁灭了乡村与乡村文化。再如此下去，我们要付出惨重的代价。

其次，合理布局乡村产业。无论是乡村规划还是乡村治理都要对乡村地区的产业布局进行合理的调整，以实现乡村地区资源的优化配置。乡村地区作为人类的另一聚居形态，主要发展农业。为了提高农产品的附加值，完善农业产业链，在农业种植的基础上还可进一步发展农产品的深加工和乡村旅游。同时，大规模的农产品生产也为乡村旅游的发展提供了大的景观艺术，典型的如法国普罗旺斯薰衣草和图卢兹的向日葵等。最终形成以第一产业为主，二、三产业齐飞的格局。

最后，建立平等公正的城乡关系。无论是在法国还是在西欧其他发达国家，城市与乡村保持着和谐的关系，而这种和谐关系是在城乡差异被消灭的基础上建立起来的。一个区域的资源与资本决定了其产业布局，乡村地区的生态资源与土地资本等决定了其与城市的重点产业布局和功能分工不同。乡村规划需从区域的宏观角度进行分析与规划设计，加强城市与乡村地区的联系，促进城乡的和谐发展。在保住基本农田规模的前提下，探索农村可持续发展的道路，促进农村产业转型升级。

在城乡统筹与新农村建设的背景下，如何解决我国当前乡村规划的薄弱问题，提高乡村治理的能力，突破乡村发展的"瓶颈"，可以说，除了土地制度、社会制度迥异之外，法国的乡村发展为我们提供了许多值得借鉴的成功经验，从某种意义上说，这也许正是我们乡村未来发展的目标，殊途而同归。

乡村旅游的发展，也不能遍地开花，造成土地资源的浪费。适宜乡村旅游发展的地区有三：一是依托大城市，位于大城市郊区；二是依托重要的旅游目的地，有大量的人流作保障；三是区位虽偏远，但依托了有特色的民族村寨，而民族村寨自身有很强的吸引力。其他小城市和城镇，大规模发展乡村旅游风险较大，但可以发展农家乐和乡村休闲的一些特色产品。

杨振之

2012 年 1 月 1 日

# 目　录

# 上篇　乡村旅游开发中的农地发展权研究

# 第一章　乡村旅游发展简述与
# 研究综述

　　2007 年 6 月，国家发改委正式批准成渝两市为城乡统筹综合试验改革区，作为城乡统筹改革的先行者，成都市要在解决土地资源紧缺、保障农民利益、统筹城乡经济和谐发展等方面做出有益的探索，为我国城乡一体化建设提供示范性的模板和可借鉴的经验。①

　　城乡统筹的意义是通过城市对农村的辐射和带动效应，充分发挥工业对农业的支持和反哺作用，建立以工促农、以城带乡的长效机制，促进城乡协调发展。通过城市和农村的互动，来逐步解决"三农"问题。②

　　本篇从城乡统筹与乡村旅游的关系入手，对城乡统筹背景下，乡村旅游开发中的农地发展权理论进行了深入探讨，试从乡村旅游的用地途径、模式等角度出发，在保持乡村聚落景观的前提下，解决乡村旅游发展中的土地问题。

## 第一节　乡村旅游发展简述

　　乡村旅游的开展要早于国内外学者对于乡村旅游的研究。对于乡村旅游发展历程的研究，将有利于我们全面地了解乡村旅游。本节从其发展现状及趋势入手，简述国内外乡村旅游的发展历程。

### 一、乡村旅游发展现状

　　乡村旅游起源于 19 世纪的欧洲。20 世纪 60 年代初，西班牙率先把加泰罗尼西亚村落中荒芜的贵族古城堡改造成简单的农舍，并且把规模较大的农庄和农场列入旅游参观和接待的范围，接待乐意到乡村观光的游客，至此，真正意义上的大众化现代乡村旅游发展起来。还有一种说法是乡村旅游诞生在意大利。1865 年，

---

①② 杨振之，王进. 城乡统筹与乡村旅游论纲［N］. 中国旅游报，2007－10－29

意大利"农业与旅游全国协会"的成立标志着乡村旅游的诞生,① 继乡村旅游在主要的欧洲国家兴起后,爱尔兰、美国等国也先后推出了乡村旅游产品,重点开发以农村传统文化特色和田园风光等为资源特征的乡村旅游,使乡村旅游逐渐成为社会各阶层喜爱的旅游休闲方式。之后,乡村旅游迅速传到日本和中国台湾地区。② 其中日本的乡村旅游发展得较早,旅行社开发出务农旅游,每年组织旅游者参加春天插秧、秋天收割等务农活动和捕捞鱼虾、牧场放牧、牛棚挤奶等项目,旅游者参加劳动不但没有报酬,还要向旅行社和农场交费。③

我国乡村旅游发展起于20世纪80年代,兴于90年代,至21世纪初已呈全面发展态势。1989年,乡村旅游的最初形态——"农家乐"诞生于成都市郫县农科村,乡村旅游作为一种独立的旅游形态正式进入人们的视野。1998年,国家旅游局推出"华夏城乡游",提出"吃农家饭、住农家院、做农家活、看农家景、享农家乐"的口号,有力地推动了我国乡村旅游业的发展。1999年,国家旅游局推出"生态旅游年",提出充分利用和保护乡村生态环境,开展乡村农业生态旅游,进一步促进了我国乡村旅游业的发展。2006年,国家旅游局推出"中国乡村旅游年",提出"新农村、新旅游、新体验、新风尚",推动了乡村旅游更快更好发展。2007年3月,国家旅游局联合农业部下发了《国家旅游局、农业部关于大力推进全国乡村旅游发展的通知》,为协调全国乡村旅游工作的开展,国家旅游局和农业部共同成立了"全国乡村旅游工作领导小组"。④ 据统计,2007年全国出游总计16.10亿人次,消费总额7770.62亿元人民币。2008年,国家旅游局推出国民休闲计划,与广东等省合作建立国民休闲试验区,其中乡村休闲成为国民休闲的重要组成部分。乡村旅游在省市各级政府和主管部门的联合推动下,进入了新的快速发展时期。

现阶段,乡村旅游以观赏、品尝、购物、农作、文化娱乐、农艺学习、森林浴、乡土文化欣赏等观光、休闲活动为主。乡村旅游区往往靠近旅游景区(点),形成了"农游合一"的格局,且多分布在东部经济发达省区、大城市郊区县和特色农业地区。⑤ 在国家部委的联合推动下,我国各地区乡村旅游得到空前发展,表现为旅游企业和旅游村数量迅速增加,游客规模和收入水平持续扩大,产业连带效应日趋明显。表1-1总结了我国乡村旅游发展的代表地区的基本情况,可以让我们对我国乡村旅游的发展现状有所了解。

---

① 周静,卢东,杨宇. 乡村旅游发展的起源及研究综述 [J]. 资源开发与市场,2007,23(8)

② 刘海鸿. 乡村旅游:国外的理论与实践对中国的启示 [J]. 经济问题,2007(7)

③ 魏小安,刘赵平等. 中国旅游业新世纪发展大趋势 [M]. 广州:广东旅游出版社,1999

④ 赵展坤. 国家促进休闲农业——乡村旅游发展大事 [EB/OL]. http://www.crr.gov.cn/Html/2007-10-12/2_2166_2007-10-12_2474.html

⑤ 王莉. 乡村旅游规划与开发理论初探 [J]. 昆明师范高等专科学校学报,2003,25(3)

表 1 - 1　2006 年我国乡村旅游发展的代表地区的乡村旅游发展状况

| 地区 | 经营主体数量 | 年接待游客规模 | 年接待收入 |
|------|------|------|------|
| 北京 | 全市具有一定规模和水平的观光农业园区有 1100 个, 占地 45 万亩, 共有 12 个区县的 321 个村开展乡村旅游接待工作, 其中市级民俗旅游村 110 个, 民俗旅游户已发展到 1.7 万户。 | 近 1500 万人次 | 接近 34 亿元 |
| 湖南 | 全省年营业额 50 万元以上的休闲农业企业 4000 家以上, 投资规模 1000 万元以上的企业有 67 家, 全省有星级休闲农业企业 95 家, 其中五星级 37 家。 | 3000 万人次以上 | 超过 30 亿元 |
| 四川 | 全省"农家乐"经营接待户总计达到 19966 家, 其中, 除成都市以外的各地市、州"农家乐"经营接待户总计达到 11441 家。 | 1.09 亿人次 | 37.93 亿元 |
| 江苏 | 到 2006 年底, 全省已建有休闲观光农业景点 510 个, 其中, 国家级农业旅游示范点达到 70 个, 名列全国前茅。 | 2000 万人次以上 | 40 亿元以上 |

资料来源:中国乡村旅游网。

## 二、乡村旅游发展趋势

在对乡村旅游的发源及国内外乡村旅游的发展现状有了进一步了解之后, 就国内外乡村旅游发展的趋势进行探讨。

1. 国外乡村旅游发展趋势①

自 19 世纪乡村旅游在欧洲发达国家农村地区快速开展以来, 乡村旅游对推动乡村地区的发展起到了非常重要的作用。乡村旅游的发展历程主要呈现出以下三大趋势:

(1) 把发展乡村旅游纳入解决农村问题, 推动农村持续全面进步的战略范畴, 从政策层面进行有效推动。乡村旅游促进农村全面进步以英国为例, 为解决日渐凸显的农村社区人口的基本生活保障、农业和农民收入下降、农村的贫困、农村环境等问题, 英国在 2001 年大选后将原农业、渔业及食品部 (MAFF) 改为环境、食品和农村事务部 (DEFRA), 增加了"环境"与"农村事务", 采取了

---

① 傅德荣. 国外乡村旅游的发展现状和趋势 [J]. 小城镇建设, 2006 (7)

更具竞争性、灵活性，对环境更加负责的政策。政府每年投入约 5 亿英镑改善农村基础设施。为了继续提高对农村事务的支持水平，到 2007 年预计拨付 16 亿英镑来支持英国农村发展计划。英国环保人士巴彻勒说："旅游业是英国最大的产业，截至目前，到英国乡村休闲农作和生态旅游的人数已经超过了 10 亿。"

（2）突出强调保持乡村自然人文环境的原真性。法国、日本等一些旅游发达国家，在进行乡村旅游资源开发和规划时，非常重视在原有的一些遗址上进行复原和整修，尽可能保持其传统的、旧式的、古董的、原貌的民俗景点或博物馆，使之成为乡土式的综合博物馆。乡村旅游与其说是在乡村空间里旅行，还不如说是在乡村概念中旅行。乡村魅力对于都市人群来说，或许并不只是换一种"地方"，而是换一种体认"价值"。

在芬兰，农场旅游广受欢迎。人们在农场可以欣赏原生态的乡村景色，体验原汁原味的乡村生活。农场主用自己饲养的家禽、种植的农作物等生态食品款待客人。在芬兰，类似的乡村旅游场所有几百处，均强调保持乡村自然人文环境的原真性。

（3）乡村旅游朝选择的多样化和方式的自助化方向发展。随着乡村旅游的迅速普及化，旅游者对乡村旅游品种的多样性、内容的丰富性和体验差异性的要求越来越高。越来越多的旅游者不再满足于一些成熟的乡村旅游点和较固定的旅游项目，自主开辟新的旅游点，提出新的旅游要求。乡村旅游目的地和旅游内容有不断泛化的趋势。与乡村旅游选择多样性相仿，发达国家的旅游者愿意选择更加自助的方式开展乡村旅游。自助的方式包括交通出行的自助化，自驾车、单车或徒步出行。他们更加愿意选择利用乡村环境和资源开展自娱自乐活动。

2. 国内乡村旅游发展趋势

在国内，由于我国幅员辽阔，自然景观差异大，农业资源丰富，民风民俗多彩，乡村旅游的发展有着优越的条件。其发展不仅为旅游者提供了新的休闲产品，同时也促进了农业产业结构调整。我国乡村旅游的发展将呈现出以下几大趋势：

（1）乡村旅游发展的政府推动力将持续增强。越来越多的地方政府将乡村旅游作为活跃地方经济、宣传地方形象、推动农村发展的重要途径，这从各级政府工作报告中可窥见端倪。可以预见，在未来的很长一段时间内，乡村旅游在改善农村地区经济社会环境、促进农民增产增收、调整农村产业结构调整方面的作用将更加明显，政府从税收、土地、管理等方面对乡村旅游的支持力度也将持续增加。乡村旅游将逐渐实现从最初的一家一户搞"农家乐"单干，向政府有意识的统一规划、统一管理、统一营销的规范化经营转变。

（2）乡村旅游产品的内容与形式将实现创新发展。我国乡村旅游起源于形式单一的"农家乐"接待，随着乡村旅游游客的需求不断多样化，特别是众多资源品级并不突出但区位条件较佳的乡村加入乡村旅游开发序列，乡村旅游产品的内容和形式都得到了极大的拓展，涌现出了高科技农业园、农耕嘉年华、田园养生会所、农村创意产业园等多种新形式的乡村旅游产品，受到乡村游客的喜爱。在未来乡村旅游规划开发中，随着科学研究和知识引进的不断深入，越来越多的新鲜理念将会灌输到乡村旅游项目设计上，乡村旅游产品会在更全面优化的乡村保护计划下，更注重产品的规模化、品牌化和特色化，不断满足游客需求，逐渐形成以观光农业、乡村休闲、农事体验、乡村度假等多层次的产品体系，进而实现乡村旅游产品从量到质的跨越式发展。

（3）乡村旅游产品的文化内涵将更趋丰富。乡村旅游的客源集中于村落所处区域内的主要城镇，主流文化并无明显差异，乡村地区独有的民风民俗与农耕文化特色就成为乡村旅游开发取得成功的关键所在。在传统的乡村旅游开发中，农业观光与农家接待对文化特色的挖掘工作尚不完善，游客进行乡村旅游活动所消费的农家饭、棋牌、垂钓等活动，除了所处相对原始的自然环境外，与在城镇消费无异。乡村旅游产品文化内涵的缺失导致乡村旅游产品的可复制性增强，进而影响乡村旅游市场的良性发展。面对未来日趋激烈的乡村旅游竞争市场，特别是游客知识水平提升、文化消费意识增强，缺乏文化品位的低档次乡村旅游产品将越来越不能满足游客需求，这将促使乡村旅游产品的文化内涵更趋丰富。

# 第二节　乡村旅游研究综述

随着乡村旅游的发展，国内外学者对于乡村旅游的研究也不断深入。从乡村旅游的概念、乡村旅游发展模式到乡村旅游产业与产品、乡村旅游可持续发展、乡村旅游规划设计等方面进行了探讨。本节收集并整理了以往的研究文献，梳理出乡村旅游的研究成果，并进行综述。

## 一、国外乡村旅游研究的主要内容

国外乡村旅游起源较早，乡村旅游研究也相对成熟。特别是第二次世界大战之后，西方国家进入经济发展的"快车道"，经济发展带动了旅游消费的增长，乡村旅游在 20 世纪六七十年代的快速发展就是其直接表现。乡村旅游的发展也推动了旅游理论界对乡村旅游研究的重视，国外乡村旅游研究在 20 世纪 80 年代出现活跃期，并一直持续至今。从研究领域上看，现阶段国外学者对乡村旅游社会文化影响、社区参与、村庄治理等人文社会方面的关注度要高于对乡村旅游经济层面，对乡村旅游的社会、经济、环境影响方面研究较多。从研究方法上看，多从实践案例出发，对某一社区或乡村旅游区进行实地调研，构建数理模型进行定量分析。从已发表的研究文献数量上看，国外乡村旅游研究主要集中于乡村旅游概念、乡村旅游可持续发展、乡村旅游影响、乡村旅游规划开发等方面。

在乡村旅游概念方面，国外学者多从乡村旅游（Rural Tourism）、农业旅游（Agricultural tourism）、农场旅游（Farm Tourism）、村落旅游（Village Tourism）等不同角度对乡村旅游进行界定，这些概念在国外研究文献中具有通用性。世界旅游组织（WTO）在《地方旅游规划指南》中定义乡村旅游为"旅游者在乡村（通常是偏远地区的传统乡村）及其附近逗留、学习、体验乡村生活模式的活动。该村庄也可以作为旅游者探索附近地区的基地"，① 这一定义具有指导意义，但将乡村旅游发生地点设定为"偏远地区的传统乡村"，明显具有时代局限性。Lane（1994）认为乡村旅游应至少具有五个特性：地处乡村，旅游活动具有乡村性，小规模化，社会文化的传统性，类型多样性，这一论述对乡村旅游特质的描述较为精确。Nilsson（2002）认为农场旅游与乡村旅游相比范围较小，必须依赖农场和农民开展旅游活动，农场旅游只是乡村旅游的一个组成部分。Inskeep（1991）认为农业旅游、农庄旅游、乡村旅游三种旅游形态并无实质区别，而村落旅游（Village Tourism）特指游客到偏远乡村进行传统文化和民俗文化旅游的活动。实际上，学者提出的乡村旅游概念一般包含了三个关键要素：乡村环境、传统文化和旅游功能，这是对乡村旅游概念解析的基本理论要素，也是乡村旅游从根本上区别其他旅游形式的标志。

在乡村旅游可持续发展方面，众多学者从乡村文化保护、乡村环境治理、乡村遗产开发等方面进行了研究。印度学者 Gonsalves 早在 1987 年就提出，乡村旅游朝理性、和谐和完美的可持续方向发展，是未来乡村旅游活动的必然趋势。Lane（1994）认为乡村旅游发展需要严格保护乡村敏感区域，协调好保护与开发关系，保持乡村的乡村性，因此乡村旅游的可持续发展是必要且必需的。Abby Liu（2006）则认为乡村社区环境、资源和设施遭到破坏的原因是由于个别地区过于重视乡村旅游的经济效益，在未对社区承载力进行有效评估的情况下进行大规模开发。在乡村旅游可持续发展实现途径方面，Suzanne Wilson（2001）以美国伊利诺伊州乡村旅游业为例，从产品组合、战略规划、中介组织、政府管理等方面总结了成功的乡村旅游可持续发展经验。Turnock（1999、2002）研究了罗马尼亚喀尔巴阡山脉和马拉穆列什地区的乡村旅游，他认为通过社区参与和地方控制能够实现乡村旅游的可持续发展。HwanSuk Chris Choia（2006）等利用德尔菲法总结出衡量乡村社区旅游可持续发展的 125 个指标，其中涉及政治、社会、生态、经济和文化等多个层面。

在乡村旅游影响方面，国外学者在研究早期较多的关注乡村旅游的经济作用

---

① 世界旅游组织. 旅游业可持续发展——地方旅游规划指南［M］. 北京：旅游教育出版社，1997

（Dernoi，1983；Maude，1985；Butler 和 Clark，1992；Fleischer 和 Pizam，1997），且一般认为乡村旅游对促进农民就业、提高农民收入、优化社区治理等方面具有积极作用。随着乡村旅游的不断发展，旅游研究者开始关注乡村旅游对乡村自然环境、生活环境、传统文化等方面的影响，如 Jenny Briedenhann（2004）认为在农村地区开展乡村旅游活动，以及乡村旅游吸引物的聚集，能够促进相邻地区的合作，建立区域伙伴关系，为区域联动发展带来机遇。Patrick T. Long 等（1990）以美国科罗拉多州 28 个乡村社区为试点研究了居民对旅游开发的态度，认为乡村旅游开发存在一个阈值，当开发强度在这个阈值之下时，居民对乡村旅游持积极态度；反之，居民对乡村旅游开始持消极态度。Peter Mason（2000）认为社区居民对开展乡村旅游所带来影响的感知和态度存在较大差异，这一差异与性别存在某种联系。另外，Allen 和 Butler（2000）等学者曾使用概念模型来解释居民对旅游影响的认识，Pearce（1989）提出归因理论（attribution）来揭示对旅游影响的各种感知现象，Murphy（1985）、Petty（1995）、Sandoval（1997）、Dogan（2002）、Cevat（2002）等则针对乡村旅游社会效应的影响因子，从接触理论的角度进行经验归纳。[①]

在乡村旅游规划开发方面，国外学者研究重点以案例研究为主，内容包括乡村景观与土地利用、乡村文化多样性、旅游规划中的社会问题（诸如赌博、就业、女性问题等）、乡村环境与生态规划、保持乡村地区"原生性"和"乡村性"，以及乡村社区参与旅游规划过程等。[②] 由于乡村旅游规划所要求的理论方法学科交叉性较强，各专业学者一般以本学科的理论结构为基础，添加相关的其他专业知识要点，形成综合性很强的多专业跨学科组合型理论体系。Tazim Jamal 和 Donald Getzb（1995）探讨了基于协作理论的乡村旅游规划方法。Giulio Senes 和 Alessandro Toeeolini（1998）以意大利一个乡村保护区为例，将终极环境阈值（UET）技术应用于乡村开发，探讨了在乡村保护区进行可持续土地利用规划的方法与途径。Ann Murphy 和 Peter W. Williams（1999）以加拿大乡村旅游地为例，研究了日本旅加乡村旅游者的人口学特征、态度偏好和行为特点，提出了在进行乡村旅游开发时要通过建立区域乡村旅游组织、评估产品市场匹配度，加强市场营销、提高旅游经营者服务意识等方式吸引到加拿大的乡村旅游游客。Lisa M. Campbell（1999）以哥斯达黎加 Ostional 乡村地区作为个案，研究了当地社区在政府规划与干预下乡村旅游开发的潜在利益，同时提出在乡村旅游规划中应充分重视生态保护问题。L. Robers 和 D. Hall（2001）对西方乡村旅游规划所应遵循的规划原则、项目类型及规划方法进行了总结提炼。Suzanne Wilson 等

---

① 熊剑平，刘承良，颜琪. 城郊乡村旅游地居民对旅游开发的感知和态度分析——以武汉市东西湖区石榴红村为例［J］. 中国农村经济，2007（7）

② 魏有广. 乡村旅游规划体系研究［D］. 济南：山东大学，2007

（2001）分析了乡村旅游能够成功开发的几个要素，认为乡村旅游开发离不开商人（Businesspersons）的直接和间接作用。Barbel Tress 和 Gunther Tress（2003）研究了丹麦乡村景观规划，提出利用场景可视化技术向当地居民展示规划成果，并通过旅游规划专家、地方决策者、旅游研究人员和利益相关者的共同协作，与景观规划专家的沟通协调共同完成乡村旅游规划。

## 二、国内乡村旅游研究的主要内容

我国乡村旅游研究经历了一个明显的从无到有、从少到多的发展历程。20世纪70年代末80年代初，我国旅游业开始从单纯的政治接待向成为国民生活重要组成部分转型，旅游研究也随着实践的发展逐步推进；20世纪80年代中后期90年代初，随着我国城市的大规模扩张、人们生活工作习惯的改变以及居民收入水平的提高，乡村旅游这一特殊的旅游形态开始出现并迅速进入人们重点选择的旅游消费对象之一，乡村旅游研究也在这一时期从广度和宽度上达到了第一个高峰。

从总体上看，我国乡村旅游研究主要集中于乡村旅游概念界定、乡村旅游发展模式、乡村旅游产业与产品、乡村旅游影响、乡村旅游与社区关系、乡村旅游存在问题与解决途径、乡村旅游可持续发展、乡村旅游规划设计等方面，也有学者从乡村治理角度对乡村旅游进行了研究。

乡村旅游概念界定方面，我国学者自开展旅游研究以来一直不断探讨和深化。杨旭（1992）是国内较早研究乡村旅游的学者，他认为乡村旅游是"以农业生物资源、农业经济资源、乡村社会资源所构成的立体景观为对象的旅游活动"，这一定义对乡村旅游活动的对象阐述较为全面，但忽视了乡村旅游作为一种旅游活动的消费性特征。杜江、向萍（1999）将乡村旅游定义为"以乡野农村的风光和活动为吸引物、以都市居民为目标市场、以满足旅游者娱乐、求知和回归自然等方面需求为目的的一种旅游方式"。贺小荣（2001）详细分析了乡村旅游的含义，提出乡村旅游应该是"以乡村地域上一切可吸引旅游者的旅游资源为凭借，以满足观光、休闲、度假、学习、购物等各种旅游需求为目的的旅游消费行为及其引起的现象和关系的总和"。这一定义已经注意到了乡村旅游的消费性；肖佑兴等（2001）分析了乡村旅游的几个定义，提出乡村旅游应是指"以乡村空间环境为依托，以乡村独特的生产形态、民俗风情、生活形式、乡村风光、乡村居所和乡村文化等为对象，利用城乡差异来规划设计和组合产品，集观光、游览、娱乐、休闲、度假和购物为一体的一种旅游形式"。这一定义全面而贴切，甚至涉及了乡村旅游产品的规划设计。何景明、李立华（2002）认为乡村旅游从狭义角度来看"是在乡村地区，以具有乡村性的自然和人文客体为旅游吸引物的旅游活动"。此定义提出"乡村性"概念。刘德谦（2006）回顾了乡村旅游定义的发展历程，提出乡村旅游"是以乡村地域及农事相关的风土、风物、风俗、风景组合而成的乡村风情为吸引物，吸引旅游者前往休息、观光、体验及学习等的旅游活动"，并对乡村旅游、农业旅游与民俗旅游三个相似概念进行了辨析。

以上定义触及了乡村旅游概念的几个关键要素，如乡村旅游的发生地点、旅游吸引物、目标市场、消费动机等。笔者认为，乡村旅游定义应至少涵盖三个方面：第一是乡土性，即乡村旅游活动的发生地点、活动方式、吸引动力等均应以乡村作为根本要件，而乡村距离城市的远近不应成为乡村旅游定义的评价因素。第二是乡村差异性，即乡村旅游能够区别于其他旅游形式满足人们的身心需求。第三是乡村消费性，即乡村旅游作为旅游的一种形式，应具有旅游活动消费性的基本要素，包括显性消费和隐性消费两个部分；同时，乡村消费也有其自然特点，它除了提供返璞归真的大众消费产品外，还会提供高端的乡村度假产品。因此，本书将乡村旅游定义为：乡村旅游是发生在乡村地区，依托乡村资源开展的，以满足旅游者放松身心、康体疗养、教育求知、回归体验等需求为主要目的，具有消费性特征的旅游活动和经历。

在乡村旅游发展模式方面，刘娜、胡华（2001）详细地论述了成都市农家乐的发展模式，按照农家乐建筑风格将其划分为古典园林式、现代度假村式、川西庭院式、现代园林式四种，并对成都地区农家乐经营的成熟经验进行了总结提炼。余清、吴必虎（2001）提出乡村旅游"生态博物馆的开发模式"，以期对乡村地区的民族文化进行保护。邹统钎（2005）对比了成都农家乐与北京民俗村的发展模式，分析了两种模式存在的问题，提出了发展对策。戴斌（2006）通过比较中外乡村旅游发展模式，"从各国乡村旅游成长的协调机制划分"，将乡村旅游发展模式划分为"政府推动型、市场驱动型和混合成长型"三种。何伟（2007）对少数民族地区乡村旅游发展模式进行了探讨，分析了少数民族地区乡村旅游的发展趋势，为我国少数民族地区乡村旅游的可持续发展提供了理论借鉴。石培基、张胜武（2007）从乡村旅游发展的动力或协调机制、乡村旅游的经营管理类型与旅游者的旅游动机、乡村旅游的活动项目（产品）等三个不同角度对乡村旅游的开发模式进行了归纳总结，较为全面地总结了乡村旅游发展的主要模式。

在乡村旅游产业与产品方面，万先进、伍婷（2007）认为乡村旅游具有产业化发展的条件，并总结了在乡村旅游产业化发展过程中应注意的问题。罗自力、温萍（2007）分析了乡村休闲旅游产业的内部优势与劣势、外部优势与威胁，并对乡村休闲旅游产业定位进行了研究。王婉飞、单文君（2008）对乡村旅游产业升级进行了研究，提出乡村旅游应从产品、模式、营销、资源整合升级。刘晗等（2008）则从乡村旅游产业的组织模式入手，对乡村旅游产业模式的概念、分类及选择原则进行了分析。王宏星、崔凤军（2009）研究了乡村旅游产品体系，将乡村旅游产品体系划分为"核心产品域、辅助产品域和扩张产品域"三个层次，并从产品体系角度分析我国乡村旅游的发展现状。易金、王德刚（2008）提出"乡村旅游产品预留空间"的概念，并从市场和资源两个大维度具体分析了乡村旅游产品开发，形成市场、产品和资源三维一体式的乡村旅游立体空间格局。

在乡村旅游影响研究方面，主要集中于乡村旅游社会文化影响、经济影响和环境影响三个领域。张祥桔等（2008）以北京平谷区玻璃台村为例，通过实地调查和数据分析，认为乡村旅游对乡村的文化、经济及管理等均具有积极作用。顾筱和、黄郁成（2006）以实证研究的方法，从正负两个方面分析了乡村旅游的经济影响。朱丹丹（2008）运用定性分析与定量分析结合的方法，从研究者、游客和村民的不同视角，探讨了乡村旅游对乡村文化传承的影响。韩晶晶（2008）基于居民感知理论，选择三峡车溪民俗风景区作为实际研究案例，分析了车溪居民对旅游影响的感知。黄玮（2009）另辟蹊径，以临安市白沙村农村女性为研究对象，研究了乡村旅游对农村女性的影响。马东升（2007）将乡村旅游与社会主义新农村建设联系起来，分析了新农村建设和我国乡村旅游业发展的辩证关系。

在乡村旅游与社区关系方面，国内学者大多将目光投向社区参与和居民感知两个方面。宋章海、马顺卫（2004）从社会学、文化学、生态学等角度肯定了乡村社区居民在旅游开发、规划、管理中的主人翁角色，探讨了社区参与乡村旅游发展的目标与途径。王敏娴（2004）分析了村民对旅游业感知的表现内容，对影响乡村旅游发展中的社区参与因素进行了排序，构建了乡村旅游社区参与机制的框架体系。郎富平、杨眉（2006）选取杭州市郊三个具有典型代表意义的乡村旅游社区，通过抽样调查方式，以定量方法分析了乡村旅游对社区社会文化、资源环境、道德文化、生存环境、社区经济五个方面的影响。邹统钎等（2007）提出乡村旅游社区主导开发模式（CBD），将乡村旅游开发的社区参与模式提升到社区主导模式，其主要内涵是"产业链本地化、经营者共生化和决策民主化"。郭凌（2007）从社区参与的主体、方式和目的角度出发，对社区参与概念进行了辨析，并在此基础上提出构建以"决策"与"分享"两大基本要素为核心的，以"参与决策的充分性、文化延续的稳定性、环境资源保护的有效性、当地居民生活改善的明显性"这四性为支撑框架的社区参与体系。李玉新（2008）详细分析了乡村旅游社区参与的影响因素、障碍与途径，提出以和谐发展为目标的乡村旅游社区参与措施。杨凯凯（2008）通过实地调研、数据分析和假设检验方法，构建了关系假设模型，得出乡村旅游通过"个人旅游收益—村民对旅游影响的感知—村民社区满意度"这一路径影响村民社区满意度的结论。除此之外，罗东山（1999）、罗永常（2005）、李德明（2005）、王琼英（2006）、于笑云（2007）等人分别从社区参与、旅游扶贫、社区发展等方面对乡村旅游与社区关系进行了研究。

乡村旅游存在的问题与解决途径方面，是我国乡村旅游起步较早、成果较多、实践反馈丰富的研究领域。国内学者论述乡村旅游存在问题与解决途径时，主要将乡村旅游产业（黄进，2001；曹辉、陈秋华，2007；张宏祥、罗有贤，2008；刘晗、阚如良，2009）、乡村旅游市场（肖胜和，1998；舒象连，1999；王静，2008）、乡村旅游产品（孔辉，2007；魏有广，2008；步会敏，2008；金娜，2008）、乡村旅游规划（段致辉，2000；邹统钎，2003；唐代剑，2005；唐建兵，2007；张善峰，2008；曹国新，2008）等热点作为主要对象。

关于乡村旅游出现诸多问题的解决途径，学者的观点主要集中在以下几个方面：提高旅游管理人员素质，理顺体制，解决乡村旅游管理问题；以创新理念、体验经济理念、人本理念等新理念进行旅游产品开发，避免低水平重复建设；提高认识，拉长旅游产业链，重视乡村旅游营销，增强旅游业抗风险能力；重视乡村旅游规划项目论证，重视旅游规划对乡村文化、社区管理、田园景观等乡村问题的积极作用；建立合理的利益分配机制，融洽社区关系，营造良好旅游氛围；从土地流转、土地整理和村庄治理等角度解决乡村旅游的规划、产业化和规范化转型提升问题。

在乡村旅游可持续发展方面，我国学者的研究视野较宽。杜江、向萍（1999）较早关注我国乡村旅游的可持续发展问题，他们从生态的可持续、社会文化的可持续和经济的可持续三方面对乡村旅游可持续发展进行了阐述。曾珍香（2000）等从系统论角度入手，分析了乡村旅游可持续发展存在的问题，提出了解决途径。李孝坤（2004）认为乡村文化旅游资源是乡村旅游资源的"质"，提出了乡村文化旅游资源可持续开发模式及策略。周艳丽（2005）分析了区域文化与乡村可持续发展的辩证关系，提出了乡村旅游文化机制建立的依据、步骤及构想。邹统钎等（2006）分析了乡村旅游可持续发展的动力机制与政府规制问题。顾筱和（2006）对乡村自然环境概念进行了界定，并从可持续发展角度对乡村旅游的人居自然环境和农耕自然环境影响进行了分析。耿庆汇等（2007）围绕乡村旅游可持续发展目标，提出了区域轮休的新思路，并探讨了与之相适应的几种可行的运作模式。赵承华（2008）对我国乡村旅游可持续发展存在的问题进行了分析，并提出了具体的解决途径。陈荣清（2008）分析了乡村旅游可持续发展与农村土地整理的关系，探讨了将土地整理引入乡村旅游的可行性和必要性。乡村旅游可持续发展研究符合我国构建和谐社会、鼓励可持续发展和注重经济发展质量的总体要求，对乡村旅游业的健康发展具有重要意义，未来仍将是乡村旅游研究的重要方面。

在乡村旅游规划设计方面，我国乡村旅游规划研究主要侧重于乡村旅游规划基本概念、存在问题及解决途径、规划程序及方法、规划内容及方向、规划理论与原则、理念等方面。

对于乡村旅游规划的基本概念，唐代剑、池静（2005）将乡村旅游规划定义为"根据乡村旅游发展规律和市场特点制定目标，以及为实现这一目标而进行的各项旅游要素的统筹部署和具体安排。曹国新（2008）则认为乡村旅游规划是"将乡村生活从原有的环境、功能和意义中剥离出来，转换到旅游文化的环境之中，并赋予旅游经济的功能和意义的过程"。魏有广（2007）对乡村旅游规划体系进行了研究，梳理了乡村旅游规划的理论要点。这些概念较为贴切地解释了乡村旅游规划的基本认识，基于此，笔者认为，乡村旅游规划应是规划者根据目的地的资源特色、区位条件、市场状况等开发基础，通过定性与定量手段，对目的地定性定位、项目开发、土地利用、居民调控、开发时序等方面进行合理设计，科学制订本地区乡村旅游可持续发展的政策措施与行动计划的过程。

对于乡村旅游规划的存在问题，唐建兵（2007）认为现阶段乡村旅游规划中存在项目包装规划（包装规划）、示范效应规划（盲目规划）、立项要钱规划（要钱规划）三大错误动机。陈婷（2007）提出我国乡村旅游规划"过于城市化"、"对规划区周边环境改造欠考虑"，提出乡村旅游规划应遵循"原生态"思想，并让社区居民参与到规划过程中来。曹国新（2008）分析了乡村旅游规划的三种模式，并认为"多元互动：强调综合的规划模式"能够较好地解决乡村旅游规划中出现的问题。

对于乡村旅游规划的技术路径，王云才（2006）总结了乡村旅游规划的技术路线，主要包括规划准备与启动、乡村旅游资源开发存在问题的诊断、开发目标与前景确定、规划方案与行动、规划的实施与监督、规划评估与完善。方增福（2000）归纳了乡村旅游规划的基本方法，将乡村旅游规划分成8个阶段，即准备、确立目标、可行性分析、制订方案、方案的评价与比较选择、实施、监控反馈、调整策略。韩丽、段致辉（2000）认为乡村旅游的规划开发应着重分析开发条件、确立景区性质和开发方向和确定分区与开发导向。

对于乡村旅游规划的内容，陈梅（2008）将乡村旅游规划的核心内容分为乡村旅游形象规划、乡村旅游产品开发规划、乡村旅游设施规划、乡村旅游景观规划、乡村旅游生态环境保护规划等几个方面。王云才等（2006）提出在乡村旅游规划中注重乡村旅游区的空间规划。周春林（2008）论述了乡村旅游生态景观规划的基本概念、基本属性和基本原则。束晨阳（2008）研究了古村落保护与乡村旅游规划的相互关系。张晋萍（2006）则从乡村意象的概念性规划入手，分析了乡村旅游规划中乡村意象规划的理论、思路、主要内容等。牛然（2008）对不同资源类型的乡村旅游规划进行了研究。张善峰（2008）从乡村文化的角度对乡村旅游地文化性、乡村文化资源及乡村文化在乡村旅游规划中的表达进行了阐述。熊凯（1999）较早地研究了乡村意象与乡村旅游的关系，将城市意象这一概念引入到乡村旅游规划中。

对于乡村旅游规划的理念与原则，刘聪等（2005）把乡村旅游的特点概括为"三乡"特色：乡野环境、乡风民俗、乡村生活，"二土"特色：乡土特色、本土资源，提出"三乡二土"是乡村旅游的吸引元和开发的根基。马菁（2006）又将环城游憩带理论和利益相关者理论补充到规划理论体系中。刘爽、孙余丹（2008）对开发乡村旅游具有较强指导作用的理论进行了总结，包括旅游地生命周期理论、景观生态学理论、农业可持续发展理论、旅游心理学理论、生态美学理论等。陈梅（2008）对乡村旅游规划的支撑理论做了补充，将系统理论、闲暇游憩理论和 RMP 理论纳入乡村旅游规划的理论体系。

除以上研究领域之外，我国学者还从乡村景观规划设计、乡村旅游开发意义、乡村旅游发展趋势、乡村旅游客源分析、乡村资产保护等角度对乡村旅游问题进行了相关研究。值得注意的是，我国已有不少学者对城乡统筹与乡村旅游问题进行了研究。其中徐福英、马波（2005）是我国较早进行城乡统筹与乡村旅游研究的学者，他们在《基于城乡统筹背景的乡村旅游发展研究》一文中阐述了乡村旅游在城乡统筹发展中的独特作用，对城乡统筹框架下乡村旅游发展的动力机制和发展模式进行了研究，并对今后我国城乡统筹工作中乡村旅游发展过程中应注意的问题及其对策进行了探讨。邱云美（2006）将乡村旅游发展与城乡统筹的一个侧面——"三农"问题相结合进行了思考。邢兰芹（2007）则从新农村建设角度对乡村旅游的发展进行了分析，阐述了两者的互动关系和促进措施。华杰（2008）研究了城乡统筹背景下特色乡村旅游模式的选择。安慧、魏皓严（2008）以成渝地区为例，对我国城乡统筹背景下休闲旅游农业的发展进行了理论与实证研究。杨振之、周坤（2007，2008）结合乡村旅游规划开发实践，深入研究了城乡统筹背景下乡村意象的保护与再造、乡村旅游地的定位与转型、乡村旅游地产等理论问题。

## 三、乡村治理与农地发展权研究的主要内容

乡村治理与农地发展权是乡村旅游开展过程中的两个重要问题。本部分将对乡村治理研究的主要内容及国内外农地发展权的模式进行探讨。此外，在研究过程中，还将农地发展权理论引入乡村旅游，并详细论述了我国农地发展权与乡村旅游的互动关系。

### 1. 乡村治理研究的主要内容

乡村治理是乡村旅游开发和发展过程中必然面对的问题。国外社会学家较早关注了乡村治理，且研究范围较广。Terry Marsden 和 Jonathan Murdoch（1998）分析了在乡村地区进行治理并引导社区参与的原因，并介绍了 Graham、Abram、Goodwin、Marsden 等多位学者关于乡村治理的研究论点，对乡村治理的研究现状

及发展趋势进行了点评。Neil Ward 和 Kate McNicholas（1998）分析了欧洲结构基金支持的"5b目标"项目对苏格兰北部高地（Northern Uplands）的乡村治理与乡村发展的作用，在此基础上对乡村发展进行了重新解构，并提出了未来发展"5b目标"项目与乡村治理应重点研究几个问题。Danny MacKinnon（2002）分析了乡村社区与乡村新治理组织之间的关系，以苏格兰高地地区的实际情况为例，总结了乡村治理与地区参与之间的运作机制，提出应将乡村治理作为一个专业领域进行重点研究。A. Wilson（2004）介绍了澳大利亚土地保护运动的主要内容，分析了"后生产主义"的乡村治理，认为土地保护运动在很大程度上符合"后生产主义"下的乡村治理要求。Kevin O' Toole 和 Neil BurdessGeoff（2004）以澳大利亚的维多利亚地区为例，介绍了维多利亚的小型乡镇在社区融合时涌现出的众多社区组织及其作用，分析了以这些组织为基础的社区治理运作程序和机制。Tad Mutersbaugh 等（2005）对乡村治理与农产品的质量认证问题进行了研究，介绍了西方国家农产品质量认证制度，分析了乡村治理在制度、法律与管理方面的优化对农产品质量认证和质量保障的重要作用。Barbara Pini（2006）批评了乡村治理新制度中的性别忽视问题，提出在建立乡村治理制度时应考虑性别意识的觉醒，发挥男女性别之间不同的管理艺术。David Clark 等（2007）以怀特岛 Cowes 和 Ryde 社区为例，对比了国家支持的乡村治理组织和以社区为基础的社区发展组织两种不同的乡村治理制度，提出由社区授权而引发的新制度化运动强调的是对制度的传承和改革，而非本质上的制度设计。

　　国内乡村治理研究集中于乡村治理的组织结构、治理模式、治理制度等方面。赵树凯（2003）从组织行为、组织运行和组织冲突方面对乡村治理进行了分析，认为乡村治理优化的关键是"改造基层组织体制"。贺雪峰、董磊明（2005）通过分析乡村治理的基本结构、村庄基本秩序、乡村关系等方面，对乡村治理类型进行了界定，将乡村治理类型分为原生秩序型、次生秩序型、乡村合谋型和无序型四种，并讨论了乡村治理类型的区域分布。之后，贺雪峰（2006，2007）从乡村治理区域差异、农民行动逻辑等角度对乡村治理进行了研究。马宝成（2005）认为中国乡村治理结构存在的问题主要表现为两委关系失调和乡村关系紧张，并提出从规范乡村治理内外部结构入手解决乡村治理问题。党国英（2005）分析了取消农业税对乡村的影响，并提出了在此背景下乡村治理结构调整的基本思路。黄爱军（2005）分析了乡村治理工作面临的新挑战，提出应该借鉴和运用新公共管理思想来开展我国的乡村治理。张晓山（2006）分析了乡村治理结构改革的背景和形势，提出建立"乡村公共财政体制"以"改革和完善乡村治理结构"。赖海榕（2006）将中国的乡村治理与德国、匈牙利和印度进行了比较研究。张润泽、杨华（2006）从农村社会情绪入手，探讨了我国在社会转型期乡村治理的社会情绪基础，并以异向社会情绪为例，总结了我国乡村治理存在的困境。郭凌（2008）将乡村治理与乡村旅游联系起来，分析了乡村旅游发展对传统乡村治理的影响，认为乡村治理在乡村旅游发展的推动下开始了重构，并对乡村旅游发展产生反作用。

2. 农地发展权研究的主要内容

土地发展权（Land Development Rights）体系的子概念——农地发展权（Farmland Development Rights）理论是本书研究的重点之一。在国外研究文献中，农地发展权的提法并不多见，而土地权（Land Right）、土地产权（Land Property Right）、土地经营权（Land Management Right）、土地征用权（Land Expropriation Right）、土地可转移发展权（Land Transferable Development Rights）等细分概念则经常见诸文献，"发展权"（Development Rights）一词则在很多情况下表现出与土地发展权类似的意义。

在土地发展权的权利归属方面，世界范围内存在英国和美国两种典型模式。其中英国的土地发展权制度是以土地私有制为基础，国家通过控制土地发展权对土地的开发性质和开发强度进行调节，个人如果希望改变土地使用性质和使用强度，需向国家购买土地发展权。而美国则认为土地发展权属于土地所有权的一部分，具有私有属性，自然属于土地产权人所有，但在城郊地区的土地开发中，政府部门一般会优先从土地所有者手中购买到土地发展权，并通过土地利用规划控制土地用途。

在土地发展权的具体研究中，Barry C. Field 和 Jon M. Conrad（1975）摆脱了仅仅从法律角度研究土地发展权的局限，开始从经济角度对土地可转移发展权（TDRs）进行研究。Robert A. Blewett 和 Julia I. Lane（1988）研究了发展权与农地差别估价问题，认为差别估价不能延缓、阻止或预防低效农地向高效用地转移，并且土地所有者已经在政府部门的要求下对发展权付出了超额代价。Thomas L. Daniels（1991）认为政府部门从私人手中购买土地发展权（PDR）以保护农业用地和闲置地的情况越来越普遍，虽然这一行动由于花费巨大等问题而一直存在争议，但其在农地保护方面的独特作用不容忽视。Jeffrey Kline 和 Dennis Wichelns（1994）通过设立经济模型，以定量化方法研究了公众对农地保护计划及发展权的态度，认为人口较多的地区和土地、房屋价格上升较快地区居民更支持以公民投票方式进行土地发展权申购。Paul Thorsnes 和 Gerald R. W. Simons（1999）认为可通过建立市场化发展权（Marketable Development Rights），利用市场手段实现土地的保护与合理利用，并认为这一形式相比其他更加可行和科学。Andrew J. Plantinga 和 Douglas J. Miller（2001）调查了未来土地发展对当前农业用地价值的影响作用，并通过土地市场的理论模型演算出一个可观察变数的简化模型，用以计算农地价值，此模型在纽约州的实践运用中得到了验证。Patricia L. MacHemer 和 Michael D. Kaplowitz（2002）则对土地可转移发展权

（TDRs）的特征进行了总结分类，建立了土地可转移发展权评估框架，并以三个实例对评估框架进行了实证检验。Jieming Zhu（2004）从中国的土地制度改革出发，以中国上海市某区为例，分析了中国城市发展中土地使用权向土地发展权转型问题。Jean - Philippe Platteau（2008）分析了土地权进化理论在撒哈拉以南非洲地区的实际运用情况，认为土地权进化理论的积极影响被高估了，在未来发展中仍需要寻找更加适合本地情况的土地问题解决途径。

从总体上看，国外学者对土地发展权的权利束研究较多，对土地发展权的社区影响、评估机制和发展模式研究较多，研究方法以定量研究和实证研究为主。相比之下，国内学者对农地发展权的研究显然更为直接，其研究的主要方面集中在农地发展权的概念内涵、权利归属与失地补偿、发展意义与运作机制等方面。

在概念内涵方面，胡兰玲（2002）认为农地发展权是"对土地在利用上进行再发展的权利"，这一权利包括"在空间上向纵深方向发展，在使用时变更土地用途"。孙弘（2004）将土地发展权定义为"基于土地的所有权，从使用权和收益权中分离出来的一种物权"，是"改变土地现状用途与利用强度等利用方式的权利"，较为全面地概括了土地发展权概念的几个核心要点。黄星源（2007）认为土地发展权就是"土地用途由农用地转为建设用地的变更之权"，这一定义简洁明了，但并未明确土地的变更范围、变更目的、变更条件等基本信息。范辉、董捷（2005）支持这种定义，并对农地发展权和土地发展权两个概念进行了界定，对农地发展权的内涵、特点和本质进行了研究。从总体上看，国内学者对土地发展权与农地发展权概念的认识还并未统一，与其他土地权利之间的范畴界定还不明晰，在未来仍将成为土地发展权研究的重点领域之一。

在权利归属及失地补偿方面，国内理论界基本上形成了较为认同的三种权利归属类型：第一是农地发展权应属于国家所有，这是土地发展权公有的表现形式。持这一观点的学者有沈守愚（1998）、胡兰玲（2002）、孙弘（2004）、贾海波（2005）等。第二是农地发展权应归农民和农村集体所有，国家可以通过征收或征用补偿途径向农地所有者购买发展权，这是发展权私有的表现形式，持这一观点的学者有黄祖辉（2002）、贾天啸（2003）、杜业明（2004）、雷寰（2005）等。第三是农地发展权应由国家、农民及农村集体共同所有，持这一观点的学者有周诚（2005）、季禾禾（2005）、黄星源（2007）等。

在失地补偿问题上，吴兴国（2008）提出将"土地承包经营权人作为独立的征地补偿费的受让主体"，并且"通过赋予农民集体农地发展权来体现集体土地所有权的主体地位"。朱启臻、窦敬丽（2006）认为失地农民问题的关键在于农地发展权的缺失，应通过改变农地转用流程，建立土地发展权制度解决失地农民补偿问题。王永慧、严金明（2007）对农地发展权进行了界定、细分和量化，并以北京市海淀区农地非农化为例，尝试解决中国农地非农化过程中土地增值收益分配和外部性补偿问题。王顺祥等（2008）通过文献资料法和半定量分析法研究了如何应用农地发展权理论确定征地区片地价，认为"农地发展权可以通过集体土地有偿使用价格贴现和国有土地纯地租量化"，并且"从量化结果中剥离国家收益后加上集体土地所有权价格，可以得出征地区片地价"。学者们对失地补偿问题的研究中，将明确土地发展权、建立征地补偿制度作为解决途径，达成了较为一致的看法，而对农地发展权价格、土地增值效益评估、农村参与增值效益分配等方面还存在较大分歧。

在发展意义与实现机制方面，沈守愚（1998）认为设立农地发展权"有利于明晰土地产权，理顺了集体土地的产权关系"，"有利于规范土地市场，实现用地批管分开，有效地保护耕地"，"有利于推进土地管理体制的改革，并为国家提供稳定的财政收入"，这一总结较为全面，但尚未将农地发展权对农民利益保障的重要作用提到相应高度。汤志林（2006）从征地监管的角度分析了设立农地发展权的意义，认为通过设立农地发展权可对征地进行监管、防止国有土地资产流失。臧俊梅、王万茂（2007）分析了农地发展权在我国土地管理实践中可能的实施途径和管理方式，认为农地发展权可以"保护耕地、保护自然资源、保护生态环境、保护公共利益"，并可通过国有化方式、规划控制方式、市场交易契约方式和政府征用方式实现土地管理的可持续。范辉、董捷（2005）认为可通过国家依法征地、农用地转为农村集体建设用地等途径获得农地发展权。张安录（2000）则认为可以建立农地发展权市场，发展权可在市场上自由交易。

除此之外，黄星源（2007）从公权与私权达成和谐的角度探讨了农地发展权的设立。张友安等（2005）研究了土地发展权在时间和空间上的配置与流转体系。张磊等（2007）从农地发展权的角度分析了土地合理保护和利用的问题。臧俊梅等（2008）研究了农地非农化中农地发展权定位与失地农民权益保障途径。

国内已有的研究成果，对普及土地发展权的观念，进一步深入与系统的土地发展权研究，以及建立中国的土地发展权制度与立法等，都具有重要作用和价值。[①] 本书将农地发展权理论引入乡村旅游，并详细论述了我国农地发展权与乡村旅游的互动关系，是在城乡统筹与乡村旅游背景下对土地制度上进行的有益探索，希望能够对我国土地制度的完善和农地发展权理论的发展有所裨益。

## 四、对研究现状的简要评述

目前，国内外学者对于乡村旅游理论的研究初显格局，但还有许多问题需深入探讨。

---

① 黄葵．基于农地发展权理论的乡村旅游商业用地途径研究［D］．四川大学，2007

1. 乡村旅游理论体系已具雏形，但仍需继续完善修正

国内外乡村旅游研究成果数量庞大，由于篇幅所限，本书在此仅能截取冰山一角。通过对国内外相关文献研究分析可知，国内外学者对乡村旅游的基本认识已经趋于一致，如乡村旅游的概念界定、乡村旅游的经济社会影响、乡村旅游产业链与产品、乡村旅游主客体、乡村旅游开发策略等。乡村旅游理论体系经过几代学者的艰苦钻研，已经初具格局。但不容忽视的是，在乡村旅游研究的细节方面理论界还需继续深入探讨，特别是在乡村旅游与本国本地区国情的整合研究、乡村旅游与相关学科的交叉研究、乡村旅游与农业、农村问题的互动研究等方面，均应引起国内学者的足够重视。

2. 城乡统筹与乡村旅游的整合研究需深入和加强

本书关注的重点是城乡统筹与乡村旅游。就这一领域的研究而言，我国理论界的研究水平总体上处于初级阶段。主要表现为对乡村旅游与城乡统筹的某一个侧面的研究较多，而对城乡统筹背景下乡村旅游的转型与升级、城乡统筹与乡村旅游之间的互动关系等宏观整体层面的研究较为缺乏；对浅表性现象研究较多，而对涉及面更广的根本性问题如城乡统筹下的农地发展权、城乡统筹下的乡村治理与农游互动、乡村遗产的保护开发等方面的研究不深；理论推理较多，而深入一线的规划开发经验与田野调查经验较少，实证研究匮乏，理论与案例结合良好的研究成果寥寥。统筹城乡是我国经济社会改革发展所遵循的基本方针，对城乡统筹与乡村旅游进行整合研究，应成为我国乡村旅游研究的重点内容，以理论研究成果支持我国城乡统筹背景下乡村旅游的健康、快速、可持续发展。

3. 城乡统筹与乡村旅游双重作用下的乡村治理研究有待深化

城乡统筹与乡村旅游的开发必将冲击乡村传统的治理理念和治理制度。国外乡村治理研究是在类似于国内城乡统筹大环境下进行的，而目前国内缺少在此背景下的详细研究。相比国外，国内乡村的实际情况更为复杂，存在土地制度、管理体制、地缘关系、传统思想等方面的问题。就土地所有制来看，国外的公有和私有界限明确（在物权法上也有明确规定），国内乡村土地性质是集体所有制，这在公有和私有上比较模糊，在物权法上也不清晰，具有中国特色。特别是随着乡村旅游产业的进入，乡村治理的组织结构、治理理念等受到很大影响，在这一背景下的乡村治理研究，还有待继续深化。

4. 乡村旅游规划呼唤新的规划方法与规划理念

乡村旅游的开发和发展促进了我国乡村旅游研究的持续深入，但作为乡村旅游开发的前提条件和必然步骤之一的乡村旅游规划却并未引起人们的足够重视，现有国内的乡村旅游规划大多是按照城乡规划来进行的，对乡村旅游规划与其他规划没有进行区分和深入研究，理论研究脱离了现有乡村旅游开发建设的实践需要。本书针对乡村旅游的特殊情况，提出了"原乡规划"理论，总结了乡村旅

游规划的系统理论和方法，希望能够对我国乡村旅游规划开发提供有意义的理论指导。

# 第三节　乡村旅游与休闲农业概念辨析

目前，国内外很多研究学者都对乡村旅游、休闲农业的概念及特点进行了广泛而深入的论述，相关文献较多。而乡村旅游、休闲农业概念之间存在着联系和区别，因此有必要对两者的概念做一个简单的文献梳理。在此，笔者将对国内外具有代表性的概念进行对比分析，找到研究乡村旅游及休闲农业的不同角度和方向。

## 一、休闲农业的概念

近年来，政府大力提倡发展休闲农业，2004 年胡锦涛总书记视察上海崇明岛农业时指出："要发展农业旅游、生态旅游、保证农民增收。"2006 年，"十一五"规划也提出在推进社会主义新农村建设中，休闲农业要作为新型农业发展模式。5 年的时间，休闲农业和乡村旅游呈现多点开花、以点带面、区域特色明显、多重模式发展的景象。2011 年是"十二五"规划开局之年，3 月 1 日召开的"全国休闲农业与乡村旅游经验交流会"，农业部和国家旅游局对 2011 年和"十二五"时期的工作重点从六个方面进行了部属：一是示范基地创建工程；二是乡土文化挖掘工程；三是从业人员培训工程；四是知名品牌创建工程；五是支撑体系建设工程；六是基础设施建设工程。

随着休闲农业的大力发展，国内外许多学者对休闲农业的理论及实践都进行了深入的研究，也产生了一些观点。休闲农业来源地是我国的台湾地区，台湾地区是休闲农业发展比较早并且发展比较好的地区。所以大陆从台湾地区引入了这一名词（Leisure agricultural），但引入后有的将其翻译为观光农业，也有翻译为旅游农业、休闲农业的。而现在国内用的比较多的是观光农业及休闲农业（卢云亭、刘军萍 2002）。此外，毛帅（2008）认为要规范使用"休闲农业"替代"观光农业"。

关于休闲农业的最早定义是台湾农业委员会所制定的休闲农业辅导管理办法中，将休闲农业定义为利用田园景观、自然生态及环境资源，集合农林渔牧生产、农业经营活动、农村文化及农家生活，提供人们休闲，增进人们对农业及农村的体验为目的的农业经营。①

此外，还有其他专家学者对休闲农业进行了概念界定，这些概念的落脚点主要可以分为两类：一类认为休闲农业是一种农业经营形式，如徐明章（1995）、范子文（1998）等；另一类认为休闲农业是一种休闲旅游活动，如郑健雄（1996）、郭焕成（2000）等。

徐明章（1995）认为休闲农业在发展之初，并无具体内涵及定义，凡是在农业初级生产过程中，带入一些非农业活动，不论其属商业、教育或其他性质，只要是提供休闲活动者，皆属之。

郑健雄（1996）定义休闲农业主要是结合农业和农村等有形资源及其背后隐含的休闲观光、教育体验与经营管理能力等无形资源所形成的一种新兴休闲服务产业。

郑智鸿（2001）定义休闲农业是一种运用农村自然生态环境、景观、生态、农村设备，农村空间、农特产品及文化资源等，经过规划设计，以发挥农业与农村观光休闲旅游功能，增进市民对于农业与农村田园生活的体验。

郭焕成、吕明伟（2005）定义休闲农业（在大陆又称观光农业或旅游农业）是以农业活动为基础，农业和旅游业相结合的一种新型的交叉型产业，也是以农业生产为依托，与现代旅游业相结合的一种高效农业。休闲农业的基本属性是以充分开发具有观光、旅游价值的农业资源和农业产品为前提，把农业生产、科技应用、艺术加工和游客参加农事活动等融为一体，供游客领略在其他风景名胜地欣赏不到的大自然浓厚意趣和现代化的新兴农业艺术的一种农业旅游活动。

张天柱（2010）认为休闲农业是服务于需要休闲活动群体的一个产业，它只是休闲经济中的一部分。该产业的产品始于与农业的密切结合，而休闲的主体为工作大众、退休人员。休闲农业从概念上说涵盖面较窄，它属于观光旅游农业范畴。

## 二、乡村旅游与休闲农业的关系

Hoyland（1982）、Murphy（1985）认为乡村旅游（Farm tourism）或休闲农业（Agrotourism）都是与直接农业有关的。这两个概念经常可以相互替换。但是这两者的区别主要从以下两个方面定义：

Farm tourism 是指游客短暂的在农场居住，或者直接、间接地在农场上进行的娱乐休闲活动。

Agrotourism 是指居住在一个与农业有关的环境，随着旅游活动的开展，可以逐

---

① 郭焕成，吕明伟，任国柱著．休闲农业园区规划设计［M］．北京：中国建筑工业出版社，2007

步替换传统农业生产功能，因为农场的定义也会相应发生改变。

因此，利用图示农业与乡村景观、乡村旅游的关系可以表示为图1-1：

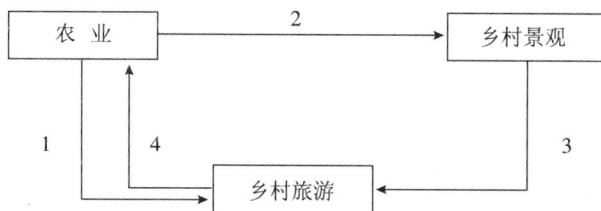

**图1-1　农业与乡村景观、乡村旅游的关系**

图中1是农业为乡村旅游提供的直接供给，包括农产品的销售，比如当地的土特产；同时，也应提供住宿及其他休闲娱乐活动。图中2、3是农业为乡村旅游提供的间接供给，包括保留耕地及农业生产活动，作为乡村旅游活动开展的背景。图中4表示具有吸引力的乡村景观也会对乡村旅游的需求带来积极影响。[①]

目前，国内外对于乡村旅游和休闲农业的概念辨析，主要有以下两种观点：一是认为两者之间可以相互替换（Salah，1999）。在国外，受农业作业方式的影响，农场是农业作业的基本单位，休闲农业成为乡村旅游最大、最独特的分支。以 Edward Inskeep（1991）为代表的学者认为二者不加区分，可相互替代。隋春花（2000）认为乡村旅游等同于"Agritourism"；尹少华等（2002）、杨雁（2003）、陈文君（2003）等认为乡村旅游即休闲农业旅游，是以农业和乡村为旅游资源开发的。二是认为需要明确区别乡村旅游（Farm tourism）、休闲农业（Agritourism）、Tour－on－farm、Rural tourism 等概念的区别（Fleischer & Tchetchik，2005；Frochot，2005；Nilsson，2002）。

## 三、乡村旅游与休闲农业概念辨析研究小结

从前文的文献梳理中可以看出，国内外学者对乡村旅游、休闲农业的概念已有不少辨析及相关研究，也取得了不少有意义的成果。在此基础上，我们有必要对乡村旅游及休闲农业的概念进行明确的辨析。

乡村旅游与休闲农业在学术概念上是有区别的，乡村旅游的概念在内涵和外延上都要大于休闲农业。

休闲农业的中心词是农业，休闲是定语，因此休闲农业的产业业态只是强调了产业生产以农业为主，而休闲只是增加了附加值。

---

① I. Vanslembrouck & G. Van Huylenbroeck, Landscape Amenities：Economic Assessment of Agricultural Landscapes, 59－68. © 2005 Springer.

　　乡村旅游的中心词是旅游，基于乡村的旅游方式，包括了农业、乡土文化、特色村落等要素，是一种农业与旅游业的融合发展状态，实际上包括了休闲农业。更多强调的是农业与旅游业融合发展形成的新兴业态，更强调村落等核心吸引物在乡村旅游中的地位和作用。

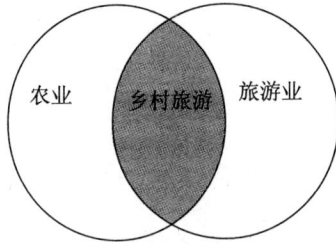

**图 1 - 2　乡村旅游产业融合**

# 第二章　城乡统筹与乡村旅游

本章在全面认识城乡统筹的基础上，分析了城市旅游和乡村旅游之间的互动关系，分别从城乡统筹与乡村旅游的基本认识、城乡一体化旅游开发运作模式、游客消费体验模式、景区经营与当地居民合作模式、旅游企业的管理模式的角度，提出了通过发展乡村旅游促进城乡统筹发展的基本思路。

## 第一节　城乡统筹与乡村旅游的基本认识

农业、农村、农民问题一直是困扰我国经济发展，影响我国农村现代化进程的重要问题，为了从根本上解决"三农"问题，十六大提出了"全面繁荣农村经济，加快城镇化进程"的战略措施。2006 年中央一号文件《中共中央国务院关于推进社会主义新农村建设的若干意见》，对以后我国加强"三农"工作，指导社会主义新农村建设起了纲领性文件的作用。① 2007 年中央一号文件《中共中央国务院关于积极发展现代农业扎实推进社会主义新农村建设的若干意见》，提出发展现代农业是建设新农村的首要任务。2008 年中央一号文件《中共中央国务院关于切实加强农业基础建设进一步促进农业发展农民增收的若干意见》，是自 2004 年以来第五次将国家焦点集中于"三农"问题，《意见》明确了统筹城乡经济社会发展的基本方略，分析了农村基础设施建设与促进农民增收的有效途径。2008 年 10 月 9～12 日召开的中国共产党十七届三中全会，再次将会议重点放在"农业、农村、农民"问题上，全会审议通过了《中共中央关于推进农村改革发展若干重大问题的决定》，提出加快推进社会主义新农村建设，大力推动城乡统筹发展，稳定和完善农村基本经营制度，健全严格规范的农村土地管理制度，发展现代农业，推进农业结构战略性调整等国家农业发展战略。

在解决"三农"问题，加速城镇化发展的过程中，激发农民自身的积极性和创造性，合理地开发农村资源，发展乡村旅游，不失为推进城镇化的重要手段。因

---

① 曾天雄，罗海云. 论乡村旅游和城镇化的影响［J］. 湖南人文科技学院学报，2007（1）

此如何做好乡村旅游开发这篇大文章，使乡村旅游业成为农村经济发展的一个重要支撑点（曾天雄、罗海云，2007），值得我们思考。

由于旅游业的乘数效应大，综合性强，乡村旅游无疑更是解决城乡统筹一体化与社会主义新农村建设的有效途径，它能为城市居民提供近郊的乡村休闲度假空间和田园居住空间。①

城乡统筹政策的制定和颁布为我国乡村旅游发展带来了巨大的契机。在政府领导下，乡村旅游的发展有了系统的指导和规划，政策和资金也有了国家的支持和社会资本的大量进入。社会资本流入农村，是农村走向现代化的前提。农村的土地能进行集约化生产，能通过土地整理和土地流转实现农村的集约化开发，则是农村能走向现代化的根本。因此，乡村旅游的发展，已不再是初级阶段的"农家乐"，而是土地集约化生产的乡村生态休闲农业。②

在保证土地总面积不变、耕地性质不变、粮食产量不变的前提下，把土地的处置权、使用权、收益权、经营权等分开，允许土地流转；规划建设农村新村，使农民相对集中居住，在保持田园风光的前提下，实现土地的集约化经营。有了通过土地整理和土地流转出来的土地，就有了投资商和社会资本的介入，农村的旅游接待设施水平才能大大提高。乡村旅游才能既有"农家乐"和农家旅馆，又有规模较大的集约化开发的乡村旅游项目。只有这样，才能实现乡村旅游的真正升级，乡村休闲产业也才能真正得到发展，才能真正实现城乡统筹发展。③

城乡统筹的最终目的在于缩小城乡差距，从而构建和谐的社会发展模式。通过发展乡村旅游，改造和新建乡村商业业态及配套设施，为当地带来了增加农民收入的机会。同时，农民在生产方式方面也产生了革命性的变化，在乡村旅游发展过程中，农民不再只是从事农事工作，有可能朝着"农业工人"性质的方向发展，这使农民由身份界定转变为职业界定，农村和农民的社会保障体系得以建立起来。④

乡村旅游反哺城乡统筹的突出贡献还表现在带动城市周边地区发展的过程中。首先，乡村旅游在成长初期，要建立系统的旅游服务体系，基础设施不断完善；然后，为满足游客日益变化的需求，景区的接待功能也不断加强；最终，逐渐具备了旅游服务功能，成为城市居民乡村休闲的理想场所，形成大城市外围的环城休憩带。⑤

城乡统筹下乡村旅游的发展主要表现出以下特点：

（1）更注重乡村旅游的集约化经营。⑥乡村旅游不再是划定一个区域，配套一些基础设施，农民单家独户地搞"农家乐"。这样的乡村旅游很快会衰落下去，

---

①②③④⑤⑥　杨振之、王进. 城乡统筹与乡村旅游论纲［N］. 中国旅游报，2007 - 10 - 29

而且有的已经衰落。究其原因，主要是没有走集约化的经营道路。统一规划、统一建设、统一管理、统一营销、突出乡村特色、突出田园风光是乡村旅游发展的大方向。

（2）发展乡村旅游就是发展乡村休闲业。乡村旅游的发展已不再局限于农业观光，更重要的是发展乡村休闲业。乡村依托田园风光为城市居民提供乡村生态的吃、住、购、娱、游、行是发展乡村休闲业的主要内涵。因此，乡村旅游的休闲空间的打造就显得特别重要。①

发展乡村旅游，将通过科学合理的规划，实现城乡空间布局一体化，变"城市规划"为"城乡规划"。完善基础设施建设、优化产业布局和积极进行新农村建设，把发展目标和空间布局结合起来。要按照优化城乡生产力和人口布局的原则，将城乡居民社区、生产及文化区、基础设施和生态环境作为一个整体进行规划和建设。农民参与旅游产业，参与多种经营方式，身份由普通农民转为产业工人、服务人员、商人……使农民的身份发生转变，进而带动观念、思想的解放，以更加开放的态度与城市接轨。

乡村是城市的延伸，发展乡村旅游将统筹城乡生态环境建设，推进人居环境一体化。努力营造以中心城市、县城、中心镇、中心村为构架的"蛛网"形城—镇—村体系；逐步形成居民社区、基础设施、文化特色、生态环境相得益彰的人文格局。通过拆迁安置，形成居民社区，美化了乡村环境，丰富了居民生活，城市集中精力打造现代化生态园林城市，并向农村延伸，逐年加大农村基础设施和生态环境建设的投入，加快绿色生态家园工程建设，形成城乡一体的最佳的人居环境和生产环境。

发展乡村旅游会促进统筹城乡产业结构调整，推进经济运行一体化。顺应城乡经济融合和三次产业联动发展的趋势，实施城乡产业结构战略性调整，实行城乡资源一体化配置，重新筹划三次产业结构和空间布局。统筹城乡产业结构将促进城乡劳动力充分就业并持续增加居民收入。以提高产业竞争力为核心，以产业集群为引擎，以现代装备制造业、现代服务业和高效生态农业为导向，以现代服务业推动三次产业融合，逐步形成三次产业联动发展的新格局；进一步强化三次产业的内在联系，切实转变农业增长方式，以现代工商理念提升农业产业化水平，以高效生态农业带动农村特色产业升级，把发展高效生态农业作为发展现代农业的主攻方向；以农村合作经济组织为纽带，牵引农产品加工业、流通业和种养业联动发展。②

乡村旅游的发展将统筹城乡人力资源配置，推进劳动就业一体化。把促进农村人口向城镇集聚、农村劳动力向二、三产业转移作为城市化的根本任务，充分发挥

---

① 杨振之，王进. 城乡统筹与乡村旅游论纲 [N]. 中国旅游报，2007 - 10 - 29
② 赵海林. 正确认识农业结构调整的几个问题 [J]. 改革与战略，2004（6）

市区、县城和城镇二、三产业吸纳农村劳动力就业的主渠道作用，大力推进农村富余劳动力转移，并做好进城农民工就业安居扶持工作；把加强农民技能培训、提高农民就业能力作为调整农村劳动力结构的抓手；建立健全城乡统一的劳动就业服务体系；以《劳动合同法》为契机，切实维护进城农民工的合法权益，创造有利于农民安居乐业的良好环境，让更多的农民成为有稳定职业的产业工人和有稳定居所的城市居民。

乡村旅游将促进统筹城乡社会保障制度，推进社会事业一体化。大力推动城市先进文化和公共服务设施向农村延伸，加快农村教育、文化、卫生、体育等社会事业发展速度；以文明村镇和文明家庭建设为载体，广泛开展文明村镇创建活动，倡导健康文明的生活方式，丰富农民的精神文化生活；完善农村社会保障体系建设，逐步提高农村最低生活保障水平，健全教育、医疗等社会救助体系，逐步探索建立农村社会养老制度，使广大农民老有所养、病有所医、弱有所助、贫有所济。

乡村旅游的发展还会促进统筹城乡综合配套改革，推进管理体制一体化。改革城乡分割的二元结构，消除影响"三农"发展的体制性、政策性障碍，为统筹城乡发展提供体制保障；统筹国民收入分配，完善公共财政体制，增加对农村的公共产品供给，健全农村公共服务体系；完善农村土地制度，加快土地征用制度改革，切实维护国家、集体和农民的利益；加快农村金融体制改革，增加对农村的信贷供给。新农村建设除了政府提供必要的启动资金外，各村也要自筹一定比例的配套资金；要广泛动员城乡居民参与统筹城乡综合配套改革，逐步建立健全城乡一体化社会管理体系。

总之，乡村旅游进入了全面升级时期。这不是一个概念，而是要在规划中切实研究土地经营和管理、切实研究资本进入渠道、切实研究如何通过发展乡村旅游建立农民的社会保障体系，构建农村的和谐社会。[①]

# 第二节　在城乡统筹的框架下来认识
# 城乡一体化和乡村旅游

对于城乡一体化的认识，目前存在着一些误区，在城乡统筹背景下，城乡一体化并非简单地将城市与乡村合二为一，也并非减弱或者消除农村、农业，而是以一种全新的方式来促进城市与乡村和谐共融、共同发展。

---

① 杨振之，王进. 城乡统筹与乡村旅游论纲［N］. 中国旅游报，2007－10－29

## 一、我国城乡二元结构的现状分析[①]

城乡一体化是社会生产力发展的必然产物。从世界范围实践来看，人类社会的发展表现出"城乡隔离—城乡联系—城乡融合—城乡一体"的轨迹。当城市化水平低于30%时，城市文明基本在"围城"里，农村远离城市文明；当城市化水平超过30%时，城市文明开始向农村渗透和传播，城市文明普及率呈加快增长趋势；当城市化水平达到50%时，城市文明普及率将达70%；当城市化水平达到70%时，城市文明普及率将达100%，即基本实现了城乡一体化发展。[②]

但目前我国存在的城乡二元结构的社会现实，是农业社会走向工业社会过程中特有的历史现象。新中国成立以来，为加快国家工业化过程，我国长期采取工农业产品价格"剪刀差"和限制乡村人口向城市迁徙的政策，导致城乡结构严重失衡、城乡关系过度扭曲、城乡差距不断扩大。长期积累而成的城乡二元结构，对我国经济社会发展的影响和制约主要表现在三个方面：

（1）城市综合经济实力的扩张受到严重削弱。在区域经济的内部分工中，中心城市发挥着重要的增长极作用，广大县域地区则担负着积累综合实力、提供发展空间、积蓄发挥潜力的重要职能。中心城市决定区域竞争力的高低，而县域决定着区域的综合实力。目前，中心城市仍处在城市自我完善阶段，综合服务功能仅仅辐射到近郊少数地区，市场分割、服务断层，县域大部分区域与中心城市仍处在相对隔离状态，导致县域发展较难，整个区域综合实力的扩张受到制约。

（2）阻碍了城市化进程。人类社会的现代化进程，客观上就是建立在社会分工日益完善细化基础上，是现代社会化服务体系日益完善的历史过程。在城乡二元结构的体制下，农村劳动力转移难，金融资本、技术和人力资本等表现为向城市的净流出，生产要素在城乡之间难以合理流动和配置，城乡市场发育失衡，农村市场组织化程度远远低于城市，最终使县域结构升级转换缓慢，工业化和城市化进程受到影响。

（3）城乡社会发展差距不断扩大。与中心城迅速走向现代化形成鲜明对照的是，城乡收入差距拉大，县域基础设施建设滞后，村级集体经济薄弱，农村社会保障不健全，农业弱、农村苦、农民穷的现象没有从根本上得到改变。从社会发展看，农村居民得到的公共服务，如教育、医疗、文化等社会事业，以及水电、通信、交通等公用事业和基础设施服务，无论是数量还是质量都与城市居民存在巨大差别。如果二元结构体制不打破，长此以往，不仅全面建设小康社会的进程要受到制约，社会的长治久安也会受到影响。

---

① 黄葵. 如何借发展乡村旅游之势推进城乡一体化建设——《都江堰乡村田园度假区总体策划》案例分析［J］. 来也旅游策划, 2006. http://www.chinatmc.net/thread－3204－1－1.html
② 大构架统筹成都平原城体系［N］. 成都日报, 2005－8－2

## 二、全面认识城乡一体化①

为了打破目前我国存在的城乡二元结构的现状，谋求区域经济社会协调发展，我国提出了要推进城乡一体化建设的任务。但目前大多数人对城乡一体化的理解往往存在着一些误区，认为城乡一体化就等同于城乡一样化，片面地认为不断地加快农村的城市化进程便能实现城乡一体化，其实将城乡一体化理解为城乡一样化，反而限制了农村的发展，并将对农村造成极大的破坏，在此我们对城乡一体化的理解应有全面的认识：

（1）城乡一体化不等于消除农村、消除农业。在当前城市化的浪潮下各地想多发展城市、想减少农业、减少农村，以为这就是城市化。然而无论从当前或者长远考虑，从我国资源开发和人口结构来看，我国都不可能没有农业，十几亿人口大国，农产品不可能完全倚仗进口。一味地追求把农民集中到城市，机械的追求"三个集中"，将产生重大的社会问题，会酿成严重的后果。

（2）城乡一体化不等于城市化率越高越好，农民进城越多越好。城市化率不能作为一种经济指标来追求。根据资料显示，世界上城市化率超过90%甚至于更高的国家和地区，并不都是最发达的国家。我国城市化率最高的地区也不是最发达的地区，比如东北地区，早在二三十年前城市化率就已经达到了40%，最近10年徘徊在50%左右，但并不是我国最发达的地区。② 由此可见，片面地追求高城市化是不科学的。而农村人口大量向城市聚居，其导致的问题也逐渐凸显：首先，在农村人口大量流入城市之后，使农村村落受到破坏，原有的坏生活方式难以组织，农村出现空心化趋势；其次，农民到城市后失去了原有的生活环境、生活资源，由从事乡村产业转到工业产业，农民失去了其依赖的生产资源；最后，城市中农村人口的激增，同样给城市带来了一系列后遗症，比如，城市贫民窟增加，教育、治安、城市管理等问题凸显，农民进城后，面临着严重的就业压力。

（3）城乡一体化不等于让小城镇和村镇衰落。根据调查，当我国人口达到16亿时，仍有30% ~ 40%，即5亿 ~ 6亿的农民还会在农村，这些人口必然还需要一大批中小城镇作为依托，因此小城镇建设也必须要不断加强，这是最根本的前提和需要。

由上可知，城乡一体化并不意味着"城乡一样化"，不是农村城市化，不是城市乡村化，不能简单理解为"变乡为城，或变城为乡"。城乡一体化过程应是

① 黄葵. 如何借发展乡村旅游之势推进城乡一体化建设——《都江堰乡村田园度假区总体策划》案例分析［J］. 来也旅游策划，2006. http：//www.chinatmc.net/thread－3204－1－1.html

② 周干峙. 对城市化的理解应该有一个全面的认识. http：//www.ccsc.gov.cn/whmr/200901/t20090112_4230241.html【2006－7－20】

通过统一的城乡规划，打破城乡分割的体制和政策，加强城乡间的基础设施和社会事业建设，促进城乡间生产要素流动、逐步缩小城乡差别，使城市更像城市、农村更像农村，只有保持城乡相对的差异才能实现城乡经济、社会、环境的和谐发展。

城乡一体化真正的内涵和目标，是强调消除城乡之间的对立、分割状况，是在保留城乡各自特点的基础上，创造平等统一的新型城乡关系，让所有人，无论居住在城市或农村，都能享受现代化的生活，并不是让所有农村人口都转移到城市。这是不断适应科学技术、生产力的发展和提高竞争能力的需要，是对经济生活不断进行整合、调节的结果，想在短时间内消除城乡差别，是不切实际的幻想，但是我们应该采取有效的措施推进其进程。

### 三、成渝"国家统筹城乡综合配套改革试验区"对中国乡村未来发展的影响①

2007 年 6 月，国家发改委正式批准成渝两市为城乡统筹综合试验改革区，成都和重庆两市成为继深圳、上海浦东、天津滨海新区以后的中国第四大特区。作为城乡统筹改革的先行者，成都和重庆要在解决土地资源紧缺、保障农民利益、统筹城乡经济和谐发展等方面做出有益的探索，为我国城乡一体化建设提供示范性的模板和可借鉴的经验，对我国乡村旅游的升级发展做出一些有益的探索。

城乡统筹的意义是通过城市对农村的辐射和带动效应，充分发挥工业对农业的支持和反哺作用，建立以工促农、以城带乡的长效机制，促进城乡协调发展。通过城市和农村的互动，来逐步解决"三农"问题。通过在西部建立统筹城乡综合配套改革试验区，主要是要解决以下几个问题：

（1）解决我国目前土地资源紧缺的问题，使农民集体手上的土地能实现集约化生产，增加土地储备。加强我国农村社会保障体系的建立和完善，处理好农民在城乡统筹过程中的经济利益与生活保障，逐步在我国西部建立较为成熟的社会主义市场经济体制，缩小城乡区域差距，实现社会公平，确保资源环境永续利用。

（2）完善建设社会主义新农村的理论架构、政策设计、体制改革、经济发展及社会和谐的综合模式。通过建立土地利用机制，合理利用乡村土地和调整产业结构来提高乡村居民的生活质量；制定和完善相关配套政策，消除城乡二元体制政策障碍，建立新型城乡管理体制。

（3）要提高农民的收入，更要转变观念。发挥资源优势，突出特色，开展各类经营项目，一方面，完善生态农业服务功能，做好城市的农产品供给；另

---

① 杨振之，王进. 城乡统筹与乡村旅游论纲［N］. 中国旅游报，2007 - 10 - 29

一方面，美化乡村环境，完善休闲度假功能，为城市提供乡村休闲空间。使农民的生产、生活方式由传统向现代转变，并逐步与城市接轨。

# 第三节　乡村旅游和城镇化发展

乡村旅游是在城乡统筹背景下，应城市与乡村有机融合、为乡村与城市更好地可持续发展而萌发的新型产业，而乡村旅游又与城镇化构成了相互促进、推动的关系，本节将对这两者间彼此作用关系作具体阐述。

## 一、城镇化对乡村旅游的促进作用

城镇化是人们的政治、经济、文化等社会活动向特定空间集聚的过程。在这个过程中，农业人口比重下降，工业、服务业人口比重上升，人口和产业向城市集聚，生产方式、交换方式和生活方式向规模化、集约化、市场化和社会化发展。城镇化是一个国家、一定地域文明现代化的标志，其本质是农村人口与经济活动要素的非农化及集聚，简单地说，就是实现农业人口的非农化。

城镇化是乡村旅游发展的良好依托。首先，乡村旅游的目标市场是大城市。大城市人口密集，生活空间狭小，环境质量下降，城市越来越成为脱离自然的"孤岛"，越来越多的人希望回归自然、观赏自然、享受自然。假日里有限的城市公园和风景区人满为患，已不能满足人们对休闲和旅游的心理要求，需到郊外农村寻求新的旅游空间。其次，在旅游业的发展中，旅游者的可进入性是关键，而城镇是一个地区的交通中心，城镇化的发展有利于改善交通条件，从而促进乡村旅游业的发展。最后，城镇是乡村旅游的后勤保障地、理想的旅游目的地，如果要使游客达到满意的理想状态，至少应具有以下的机构和设施：管理处、接待中心、旅游信息中心、客房、餐厅、购物中心、生活服务和生活用品修理店、照相器材专卖店和修理点、银行、邮电局、少年儿童寄托中心、派出所、急救中心、汽车修理厂……很显然，这不是也不该是一般乡村所能具备的条件。但为了旅游活动的正常开展，上述条件又是必需的，因而城镇就成了乡村旅游顺利开展的有力保障。

## 二、乡村旅游对城镇化的推进

解决"三农"问题一定要有产业依托。建设社会主义新农村的实质问题是要解决"三农"问题，而解决"三农"问题的关键就是增加农民收入，要广开农民增收的渠道。农村经济的发展，需要进行产业结构和产业模式的调整，而产业结构和产业模式是多种多样的，以往农村单纯依靠第一产业、通过农业生产解决农民增收的模式已经不能完全适应当前的农村社会发展。要发展农村经济，增加农民收入，需要找到强有力的产业作为依托。从某种意义上说，就是通过产业结构的调整，使农民改变以前的传统生活方式和生产方式，同时把城市管理体制中的相对成熟的经济管理制度、社会保障制度、文化意识、信息手段、生活方式等先进的现代理念引入农村，从而实现农村资源使用效用的最大化。

而乡村旅游的蓬勃发展，充分发挥了农林牧副渔业资源、乡村田园资源、乡村风景资源、乡村民俗文化资源、乡村历史文化资源的优势，打破了农业产业的界限，把农业、第二产业和第三产业结合起来，形成高附加值的经济产业，带动了周边经济发展，促进农村经济增长多元化，也促进了旅游目的地的发展，使旅游目的地逐渐向现代化迈进。乡村旅游无疑是农村现代化建设强有力的支撑产业。

曾天雄等（2007）认为城镇化在地域空间演化过程中有两种表现形态：一是实体推进形态，二是功能推进形态。前一种城市以工业聚集为基础，以工业化为动力。后一种是在此基础上，以信息化、社会分工等为动力进一步优化城镇功能。从社会发展的长远来看，以后一种为主。从地域上看，城郊乡村旅游在地域分布上有三种形态：一是在城乡结合部农业地域上开展的乡村旅游；二是依托一些著名风景区开发的乡村旅游；三是在老少边穷地区上开展的乡村旅游。这三种类型的乡村旅游对功能型城镇的发展都具有良好的促进作用。

1. 城郊乡村旅游与城镇化

在城乡接合部地区，农户的商品意识强，加之交通便利，基础设施完善，自然生态系统面积较大。乡村旅游的发展使这些农家田园在功能上逐步向城镇靠拢，在空间上成为城市实体扩张的绿色屏障。随着城市远郊乡村旅游的开发，乡村道路、通信等配套设施得到改善，农户的城镇意识增强，非农收入比重增大，以乡村旅游为主导的核心区域正逐步形成并扩大，促使了城镇环境的改善和功能的完善。

2. 景郊乡村旅游与城镇化

最初，景郊乡村旅游是依托一些著名的风景名胜区发展起来的附属产品，因远离客源市场和原有风景名胜旅游区而发展较慢。但随着旅游区域板块的打造和整合及旅游者需求的多元化，景郊乡村旅游日益壮大。与此同时，吃、住、行、游、购、娱六大要素的关联产业，逐渐由风景名胜区向其四周延伸和辐射，以旅游业为主的第三产业在现代农业和加工工业的支撑下迅速崛起，景郊乡村旅游开发区配套服务功能逐渐完善，就业机会增加且相对集中，使景区所依托的城镇聚集效应日益凸显。

3. 老少边穷地区的乡村旅游与城镇化

老少边穷地区的乡村旅游，饱受距离、价格、交通和信息的制约，但新奇的旅游产品必将吸引大批乡村旅游者。为了开发自然景观和人文景观，需要配套建设道路、住宿、餐饮、水电、通信、管理、防护等服务设施从而吸引大批从业人员，也使大量农民因而进镇落户。同时，随着乡村旅游的展开，又将吸引大批农民从事纪念品、工艺品等商品的加工制造和提供与旅游六大要素直接或间接相关的服务。当地农民和外地剩余劳动力弃农做工或经商，向旅游区转移，从事与旅游业相关的经营活动，从而加快了农村人口向旅游相关产业的不断聚集，这些乡村旅游景区景点，往往依托旅游通道、旅游城镇、旅游村落发展，形成了人口聚集和产业的集中发展。

# 第四节 如何通过发展乡村旅游推进城乡一体化建设

在解决"三农"问题、推进城镇化发展和建设社会主义新农村的过程中，如能合理利用农村自身资源优势，开发乡村旅游，激发农民的自主性和创造性，不失为推进城乡一体化的一个良策。因此，如何做好乡村旅游开发这篇大文章，使旅游业成为农村经济发展的一个重要支撑点，值得思考。

## 一、农村一体化旅游开发运作模式[①]

乡村旅游以什么模式来发展，是城乡一体化下的一个重要问题，它关系到城乡统筹是否具有可持续性，关系到城乡是否和谐融合发展，同时也决定着旅游地居民未来的生产、生活方式。

1. 土地置换模式

通过规划将现有零散的农户集中于乡村聚落居住，农户原有的宅基地"退宅还耕"，保证耕地总面积和住宅总面积不变的前提下，实现农民居住环境和配套设施的改善，同时使农业种植产业化、高科技化。集中起来的农村聚落在保持乡村聚落景观特色的基础上，发展餐饮、娱乐和乡村居住等功能的服务点。

2. 新型城乡一体化模式，后工业时代的新型居住模式

把乡村旅游的建设作为按照科学发展观的要求推进"三农"问题的解决，实施统筹城乡经济社会发展，推进城乡一体化的重要步骤。目前的城乡一体化是将农民集中于小区式住宅中居住，农民的生产和生活还是产生了一些负面影响，比如生产的方便性、就业致富等的压力问题更加严重。因此，推进就近形成中等

---

① 黄蓉. 如何借发展乡村旅游之势推进城乡一体化建设——《都江堰乡村田园度假区总体策划》案例分析 [J]. 来也旅游策划，2006. http://www.chinatmc.net/thread-3204-1-1.html

规模的农民新村聚集，既改善了农民居住条件，又为农民耕种、就业提供了方便，加上农业产业化发展，生态乡土农产品销售，增加了农民收入。

3. 农村产业结构调整升级发展模式

开发、利用休闲经济，关键要根据休闲经济的特点，统筹规划发展观光农业和休闲农业，把更多的城里人吸引到乡下度假、消费。在规划的过程中，要根据农业的地域性、自然性、专业性的特点，因地制宜地开发独特的农业旅游项目，把旅游产品贯穿在具有高科技含量，高环境质量，高价值效益的"三高"农业生产中，围绕农业生产，以观光、旅游、科技示范、普及教育、休闲度假、娱乐、环境保护等多样性产品为主题内容，使传统粗放型农业转变为集精致性、系统性、集约性、教育性为一体的现代农业。这对于吸引城镇游客到农村观光，实现城乡居民收入的再分配有着重大的促进作用，对于农村经济结构调整和增加农民的收入以及生态环境的保护和农业的可持续发展也有着重要的意义。

## 二、游客消费体验模式①

游客参与乡村旅游既可以是在田园之中做观光、体验等活动，也可以是在乡村建造自己的"第二家园"，游客消费体验模式总结起来主要有以下两种：

（1）购回空间模式。购回空间分为两种模式：一种是游客到景区体验田园风光，享受当地乡村风情的旅游项目，参与景区组织的旅游活动，在当地农家旅馆、乡村酒店度假等，称为租赁空间模式；另一种是将乡村土地由政府统一集中，通过出让土地使用权，吸引城市人在乡村建自己的别墅、小院落等，作为自己的"第二家园"，称为购回空间模式。土地流转政策是购买空间模式的基础和前提，在不占有耕地的前提下，农民可采取土地流转方式将宅基地的租赁、出让、入股等方式流转给城市人，投资高；也可将耕地集体流转给投资者促使农业的集约化发展。

（2）集中居住，分散体验。根据实际情况，有的地方为达到农民集中居住的目的，不同农庄提供各具特色的旅游项目并提供体验型的旅游产品，游客在农民新村可以进行集中组织的旅游活动、购物、餐饮等，在不同农庄则享受的是风格各异的特色项目。

需要提醒的是，乡村旅游的发展是以村落形态的保护和农民生产生活方式的保留为基础的，那种将农民集中在新村居住的"一刀切"的做法，是要付出惨痛代价的。

---

① 黄葵．如何借发展乡村旅游之势推进城乡一体化建设——《都江堰乡村田园度假区总体策划》案例分析［J］．来也旅游策划，2006. http：//www.chinatmc.net/thread－3204－1－1.html

### 三、景区经营与当地居民合作模式①

在乡村旅游景区资源集中发展，统一管理的前提下，在旅游企业打造旅游产品、旅游品牌及外部形象的基础上，根据景区集中和分散的程度，构成三种经营模式：

（1）农民新村的居民与景区经营合作模式。第一个方案是在旅游企业中雇用当地农民。给农民一个"有地又有工作机会"的致富环境；第二个方案是由当地农民给旅游企业提供商品及服务，可以在旅游业的供应过程中实现，包括带有经营者特色的旅游产品的选择，以及给饭店提供商品及服务上。例如，食品、手工艺品、基建阶段的劳工服务等。这种方法的优势在于它利用了农村的现有技术和资源。

（2）旅游企业与农庄居民合作模式。旅游企业将农庄承包给居民，居民将商品及服务直销给游客，包括手工作坊、行李搬运及其他方式的运输，提供方便食宿等。

（3）城乡合伙制旅游经济模式。将土地集中，村委会和公司配合，公司与村委会形成类似合伙关系的组织方式，可通过租地（绿色菜地、良田耕种）、认养（绿色家畜、家禽）、代种代管等方式发展"订单农业"，并与旅游业相整合，收获归承租人和认养人。由乡村农民出土地和宅基地等，城市人出资金，公司与村委会共同经营农业生产，共同享有生产获得的效益和成果。

---

① 黄葵. 如何借发展乡村旅游之势推进城乡一体化建设——《都江堰乡村田园度假区总体策划》案例分析 [J]. 来也旅游策划，2006. http：//www.chinatmc.net/thread-3204-1-1.html

# 第三章　农村现代化遭遇的法律与
# 土地制度困境

　　乡村旅游的发展，势必伴随着以服务产业为代表的产业扩充，在村民生活质量和生活方式的改变的同时，农村土地的利用结构也会随之产生变化，非农业建设用地比例增加、经营性用地需求量增加、环境建设用地比例增加、农村用地的经营规模集约化程度增加、农村用地区域规划的重要性增强。农业用地在功能上更丰富，不仅是农业生产的载体，也是农业观光的载体。由此，农村土地的流转在乡村旅游的规划和发展中显得尤为重要。然而目前农村土地流转在现行法律制度和土地制度下，处于无法可依的尴尬局面，使农村现代化在土地问题上陷入了法律和制度的困境。

　　本章前两节先追溯新中国成立以来土地制度立法的沿革，以土地所有权与使用权的变革为主线，同时结合了同时期有关土地的重要立法。然后对农村土地流转法律以及政策的历史沿革进行了详细分析，追溯了我国宪法以及其他法律、政策从禁止农村土地流转到肯定承包经营权流转合法性的历程。第三节立足于宪法、物权法等法律法规，对农村集体建设用地流转权进行了法律分析。在第四节中，指出了当前土地流转制度所面临的法律障碍。

## 第一节　土地所有权与使用权制度立法与
## 政策的历史沿革

　　土地是最基本的生产资料，新中国土地制度立法的演进是随着我国经济发展而变化的，从完全否认土地的商品属性到逐步认可，从禁止流通到土地的有限流通，为了更好地厘清这一历史脉络，我们有必要将新中国的土地立法进行一个简单梳理。

## 一、1949~1956 年的土地立法

这一时期的立法最早确立了农民所享有的土地所有权。

1. 54《宪法》

54《宪法》通过于 1954 年 9 月 20 日第一届全国人民代表大会第一次会议，是我国第一部社会主义性质的宪法。

（1）确立了我国生产资料的权属性质。第一章"总纲"第五条规定："中华人民共和国的生产资料所有制现在主要有下列各种：国家所有制，即全民所有制；合作社所有制，即劳动群众集体所有制；个体劳动者所有制；资本家所有制。"

土地是最基本的生产资料，将生产资料权属性质划分为全民所有、集体所有、个体劳动者所有、资本家所有制就是从根本上确认了土地国有、集体所有以及个人私有的合法性。

（2）确立了自然资源的国有性质。第一章第六条规定："矿藏、水流，由法律规定为国有的森林、荒地和其他资源，都属于全民所有。"此条中的自然资源应当包括自然资源附着的土地，即自然资源国有，自然资源所附着的土地也是国有性质（有些自然资源本身就是土地的一部分）。

（3）确立了农民土地私人所有权的合法性。第一章第八条规定："国家依照法律保护农民的土地所有权和其他生产资料所有权。"

2. 1950 年《中华人民共和国土地改革法》

1950 年中央人民政府委员会颁布了《中华人民共和国土地改革法》，第三十条规定："土地改革完成以后，由人民政府发给土地所有权证，并承认一切土地所有者自由经营、买卖以及出租其土地的权利。"

《中华人民共和国土地改革法》与 54《宪法》一同确认了农民所享有的最完整的土地所有权，此时农民私有的土地不仅包括农耕地，还包括农村集体建设用地。

## 二、1954~1975 年的土地立法

这一时期是新中国成立以来极为特殊和极为艰难的一个历史时期，该阶段的土地制度立法也被打上了鲜明的历史烙印。

1. 75《宪法》

75《宪法》通过于 1975 年 1 月 17 日中华人民共和国第四届全国人民代表大会第一次会议。由于受到 1975 年"文化大革命"中"左"的路线的严重干扰，75《宪法》是我国特定历史条件下产生的一部很不完备的宪法。

（1）生产资料的所有制只确认全民所有制与集体所有制两种权属性质。第

一章第五条规定："中华人民共和国的生产资料所有制现阶段主要有两种：社会主义全民所有制和社会主义劳动群众集体所有制。"①

75《宪法》中删除了农民对土地的私人所有的合法性规定，从 1975 年开始，我国在实践中进入了国家、集体二元土地所有权时代，② 这个时代一直延续至今。

（2）坚持了 54《宪法》中自然资源的国有性质。第一章第六条规定："矿藏、水流，国有的森林、荒地和其他资源，都属于全民所有。"

（3）确立了农村集体所有。第一章第七条规定："农村人民公社是政社合一的组织。现阶段农村人民公社的集体所有制经济，一般实行三级所有，队为基础，即以生产队为基本核算单位的公社、生产大队和生产队三级所有。"

第七条实则是在第五条确认农村集体土地所有权的基础上，对集体土地所有权经济体制作了进一步规范，确立了人民公社对集体土地"三级所有、队为基础"的体制。

2. 1951 年《关于农村生产互助合作的决定（草案）》与《关于发展农业生产合作的决议》

1951 年 12 月 25 日，中共中央下发了《关于农业生产互助合作的决议》（草案），让各级党委试行，揭开了组织生产合作社的序幕。中共中央于 1951 年 9 月制定了《中共中央关于农业生产互助合作的决议（草案）》，推广互助组，重点发展合作社。1953 年 2 月 25 日，正式修改下达了这一决议。1953 年 12 月 16 日，中共中央又通过了《关于发展农业生产合作的决议》，③《决议》中明确提出实行土地统一经营、评工记分、按劳分配之类的做法。农业生产合作社的建立，实现了由农民土地私人所有向集体所有的过渡。

3. 1956 年《农业生产合作社生产示范章程》与《高级农业生产合作社生产示范章程》

1956 年 6 月 30 日，全国人大颁布了《高级农业生产合作社生产示范章程》取代了同年 3 月 17 日颁布的《农业生产合作社生产示范章程》，在《高级农业生产合作社生产示范章程》第十三条中规定"入社的农民必须把私有的土地和耕畜、大型农具等主要生产资料转为合作社集体所有"。

4. 1961 年《农业十六条》与 1962 年《农村人民公社工作条例（修正草案）》

1961 年颁布《农业十六条》试图解决在人民公社进程中因为改变集体土地所有权属性而带来的混乱，《农业十六条》规定"土地可以确定为生产社所有，

---

① 75《宪法》虽然允许非农业个体劳动者从事法律允许的不剥削他人的个体劳动，但"同时要引导他们逐步走上社会主义集体化的道路"。因而实际上是否定个体经济的存在。这是"左"的影响在立法上的反映。

② 也有人认为，我国在立法上进入国家、集体土地二元所有制是从 82《宪法》第一章第六条新增城市土地属于国家所有开始的。

③ 国家农委办公厅. 农业集体化重要问题汇编［G］. 北京：中央党校出版社，1981

可以归生产大队所有，固定给生产队长期使用"。这一对集体土地所有权的模糊规定没有很好地解决当时的土地问题。直到 1962 年颁布的《农村人民公社工作条例（修正草案）》，明确了以生产队为基础的土地所有制，"生产队范围内的土地，都归生产队所有"。至此，我国农村土地的集体所有制度——集体所有和集体使用的"三级所有、队为基础"的权属关系被正式确立下来。在这一产权制度模式下，农民不享有土地所有权，土地的使用权也归集体所有。

回顾历史，从 20 世纪 50 年代人民公社运动到 1975 年的《宪法》最终确定"三级所有、队为基础"的农村集体土地所有权制度，整个过程充满了探索也充满着混乱。

### 三、1976～1981 年的土地立法

这一阶段我国对土地所有权与使用权制度立法进行了较为有效的调整，为以后土地所有权与使用权制度立法的进一步探索打下了基础。

1. 78《宪法》

78《宪法》是"文化大革命"结束后制定的第一部宪法，抱着"拨乱反正"的历史使命，又受"文化大革命"残余没有完全肃清的影响，78《宪法》在规定土地制度方面也反映出试图对 75《宪法》"左"的土地立法进行调整的特点。

（1）生产资料的所有制仍然坚持了 75《宪法》中全民所有制与集体所有制两种权属性质。第一章第五条规定："中华人民共和国的生产资料所有制现阶段主要有两种：社会主义全民所有制和社会主义劳动群众集体所有制。"

（2）延续了 54《宪法》所确认的自然资源国有的所有权属性。第一章第六条规定："矿藏，水流，国有的森林、荒地和其他海陆资源，都属于全民所有。"延续了 75《宪法》所确认的农村集体土地"三级所有、队为基础"的所有权制度，但是，对此制度进行了尝试性的调整。

第一章第七条第一款规定："农村人民公社经济是社会主义劳动群众集体所有制经济，现在一般实行公社、生产大队、生产队三级所有，而以生产队为基本核算单位。生产大队在条件成熟的时候，可以向大队为基本核算单位过渡。"

第二款规定："在保证人民公社集体经济占绝对优势的条件下，人民公社社员可以经营少量的自留地和家庭副业，在牧区还可以有少量的自留畜。"此款实质上是对农民个人土地所有权、使用权分离所做的尝试。农民个人作为"人民公社社员"可以"经营少量的自留地"，为 82《宪法》实现完全的农村土地集体所有权与使用权分离打下了基础。此款也是 78《宪法》最大的贡献之一。

2. 1979 年通过的《中共中央关于加强农业发展若干问题的决定》

1979 年《中共中央关于加强农业发展若干问题的决定》实质上是对 78《宪法》第七条第二款农村集体土地所有权与使用权分离的进一步探索。

《中共中央关于加强农业发展若干问题的决定》拉开了农村经济体制改革的大幕，从1978年到1984年的集体经济经营体制改革中，实质上是打破了第一章第七条第一款"三级所有、队为基础"的农村人民公社体制，推行以家庭联产承包为主的责任制与政社分立的联产承包责任制，尝试在集体经济组织的统筹安排下，由农户或小组承包集体所有的土地和其他生产资料，并对生产和经营的效果负责，对于农户和小组难以单独承担的生产环节则由集体经济组织统一进行，形成统一经营与分散经营相结合的双层经营体制。

## 四、1982年宪法中的土地立法

对于农村土地所有权制度而言，82《宪法》的最大贡献在于从宪法这一根本法上确认了农村集体土地所有权与使用权分离的不可撼动的地位。

1. 在我国生产资料所有权性质上，延续了国家所有制与集体所有制

第一章第六条规定："中华人民共和国的社会主义经济制度的基础是生产资料的社会主义公有制，即全民所有制和劳动群众集体所有制。"

2. 放开对自然资源所有权主体的限定

第一章第九条规定："矿藏、水流、森林、山岭、草原、荒地、滩涂等自然资源，都属于国家所有，即全民所有；由法律规定属于集体所有的森林和山岭、草原、荒地、滩涂除外。"

即在全部的自然资源中，森林和山岭、草原、荒地、滩涂五种自然资源所有权人从国家扩大到了集体。这项立法的修改也是对集体所有土地特征的确认。

3. 以根本法的高度确认城市土地国家所有性质

与54《宪法》、75《宪法》、78《宪法》仅仅确认生产资料的国有与集体所有权属性相比，82《宪法》第十条第一款新增了"城市的土地属于国家所有"，确定了城市土地的国有性质，从而在根本法的意义上确认了国家土地所有权这一项权利。

从后文论述中我们可以看到，正是此款的不甚清晰以及对此款理解的偏差，造成了农村集体所有土地"入市"的"违法性"。

4. 农村集体土地所有权范围进一步扩大

第一章第十条第二款规定："农村和城市郊区的土地，除由法律规定属于国家所有的以外，属于集体所有；宅基地和自留地、自留山，也属于集体所有。"

5. 宪法修正案对土地所有权使用权制度的调整

从1982年至今，全国人民代表大会对82《宪法》进行了四次修订，共计颁布四部宪法修正案，其中93《修正案》与99《修正案》对土地所有权使用权，特别是农村集体土地的所有权使用权关系做出了重大调整。

（1）1993年3月29日第八届全国人民代表大会第一次会议通过93《宪法修

正案》将原宪法第八条第一款："农村人民公社、农业生产合作社和其他生产、供销、信用、消费等各种形式的合作经济，是社会主义劳动群众集体所有制经济。参加农村集体经济组织的劳动者，有权在法律规定的范围内经营自留地、自留山、家庭副业和饲养自留畜。"修改为："农村中的家庭联产承包为主的责任制和生产、供销、信用、消费等各种形式的合作经济，是社会主义劳动群众集体所有制经济。参加农村集体经济组织的劳动者，有权在法律规定的范围内经营自留地、自留山、家庭副业和饲养自留畜。"93《修正案》以宪法的高度确认了家庭联产承包为主的责任制，确认了新土地改革的成果。

（2）1999年3月15日第九届全国人民代表大会第二次会议通过了99《宪法修正案》，将原宪法《宪法》第八条第一款："农村中的家庭联产承包为主的责任制和生产、供销、信用、消费等各种形式的合作经济，是社会主义劳动群众集体所有制经济。参加农村集体经济组织的劳动者，有权在法律规定的范围内经营自留地、自留山、家庭副业和饲养自留畜。"修改为："农村集体经济组织实行家庭承包经营为基础、统分结合的双层经营体制。农村中的生产、供销、信用、消费等各种形式的合作经济，是社会主义劳动群众集体所有制经济。参加农村集体经济组织的劳动者，有权在法律规定的范围内经营自留地、自留山、家庭副业和饲养自留畜。"更进一步确定了所有权与使用权分离的"双层经营体制"。

所有权与使用权分离的"双层经营体制"对农村集体土地制度有着重要的意义。因为在农村土地集体所有制度的前提下，土地所有权与使用权的分离是农村土地流转的前提。

# 第二节　土地流转制度立法与政策的历史沿革

国家"十二五"规划中，明确提出要"完善土地承包经营权流转市场"，预示着农村土地资本日趋活跃、城乡一体化进程进一步加快。回顾和梳理我国土地流转制度立法与政策从禁止农村土地流转到肯定承包经营权流转的合法性的发展历程，对于建立更加完善的土地流转制度具有重要意义。

## 一、1949～1954年间土地流转的立法与政策沿革

这一时期的土地流转立法与政策是建立在确认农民享有最完整的土地所有权之一基础之上的，因而农民的土地可以进行自由流转。

### 1. 农村土地立法与政策沿革

在54《宪法》第五条确认中华人民共和国的生产资料个体劳动者所有制的基础上，农民对农村土地享有完全的所有权与使用权，从而，此时期的土地流转

是自由的，并且受到法律保护。

（1）农村土地流转合法与自由性。1950 年中央人民政府委员会颁布《中华人民共和国土地改革法》第三十条规定："土地改革完成后，由人民政府发给土地所有证，并承认一切土地所有者自由经营、买卖及出租的权利。"

《中华人民共和国土地改革法》说明，20 世纪 50 年代前后，农村土地流转不仅是合法的，也是自由的。

1955 年国务院颁布了《关于农村土地转移及契税工作的通知》，其第一条指出："对农村土地的买卖在法律上虽不禁止，但在实际工作中防止农民不必要的出卖和出典土地。因此，今后农村土地买卖、典当及其他转移，均应当首先报请乡人民委员会审批，报转区公所或者区人民委员会批准，并取得区公所或者区人民委员会的介绍信，始得办理契税手续。"

1955 年《关于农村土地转移及契税工作的通知》的颁布的历史背景在于前文所提到的始于 1951 年的人民公社运动，人民公社运动的过程是土地从农民私有到集体所有的过程，在此大环境下颁布的《关于农村土地转移及契税工作的通知》仍然承认农村土地买卖的合法性，但由于土地买卖的审批手续，限制了农民私有土地的买卖与出典。农村土地流转从完全的合法与自由演变为了合法但是不自由。

（2）对于农村土地流转合法权益的保护立法。54《宪法》第八条明确规定："国家依照法律保护农民的土地所有权和其他生产资料所有权。"

从 1949 年农民个人对农村土地的享有完全所有权以及完全流通自由，到 1956 年人民公社运动中农民仍然享有农村土地所有权，但土地流转权受到限制，表明农村土地使用权的流转逐步受到约束。

### 2. 国家土地流转立法与政策

1949 ~ 1956 年间，为了大规模的社会主义建设需要，国务院于 1953 年颁布了我国第一个土地征用法规，即《国家建设征用土地的管理办法》，《办法》第十二条明确"兴建国家工程、工矿、铁路、交通、水利工程、市政建设及其他经济、文化建设等需要用之土地，均依照本法征用之"。为了贯彻实施该《办法》，1954 年中共中央作出《关于执行国家建设征用土地办法中几个问题的综合答复》，明确了市区内空地无偿取得原则，以及地主兼工商业主、工商业主兼地主或者资本家等"身份"者在市内无偿出租的土地均可无偿征用的原则。被国家机关单位征用的土地房屋产权属于国家所有。从而建立了 1949 ~ 1956 年间，国家所有土地通过征用——划拨的方式流转的国家土地流转制度。需要指出的是，根据《答复》，无偿征用的土地限于地主兼工商业主、工商业主兼地主或者资本家所有土地，不应当包括农民土地。

## 二、1956～1975 年间土地流转的立法与政策沿革

随着人民公社进程的加快，农民不享有土地所有权，使用权归集体所有，农村土地流转的唯一合法途径是"征购、征用或者国有化"。

1. 农村土地流转立法与政策

1956 年的人民公社运动进入高级阶段，农民私有土地完成了向合作社集体所有的转化，农民在事实上丧失了对土地的所有权与使用权，农村土地买卖、出租、转让、典当等民事流转权利被完全抹杀。

（1）禁止农村土地民事流转的立法。1962 年《农村人民公社条例》规定："生产队所有的土地，包括社员自留地、自留山、宅基地等，一律不能出租或者买卖。"

（2）农村土地其他流转方式。75《宪法》第六条规定："国家可以依照法律规定的条件，对城乡土地和其他生产资料实行征购、征用或者收归国有。"

1956～1975 年期间排除的是农村土地的民事流转，但是，根据宪法规定，农村土地流转的唯一合法途径是"征购、征用或者国有化"。

（3）对于农村土地所有权与使用权合法权益的保护立法。1956～1975 年间，我国的宪法并没有通过立法保护农村土地的集体所有权与使用权，更谈不上流转权了。

根据 75《宪法》第九条第三款规定："国家保护公民的劳动收入、储蓄、房屋和各种生活资料的所有权。"与 54《宪法》相比，75《宪法》删除了"合法的劳动收入、储蓄、房屋和各种生活资料的所有权"中"合法"一词，实际上反映了 1956～1975 年间土地流转的混乱，公民取得的无论合法与否都受到宪法保护，从侧面理解，国家取得的土地无论合法与否，无疑更是受到宪法保护了。

2. 国家土地流转的立法

1956～1975 年间，根据《宪法》规定，国家取得国有土地的合法途径为"征购、征用或者国有化"。

## 三、1976～1981 年的土地流转的立法与政策

1976～1978 年的中国是混乱的，此阶段基本延续了 1956～1975 年间农村土地、城市土地的流转途径，78《宪法》第六条也明确了"国家可以依照法律规定的条件，对土地实行征购、征用或者收归国有"。第九条将原"国家保护公民的劳动收入、储蓄、房屋和各种生活资料的所有权"，恢复到了"国家保护公民的合法收入、储蓄、房屋和其他生活资料的所有权"，强调国家、公民土地来源的合法性。

## 四、1982 年至今土地流转的立法与政策

1978 年开始的改革开放成果在 82《宪法》以及其后的各个宪法修正案中得到确认，1982 年至今重要的土地流转立法如下：

1. 农村土地流转立法

（1）82《宪法》第十条规定："国家为了公共利益的需要，可以依照法律规定对土地实行征用。任何组织或者个人不得侵占、买卖、出租或者以其他形式非法转让土地。"

安徽省凤阳县小岗村村民创立了家庭联产承包责任制，集体土地所有权与使用权得到分离。在家庭联产承包责任制中，农村土地的所有权属于集体，使用权属于农民个人，农民有权无偿使用土地。虽然农村土地所有权与使用权得到分离，82《宪法》却没有肯定农村土地承包经营权的可流动性，反而明文禁止任何组织和个人以"买卖、出租等方式"进行土地流转。法律的制定远远落后于实践。但是也要肯定的是，82《宪法》从根本法的高度明确了国家的征收作为农村土地流转的合法形式，删除了 75《宪法》中与此条款的不同解读，形成了"农村集体建设用地进入市场的唯一合法途径是国家征收"的错误理解。

第十三条规定："国家保护公民的合法的收入、储蓄、房屋和其他合法财产的所有权。国家依照法律规定保护公民的私有财产的继承权。"

（2）《民法通则》。1986 年颁布的中华人民共和国《民法通则》完全沿袭了82《宪法》对土地使用权流转的限制，《民法通则》明确规定："土地不得以买卖、出租、抵押或者以其他形式非法转让。"

（3）《土地管理法》。1986 年颁布的《土地管理法》也对土地使用权流转进行了禁止性规定："任何单位和个人不得以侵占、买卖、出租或者以其他形式非法转让土地。"

（4）88《宪法修正案》。面对所有权与使用权分离而承包经营权不能够流通的现状，88《宪法修正案》对原宪法第十条第四款"任何组织或者个人不得侵占、买卖、出租或者以其他形式非法转让土地"修改为"任何组织或个人不得侵占、买卖或者以其他形式非法转让土地，土地的使用权可以依照法律的规定转让"，从基本法的角度肯定了土地承包经营权的可流转性。

回顾文章初始对土地作出的分类，宪法以及其后讨论的各类法律、行政法规都将农村土地流转的对象限定在"土地承包经营权"这一农土地使用权上，即我国宪法保护的农村土地流转是农用地的农村土地流转，不涉及非农业地，即农村集体建设用地。

（5）1995 年农业部《关于制定和完善土地承包关系的意见》。《意见》第四条规定"在坚持土地集体所有和不改变土地农业用途的前提下，经发包方同意，

允许承包方在承包期限内，对承包土地的依法转包、转让、互换、入股，其合法权益受到法律保护"。

《意见》将土地使用权依法转让的方式细化为"转包、转让、互换、入股"等方式，农用地使用权流转经营进一步松绑。

2002年颁布的《中华人民共和国农村土地承包法》进一步放宽了农用地承包经营权流转的范围，其中第十条规定："国家保护承包方依法、自愿、有偿地进行土地承包经营权流转。"第三十二条规定："通过家庭承包取得的土地承包经营权可以依法采取转包、出租、互换、转让或者其他方式流转。"第四十二条规定："承包方之间为发展农业经济，可以自愿联合将土地承包经营权入股，从事农业合作生产。"第四十六条规定："荒山、荒沟、荒丘、荒滩等可以直接通过招标、拍卖、公开协商等方式实行承包经营，也可以将土地承包经营权折股分给本集体经济组织成员后，再实行承包经营或者股份合作经营。"第四十九条规定："通过招标、拍卖、公开协商等方式承包农村土地，经依法登记取得土地承包经营权证或者林权证等证书的，其土地承包经营权可以依法采取转让、出租、入股、抵押或者其他方式流转。"

《农村土地承包法》不但放宽了可以流转的农用土地承包经营权的范围，也更加详细地确立了转让的方式，除了转包、出租、互换、转让外，还能够以入股、招标、拍卖、公开协商、折股甚至是抵押等方式合法流转。

(6)《中华人民共和国土地管理法》。与农用地承包经营权合法流转相比，我国对农村集体建设用地流转的限制丝毫没有动摇。2004年颁布的《中华人民共和国土地管理法》第六十三条规定："农民集体所有的土地的使用权不得出让、转让或者出租用于非农业建设；但是，符合土地利用总体规划并依法取得建设用地的企业，因破产、兼并等情形致使土地使用权依法发生转移的除外。"

第六十三条坚持了农村集体建设用地不得在民事领域流转的原则，但是同时也将其他领域建设用地流转的方式从国家征收扩大到了"符合土地利用总体规划并依法取得建设用地的企业，因破产、兼并等情形"。

2. 国家土地流转立法

82《宪法》第十条规定："城市的土地属于国家所有。国家为了公共利益的需要，可以依照法律规定对土地实行征用。"国家土地流转的途径首先为了公共利益的征收。国家将征收到的土地通过划拨或者公开拍卖的方式无偿或者有偿将土地使用权转让给其他单位或者个人，从而形成了征收—划拨或者征收—转让两条线的国家土地流转方式。如果农村建设用地需要进流转领域，必须首先依法将土地的所有权性质从集体变为国家，然后才能进入市场，国家在征地的过程中垄断了集体建设用地的一级市场，造成了农村建设用地流转的阻碍。

# 第三节　农村集体建设用地流转权的法律分析

我国对农村土地制度的探索从未停息，土地流转是家庭联产承包责任制度的延伸和发展，是在家庭联产承包制发展到一定阶段后，农村生产力需要迫切解放的背景下应运而生的。从家庭联产承包责任制到土地流转，体现了农村土地法律关系的演变。

## 一、土地流转

顾名思义，土地流转即土地的流通与转让。土地流转分为两种类型：第一种是狭义的土地流转；第二种是广义的土地流转。

狭义的土地流转主要是指土地权利的转让。土地权利的转让是指附设于土地之上的各种权利在不同权利主体之间转移的现象或行为过程。在民法学中，完整的所有权包括对物的占有、使用、收益、处分的权利。因此，土地权利的转让应当包括：

（1）土地所有权的流转。

（2）土地占有权的转让。

（3）土地使用权的转让。

（4）土地收益权的转让。

（5）土地处分权的转让。

而广义的土地流转是指除包括土地权利的流转外，还包括各种土地功能的转变。

综上所述，土地流转，严格意义上讲，指农地的承包经营权流转。在农户与集体间的承包关系不发生变化的前提下，拥有农地承包经营权的农户将土地使用权转让给其他农户或经济组织，也即保留承包权，转让使用权。

土地流转可以分为初次流转和再次流转，所谓集体建设用地使用权的初次流转，是指农民集体经济组织根据"土地的所有权和使用权可以相分离"的原则，将农民集体建设用地的使用权，通过承包、土地使用权折价入股等形式，与所有权相脱离，有偿或者无偿地转移或让渡给其他单位和个人的行为。所谓农村集体建设用地使用权的再次流转，是指已经从集体经济组织那里得到集体建设用地使用权的单位和个人，在法定使用期限或合同约定的使用期限届满之前，再以一定的形式，将该建设用地的使用权再转移给其他单位和个人的行为。这两个阶段表现出两种不同的效果：一是土地表现为一种生产资料，由集体所有分化为农户占有，农户获得使用权和生产经营权，其本质是土地生产融入农户家庭经营，形成集体与农户双层经营；二是土地表现为一种资本或商品，具有交换价值，虽然这种流转方式使土地在法律关系上并未成为资本，不具备征收关系和土地使用权转让关系。农户转让土地，或以土地为资本投入，或折成股份与他人合作经营，都获得相应的利益或获得更大的效益。

## 二、土地流转权的法律性质

农村集体建设用地流转权利的法律性质主要体现为以下三方面：

1. 农村集体建设用地的流转权利是农村集体对其所有土地合法的使用权能的体现

我国《宪法》规定："农村土地属于农民集体所有。"根据我国《民法通则》第七十一条规定："财产所有权是所有人依法对自己的财产享有占有、使用、收益、处分的权利。"在所有权众多特征中，自主性是所用权的根本特征。所有权是人根据自我意志自主地支配着自己物的权利，它首先表现为一种自主占有（possession of one's own）与控制。

所有权的权能是指所有人为利用所有物实现对其所有物的独占利益，在法律规定的范围内可以采用的各种措施与手段。根据我国《民法通则》第七十一条，所有权的权能包括：

（1）占有权能，是指对物的实际掌握、控制权。

（2）使用权能，是指按照物的性质和用途对物加以利用，以满足生活需要的权能。

（3）收益权能，是指收取由所有物产生的新增经济价值的权能。

（4）处分权能，是指对物进行处置，从而决定物的命运的权能。

"农村土地属于农民集体所有"，即集体组织是集体建设用地的合法所有人，对建设用地享有合法的、完整的土地财产所有权，其权能也应包括占有、使用、收益、处分四项。集体建设用地自主流转权作为使用权权能实现方式之一，也应当受到国家法律保护。

2. 农村集体建设用地所有权是与国家土地所有权平等的权利

从农村集体土地立法沿革分析，农村集体建设用地所有权是与国家土地所有权平等的权利。从前一节对农村用地立法与政策历史沿革的分析，我们知道，农村土地使用权不是从国家土地所有权中分离出来的，而是从农民、地主私有土地制度基础上演变而来的，它与国家土地使用权是两种平等的权利。[①] 既然二者是平等的权利，就应当给予其平等的法律保护，不能够将其在国民经济中成分的不同等同于二者的法律地位。既然国家所有的土地的使用权能够合法流转，为什么作为集体土地使用权能之一的集体建设用地流转就要受到法律限制呢？

---

① 张立国. 中国农地产权制度的演进及其改革［J］. 湖北社会科学, 2006（2）

在所有权各项权能中，受到限制的还不止建设用地的流转，在集体土地的使用权能方面，《农村土地承包法》仅赋予了家庭承包经营制的合法性，农民没有权利选择对其所有土地的使用方式。在集体土地收益权能方面，法律限制了集体所有的土地进入一级市场的方式，建设用地要进入一级市场必须通过国家的征收。① 并且国家垄断集体建设用地的一级市场，所涉及的不仅是进入方式问题，通过一次性的安置补偿，土地进入市场后由市场带来的收益完全与原集体无关，集体土地所有权的收益权与农民个人的收益权都受到严重侵害。在集体建设用地的处分权能上，《农村土地承包法》虽然承认了土地承包经营权的流通性，但其流转要经过土地承包经营权的转让，要发包人同意；并且土地承包经营权不能够依法抵押和继承。对于农村集体建设用地的流转的处分权利，《土地管理法》贯彻了城乡建设用地双轨制，农村乡镇企业用地、农民住宅用地、集体经济组织的公共设施和公益事业用地等使用集体所有土地；而城市企业、城市居民等必须使用国有土地，城市用地需要占用集体土地的必须先由国家通过土地征收将集体土地转为国有土地后，再由国家出让或划拨给土地使用者使用。②

3. 所有权是私权，私权之间不但要求平等而且神圣

公权与私权是法律上的一对范畴，国家的权利，集体的利益都叫做公权力或公权利，个人的权力就叫做私权。这对范畴体现了文明的程度，法对私权态度的演变，同样也体现了人类文明的进步。

1982 年《宪法》第十二条第一款规定："社会主义的公共财产神圣不可侵犯。"1986 年《民法通则》第七十三条第二款规定："国家财产神圣不可侵犯。"《物权法》第三条第三款规定："国家实行社会主义市场经济，保障一切市场经济主体的平等法律地位和发展权利。"第四条规定："国家、集体、私人的物权和其他权利人的物权受法律保护，任何单位和个人不得侵犯。"上述四条款构成了《物权法》的平等保护原则。根据上述条款，我们可以作如下推论：大前提——国家财产是神圣的（《宪法》和《民法通则》的规定）。小前提——国家财产和私人财产是平等的（《物权法》的规定）。结论：私人财产是神圣的。

## 三、土地流转的必要性：农村家庭联产承包责任制的是与非

家庭联产承包责任制是 20 世纪 80 年代初期在中国大陆农村推行的一项重要

---

① 1992 年 11 月 23 日国务院《关于发展房地产业若干问题的通知》中规定："集体所有土地，必须先行征用转为国有土地后才能出让，如农村集体经济组织以集体所有的土地资产采用入股方式，须经县级人民政府批准。"《城市房地产管理法》第八条规定："城市规划区内的集体所有的土地，经依法征用转为国有土地后，该幅国有土地的使用权方可有偿转让。"

② 《土地管理法》第六十三条规定："农民集体所有的土地的使用权不得出让、转让或出租用于非农业建设。"

改革，是农村土地制度的重要转折，也是特定社会经济条件下社会发展的必然选择。家庭联产承包责任制是农户以家庭为单位向集体组织承包土地等生产资料和生产任务的农业生产责任制形式，家庭联产承包责任制被邓小平同志誉为中国农村改革与发展的"第一次飞跃"。

家庭联产承包责任制中，农村土地的所有权归属集体，使用权属于以家庭为单位的农民个人。家庭联产承包责任制打破了"人民公社"时期土地集体所有、集体经营的农业耕作形式，实现了土地集体所有权与经营权的分离，这在20世纪70年代末80年代初对于农村生产力无疑是很大程度的解放。事实上，改革开放后，集体所有、农民承包为主的家庭联产承包责任制的发展也出现不同的演变。家庭联产承包责任制的形式包括专业承包联产制、定额包工制、联产到组制、联产到劳制、包产到户制和包干到户制。前五种承包责任制至1984年已名存实亡，仅余"包干到户"。"三级所有、队为基础"的家庭联产承包责任制在大多数地区只在1978～1982年农村改革初期实行过，之后逐步为家庭承包制所取代，即集体向承包农户按人分配土地后就退出农业的直接生产；农户除上缴国家和集体税费外，完全自主决定对土地的经营，占有税费外全部收益。直到1998年十五届三中全会，才将文件中把早已没有意义的"联产"和"责任"取消，正式明确为家庭承包制。①

1. 家庭联产承包责任制的优点

（1）推动了农村的改革开放。家庭联产承包责任制推进了农村的改革开放。土地是农村发展的关键，也是"三农"问题的核心。农村的改革首先是土地制度的改革，而土地制度的改革又推动着农村经济、社会的变革。家庭联产承包责任制明确了以家庭为单位的农民对土地的无偿使用权，使农民在一定程度上成为了土地的主人，打破了落后的人地关系，结束了"大锅饭"和平均主义，可以说，土地制度变革在推动农村变革的过程中，也推进了农村地区的改革开放。

（2）解放了生产力。生产关系适应生产力的发展是社会发展的一般规律。家庭联产承包责任制前，土地所有权和使用权高度集中、土地不能出租、买卖，严重阻碍了农村生产力的发展。实行家庭联产承包责任制后，农民作为农村发展的主体，土地作为农村最主要的生产资料和农民的主要社会保障，家庭联产承包责任制使农民对土地拥有了使用权，大大提高了农民的农业生产积极性，农村土地得到了很好的配置和利用，这让农村生产力得到了重大解放。

（3）促进了农村变革和经济发展。以家庭联产承包责任制为内容的土地制度推动了农村各项事业的变革和农村经济的发展。一方面，家庭联产承包责任制极大地改变了农村的生产关系，原来那种大规模经营下的集体劳动形式被打破

---

① 刘桓，吴栋. 中国农村土地制度改革研究初探 [A] //经管学院第五届博士生论文集 [C]. 北京：清华大学，2006.

后，包括农民与土地的关系、农民与集体的关系等都发生了重大的变化。相应地，农民的社会地位以及农民的经济收入水平等一系列的变化都带来了农村的变革。另一方面，家庭联产承包责任制在特定时期内解决了农民与土地的矛盾，农民除了自足、上交国家和集体的税费后还留有剩余，极大地减轻了农民的负担，推动了农村经济的发展。此外，"土地集体所有、家庭承包经营、长期稳定承包权、鼓励合法流转"的制度框架也带动了农村社会主义市场经济的发展，而农村市场经济的迅猛发展又反过来有力地冲击着现有的土地关系格局，这种土地制度的变革在一定时期内成为促进农村经济持续发展和社会稳定的关键因素。

2. 家庭联产承包责任制的缺点

事实上，1984 年前后，家庭联产承包责任制对农业激励作用由潜能释放进入了消散阶段，[①] 暴露出一些急需解决的现实问题：农民分得的土地肥瘠不一，大块的土地被分割成条条块块；土地承包频繁调整，不符合农民对稳定承包的客观要求；最显著的问题是土地的产权极不明确。具体问题反映在以下几个方面：一是家庭联产承包责任制下，农民享有了土地的使用权、经营权，但对土地缺乏处置和交易的权利，致使农民只能被禁锢在土地上；二是农户拥有对土地的经营、使用权，这种权利既不稳定，具体内容也无严格界定；三是国家对土地的管理权、集体对土地所有权和农民对土地的经营使用权内容交叉，受益权和处分权都没有界定清楚。在这种背景下，农村土地流转的不规范行为并由此产生的土地纠纷也不断增加。

（1）生产力和生产关系再次受到束缚。进入 20 世纪 80 年代后期，家庭联产承包责任制在很多方面已经严重滞后于农村生产力的发展需求。农业税免征之前，农民由于承包经营土地的负担重，收益相对较低，承包经营土地的积极性不高。虽然家庭联产责任制在一定时期内推动了农民务农劳作的积极性，但随着城市化的发展，很多农民对农业生产丧失兴趣，进城后转化为了农民工，出现农村大片土地撂荒，有的将承包经营权流转给亲友或其他农户，还有以自己享有的土地承包经营权投股或参股，粮食生产安全受到威胁。即便是国家首次免除了农业赋税，也难以扭转农村生产关系不适应生产力的局面，农村生产力急需再次解放。

（2）一家一户的联产承包责任制阻碍了农业规模化、集约化和机械化生产，也对农业科技化和农业现代化构成了障碍。家庭联产承包责任制下，大部分农村地区根据集体土地的质量和数量，将土地按人口或者劳动力平均分配，这种生产组织形式虽然在一定时期内使农民与土地实现了统一，但也直接造成了农地经营分散，"小农经济"突出，规模效益难以形成。很明显，这种超小规模的土地经

---

① 建国以来我国农村集体土地产权制度的变迁 ［EB/DL］. http：//baike. baidu. com/view/787290. htm

营模式，既不利于农业生产的规模化、集约化和机械化发展，也不利于农业科技化和现代化的普及，而农民的生产方式几千年来却并未发生根本性的转变。

（3）农村土地资本化和农产品的资本化受阻，农村基础设施仍靠国家财政支持。资本化需要有土地作为基础，农村土地的小规模经营破坏了土地的整体性，也限制了农村土地的资本化。家庭联产承包责任制将大块土地分为条条块块，这必然形成"小农生产"与"大资本市场"之间的矛盾，从而使土地价值和规模经济效益难以实现。同时，一家一户的小农生产也限制了农产品实现资本化，农产品基本上是农民自足和以低价自销，市场信息极不对称。且农村资本的缺失使得农村基础设施难以完善和维护，只能依靠国家财政，而我国农村面积大，国家财政压力也较大，一时矛盾冲突很大，这些因素使得在城市化高歌猛进的过程中，农村地区依旧落后，城乡差距也越来越大。

（4）小农经济下我国农业发展面临重大危机。家庭承包制下，我国农村的生产组织形式是以家庭为单位的小农生产，一家一户的生产、种植是自给自足经济体的延续，农业一方面难以实现集约化，另一方面无法资本化。这种小农经济直接造成农产品水平低，农产品品种和品质结构仍沿袭传统模式，调整滞后，造成相当部分农产品不能适销对路，农民增产不增收，更别说农产品参与国际竞争。特别是中国加入 WTO 以后，分散、小规模的农户经营形式使农产品进入市场面临着重重困难：一是分散的主体无力抵御市场竞争和市场需求变化带来的巨大风险；二是组织化程度低、素质低以及封闭式经营，使农户直接进入市场的交易费用昂贵；三是缺乏获得市场信息的有效渠道，缺乏对信息进行分析、过滤、判断、选择的能力，面临的市场风险高。同时，家庭生产的盲目性和农产品市场竞争的无序性，也造成农业资源的巨大浪费。这极大地阻碍了农村市场经济发展，使我国农业发展面临着重大危机。

值得肯定的是，家庭联产承包责任制为农村经济发展和后续土地改革奠定了坚实的基础，20 世纪 80 年代后期出现的农村土地不规范流转也说明农村土地流转制度的变革是迫在眉睫的。在这种情形下，农地制度的又一次变革——土地流转应运而生。

## 四、历史过渡形态的土地流转及政府失灵

土地流转是家庭承包责任制度的延伸和发展，是在家庭承包制发展到一定程度后，农村生产力迫切需要解放的背景下应运而生的。自 20 世纪 80 年代末，土地流转的内容和形式在法律层面上逐渐明确和完善。农业用地在土地承包期限内，可以通过转包、转让、入股、合作、租赁、互换等方式出让承包权，以鼓励农民将承包的土地向专业大户、合作农场和农业园区流转，发展农业规模经营。集体建设用地可通过土地使用权的合作、入股、联营、转换等方式进行流转，鼓

励集体建设用地向城镇和工业园区集中。其要点是：在不改变家庭承包经营基本制度的基础上，把股份制引入土地制度建设，建立以土地为主要内容的农村股份合作制，把农民承包的土地从实物形态变为价值形态，让一部分农民获得股权后安心从事二、三产业，另一部分农民可以扩大土地经营规模，实现市郊农业由传统向现代转型，但建设用地进入一级市场必须通过国家的征收。①

《物权法》将农民土地权利类型划为四种，即农村集体土地所有权、土地承包经营权、农村建设用地使用权和宅基地使用权。其中，由于农村土地所有权归农民集体所有，所以农村集体所有权的流转是被完全禁止的，在实证法层面上可以流转的只有土地承包经营权、农村建设用地使用权和宅基地使用权这三种土地用益物权。值得肯定的是，农村土地流转制度发展至今，在一定阶段再一次解放了农村生产力和生产关系。但在农村土地流转的实践过程中，也出现了诸多问题，如土地流转相关的法律制度落后，造成农村土地流转纠纷不断；土地流转政策频繁变化，导致农村现实利益关系冲突众多；刚性的法律规定与复杂的农村现实脱节，造成农民利益受挫等等。究其根本原因，在于农村土地的权利尚未得以明确。农村土地流转是确立在家庭联产承包责任制不变的条件下，农民土地权利不变的前提下，土地经营方式的变化，旨在对宅基地、耕地等进行流转后使农业土地价值提高。虽然土地流转在短期内避免了家庭联产承包责任制的弊端，但是从根本上并不能解决农村发展、土地利用的根本问题。

不难看出，土地流转只能是农村发展历史过渡时期的过渡形态，是在不违反宪法、土地管理法框架之下产生的一种过渡形态，是一种操作方法的创新。土地流转通过在成渝地区先试先行，率先试点，其核心是要解决联产承包责任制出现的问题。但随着生产力的进一步的发展，土地流转在实际操作过程中已造成了政府失灵。

政府失灵也称"政府缺陷"、"公共失灵"或"政府干预失效"，萨缪尔森将其定义为"当政府政策或集体行动所采取的手段不能改善经济效率或道德上可接受的收入分配时，便产生了'政府失灵'"。②查尔斯沃尔夫从非市场经济缺陷的角度分析了政府失灵，他认为"政府组织在内政缺陷及政府供给与重要的特点所决定的、政府活动的高成本、低效率和分配的不公平就是'政府失灵'"。③简言之，我们把政府为了矫正和弥补市场机制的功能缺陷所采取的立法、行政管理以及各种经济政策手段，在实施过程中由于出现各种事与愿违的结果，最终所导致

---

① 1992 年 11 月 23 日国务院《关于发展房地产产业若干问题的通知》中规定：集体所有土地必须先行征用转为国有土地后才能出让，如农村集体经济组织以集体所有的土地资产采用入股方式，须经县级人民政府批准。《城市房地产管理法》第八条规定：城市规划区内的集体所有的土地，经依法征用转为国有土地后，该幅国有土地的使用权方可有偿转让。

② 保罗·萨缪尔森著. 经济学原理［M］. 萧琛译. 北京：清华大学出版社，2008

③ 查尔斯·沃尔夫. 市场或政府［M］. 北京：中国发展出版社，1994

的政府干预经济的效率低下和社会福利损失等现象称为"政府失灵"。① 在土地流转过程中，政府失灵的含义主要有三个层面：一是政府代替市场机制配置所有农村土地资源，造成农民的土地利益不能保障；二是政府的不恰当干预行为，导致了农村土地非法流转的现象屡见不鲜；三是土地流转后，政府对开发商利用土地的管理缺位，致使农业发展面临困境、乡土文化遭受威胁。

具体地讲，农村土地流转中，政府失灵主要表现在以下几个方面：

（1）农民对土地流转具有决定权。农村土地归属农民集体所有，因此农民对土地流转具有决定权。这从法律层面、国家土地管理方面都易造成政府失灵，即政府对土地的管理权限与农民对土地的决定权利存在不合与冲突。特别是集体建设用地、宅基地流转过程中，政府实行的过度行政干预，扭曲了市场机制配置土地资源的效率，造成了建设用地的低效利用和耕地资源的大量流失，也造成了农民利益受损，这也是目前农村土地流转中隐性市场活跃、纠纷不断、政府与农民利益分配不公的重要原因。

（2）政府对投资商用地的管理失灵。投资商以资金换取了土地，当其进入农村后，政府对他们的管理也会失灵。而且，政府对于投资商进入农村后的管理职能和权限在法律上尚处于真空状态，对于投资商做什么、怎么做，政府的职能是失效的。且由于政府的调控、管理能力不够，也是造成投资商在农村进行"圈地运动"的重要原因。投资商取得农村土地的使用权后，更多地用于做房地产，这最终无疑将毁掉中国农业的发展，也将毁掉村落和乡村文化。由于村落和村落文化是使乡村文化得以保留、展现的载体，投资商进入后，大量的村落被拆掉，其直接后果就是乡村文化被毁掉。

（3）政府对土地流转干预的力度不当。在农村土地流转过程中，政府扮演的角色应当是"裁判"，但在实际运行中，政府对于土地资源配置的行政干预力度往往不能恰到好处。特别是对农村建设用地的流转，政府已经形成了对土地一级市场的垄断控制，同时在土地市场交易中，政府对交易量的控制和地价的干预也存在过度现象，这不仅人为地损害了土地市场供求机制和竞争机制，而且严重扭曲了土地价格，使现实中耕地保护的效果与规制的目标产生了偏差。② 同时，在农村土地承包经营权流转中，政府也往往以土地所有权拥有者和承包权拥有者的身份对土地的使用及收益的分配进行强行干预，造成政府、农民和投资商利益分配不公。

以上三个弊端决定了土地流转只能是特殊时期的一种过渡形态，是一定时期内生产关系适应生产力的一种必然状态，它最终并不能完全解决农村土地权利的根本问题，而要解决这个问题，需要继续的探索和尝试，以建立完善的法律制度。

---

① 吴冰，陈福明．经济学基础教程［M］．北京：北京大学出版社，2006
② 赵亚莉，吴群．农村集体建设用地流转：政府失灵与制度障碍［J］．Reform of Economic Syste，2010（2）

# 第四节　农村集体建设用地流转的法律障碍

当前农村集体建设用地流转日益活跃，而土地流转相关法律制度建设相对落后，这给农村土地流转的进行造成了一定的阻碍，集中体现在关于农村集体建设土地流转合宪性问题、"公共利益"范围界定、土地征收后补偿标准等问题的争论上。

## 一、农村集体建设土地流转合宪性探讨——兼论土地征收制度

诸如现行众多下位法律法规政策对农村集体建设用地流转限制或者禁止性立法的宪法依据，是《宪法》第十条，"城市的土地属于国家所有"、"国家为了公共利益的需要，可以依法律规定对土地实行征收或者征用并给予补偿"。通过此条款，下位法制订过程中所领会并坚持的宪法精神是："城市土地属于国家"的含义是不但法律规定的城市土地属于国家，将来只要进入城市建设的土地，其前提必须首先是该土地的性质已属国家所有，因此集体所有的土地所有权不通过向国有土地所有权转化而直接进入城市是违反宪法精神的，集体土地只有通过国家征收这唯一的合法途径才能够进入城市建设市场。

笔者认为，这样的理解是错误的，《宪法》第十条规定的"城市土地属于国家"仅指法律制度颁布时的城市土地属于国家所有，它是一个进行时态，而非将来时态。此种理解非但没有很好地领会《宪法》精神，反而是误解了《宪法》。原因如下：

（1）没有掌握领会《宪法》第十条所需要的历史背景。从前文 1949～1980 年土地所有权使用权以及土地流转制度的立法分析，我们看到无论是 54《宪法》还是 75《宪法》、78《宪法》，所有的法律并没有关于"如何对全部的城市土地进行征收、征用与国有化"的立法调整，即使 20 世纪 70 年代出现的国家有权对土地进行征收、征用或者国有化也是使用了国家"可以"的字眼，而非国家"应当"，并且 82《宪法》明确限定了国家仅仅在"为了公共利益的需要"前提下，可以依照法律规定对土地实行征用。

因此，笔者理解，我国没有明确进入城市的土地必须在所有权属上属于国家的立法传统，在理解 82《宪法》第十条的立法精神上，下位法没有考虑到这个方面。

（2）认为"土地国有是农地进入城市的前提"形成了宪法悖论。82 年《宪法》第十条同时规定国家为了公共利益需要，可以依照法律规定对土地实行征

用。这里便会在宪法本身形成一个悖论。即：农地因非公共利益性质的需要转为城市土地进入城市建设，而没有经过征地是违宪的，因为转为城市用的农地如果还是集体所有就违背了"全部城市土地为国有土地"的宪法规则。但是征地也可能违宪，因为不合"为了公共利益需要可征地"的宪法。

因此，将"城市土地属于国家所有"解释为是一个对进行时态更为准确，更符合当时的立法意图，即当时全部"现存"城市土地属于国家，而并不包括将来进入城市的土地。这就意味着 1982 年《宪法》颁布后进入城市的集体建设用地使用权可以在保留集体所有性质不变的前提下，直接进入市场流转。①

虽然我国在 1998 年颁布实施的《土地管理法》中将为了"公共利益的需要国家有权对土地进行征收"扩大到了"任何个人单位与个人"只要"为了建设"都可以申请国家对农村土地进行征收，但是要指出的是，《土地管理法》此条款本身是违宪的，因为没有明确并严格遵照宪法规定的"公共利益"原则，征地过程中农民合法权益受到践踏的情况时有发生。

## 二、"公共利益" 的价值目标

"公共利益"一直是法学中最重要的概念，因为无论在中国还是西方，也无论是在学说还是判例上，它一直被作为一般法律所追求的基本目标〔注：譬如在中国古代法家学说中，"法"和"公"已经联系在一起："能去私曲就公法者，民安而国治；能去私行行公法者，则兵强而敌弱。"（《韩非子·有度第六》）〕②"法"之作为法治国家统治社会的公器，当然只能追求对于社会大众而言的"公共"利益，而不是任何特定私人（譬如立法者或执法者自己）的利益。"公共利益"又是一个必须明确的概念，上文提到的 1982 年《宪法》第十条第三款明确规定："国家为了公共利益的需要，可以依照法律规定对土地实行征收或者征用并给予补偿。"类似的，《宪法》第十三条也规定："国家为了公共利益的需要，可以依照法律规定对公民的私有财产实行征收或者征用并给予补偿。"根据宪法显然的含义是，政府征收或征用土地或私有财产的前提条件是征收行为必须以"公共利益"为目的；只有"为了公共利益的需要"，政府才能合宪地征收财产，而如果我们不能清楚地界定"公共利益"的范围，上述宪法限定就失去了意义。

笔者认为，理解"公共利益"应当抓住"公共"与"利益"两大要素。法律中准确地界定"公共利益"的确不容易，因为针对不同的现实情况，"公共"的范围都不一样。并且宪法作为根本法，需要调整社会关系具有最普遍性，因此往往不得不使用许多具有一定弹性的不确定用语，如"紧急情形"等等。对此，

---

① 司艳丽. 论集体建设用地使用权流转的法律规制 [D]. 北京：中国政法大学，2006
② 张千帆. "公共利益"是什么？——社会功利主义的定义及其宪法上的局限性 [J]. 法学论坛，2005，20（1）

外国立法中也是一样的。例如《法国人权宣言》第十七条规定，财产是神圣不可侵犯的权利，除非当合法认定的公共需要所显然必需时，且在公平而预先补偿的条件下，任何人的财产不得受到剥夺。什么是"公共需要"，什么是"显然必需"，什么是"公平补偿"，都是不确定用语，《宣言》并没有对此加以明确界定。《美国宪法修正案》第五条规定，非经正当法律程序，不得剥夺任何人的生命、自由或财产；非有公正补偿，私有财产不得征为公用。什么是"正当法律程序"，什么是"公正补偿"，亦为不确定用语，该修正案并没有对此加以明确界定。《日本宪法》第二十九条规定，财产权不得侵犯。财产权的内容，应由法律规定以期适合公共之福祉。私有财产，在公正补偿下得收归公用。这里的"公共福祉"、"公正补偿"，也都是不确定用语，该宪法条款亦没有对此加以明确界定。尽管对于此类术语各国宪法没有对之加以明确界定，但是各国在下位法的制定或者在法官自由裁量权的行使中，都根据这些术语所追求的价值，在个案中对之作出其认为最适当的解释。结合我们今天探讨的农村集体土地流转，笔者认为在个案中明确何谓公共利益都应当坚持以下两点：

（1）公共利益不仅是一个事实判断，更是一个价值判断。在判断何谓"公共利益"的时候，应当本着公平、正义、秩序等诸多法律的价值标准进行判断。从法律角度，法是人类实现其目的的一种工具和手段，法律本身并不具有价值，它只是价值的一个载体。"公平"、"正义"等价值目标是法律中包含的永恒不变的东西，而这些东西应当成为我们奉行的万古不易的教义。因此，公共利益的判断应当首先坚持诸多的价值目标。

为了公共利益以外的目的征收农民土地，将征收的土地通过拍卖等方式流向市场，国家在垄断集体土地一级市场的过程中赚取安置补偿费与土地市场价格的差价，实则是牺牲农民对土地的合法所有权，特别是以处分收益权为代价换取城市建设发展的原始资本，农民作为集体土地的合法所有权人，他们没有义务白白做出如此的牺牲！这一行为显然是违背法律追求"公平"、"正义"的价值目标的。

（2）公共利益的范围不能任意扩大。《土地管理法》也无权将公共利益的范围扩大到任何"为了建设需要"上来，《土地管理法》实质上扩大的是征地权力，公权力对私权利具有保护义务，而非侵害。这也从侧面反映了权力的滥用。

## 三、补偿、合理补偿、适当补偿与赔偿

集体建设用地公开流转的第二个障碍实际上在于土地征收后补偿标准问题。

1. 补偿、适当补偿与合理补偿

补偿、适当补偿与合理补偿之间因为对"补偿"二字的限定不同，三者之间存在"度"的差异。在《现代汉语大辞典》中，补偿指"抵消损失、消耗，

补足欠缺、差额"；"适当"的含义是"适度；合适；妥当"，而合理的含义则为"合乎道理或事理"。

（1）补偿立法：以我国宪法为代表。82《宪法》的04《修正案》中将原宪法第十条第三款修改为"国家为了公共利益的需要，可以依据法律规定对土地实行征收或征用，并给予补偿"。

我国征地补偿标准的制定可以追溯到 1953 年的《国家建设征用土地办法》。当时，我国是典型的计划经济国家，土地首先由国家采取无偿分配的方式提供给农民耕种，实现"耕者有其田"。国家建设需要使用时再以极低的补偿进行收回、收购或征用。这种计划经济体制下形成的征地补偿思路，在当时是非常合理和适用的，也广泛地被农民和社会各界所接受。

1986 年制定的《中华人民共和国土地管理法》中，对失地农民的补偿依然被锁定在土地补偿费、安置补助费、地上附着物和青苗补偿费等方面。

《土地管理法》第四十七条规定，征收的土地，按照被征收土地的原用途给予补偿。征收耕地的补偿费用包括土地补偿费、安置补助费以及地上附着物和青苗的补偿费。征收耕地的土地补偿费，为该耕地被征收前三年平均年产值的 6 ~ 10 倍。征收耕地的安置补助费，按照需要安置的农业人口数计算。需要安置的农业人口数，按照被征收的耕地数量除以征地前被征收单位平均每人占有耕地的数量计算。每一个需要安置的农业人口的安置补助费标准，为该耕地被征收前三年平均年产值的 4 ~6 倍。但是，每公顷被征收耕地的安置补助费，最高不得超过被征收前三年平均年产值的 15 倍。依照本条第二款的规定支付土地补偿费和安置补助费，尚不能使需要安置的农民保持原有生活水平的，经省、自治区、直辖市人民政府批准，可以增加安置补助费。但是，土地补偿费和安置补助费的总和不得超过土地被征收前三年平均年产值的 30 倍。

因此，我国旧的土地补偿标准最高上限就是"被征收前三年平均年产值的 30 倍"了。

在 2004 年颁布的《关于完善征地补偿安置制度的指导意见》规定："土地补偿费和安置补助费的统一年产值倍数，应按照保证被征地农民原有生活水平不降低的原则，在法律规定范围内确定；按法定的统一年产值倍数计算的征地补偿安置费用，不能使被征地农民保持原有生活水平，不足以支付因征地而导致无地农民社会保障费用的，经省级人民政府批准应当提高倍数；土地补偿费和安置补助费合计按 30 倍计算，尚不足以使被征地农民保持原有生活水平的，由当地人民政府统筹安排，从国有土地有偿使用收益中划出一定比例给予补贴。经依法批准占用基本农田的，征地补偿按当地人民政府公布的最高补偿标准执行。"

实际的征地赔偿又是如何的呢？2006 年广东省国土资源厅下发了实施该标准的通知（粤国土资发〔2006〕149 号）《广东省征地补偿保护标准》（以下简

称《标准》),《标准》制定的目的在于希望"广州各地在执行过程中遇到问题,及时反映以便根据各地社会经济发展情况适时进行调整",事实则是:根据标准,最高级别的补偿标准为耕地每公顷补偿不低于 99.45 万元(1 公顷等于 1 万平方米,因而每平方米补偿金约为 99 元)、园地 76.50 万元、林地 30.60 万元、养殖水面 103.28 万元等。广州 5 区补偿金为 99 元/平方米!该标准根本就不能看作是赔偿。

(2) 适当补偿立法。国土资源部国土资发〔2001〕44 号文件《关于改革土地估价结果确认和土地资产处置审批办法的通知》规定,为支持和促进企业改革,在企业改制时,可依据划拨土地的平均取得和开发成本,评定划拨土地使用权价格,作为原土地使用者的权益,计入企业资产。比如:原水泥厂依法占有、使用的划拨土地属于原水泥厂集体企业资产,根据《土地管理法》第五十八条规定,县政府依法收回该土地用于公益事业建设,就应给予原水泥厂适当补偿。

至于什么是"适当补偿",原国家土地管理局国土函字〔1996〕18 号文件指出:"根据《土地管理法》第三十四条、《城镇国有土地使用权出让和转让暂行条例》第四十七条规定,'适当补偿'是指因国家建设和城市建设的需要,当地政府在无偿收回原使用者的划拨国有土地使用权时,对拆迁其地上建筑物、其他附着物以及安置等给原土地使用者造成损失的,市、县人民政府应当根据《城市房屋拆迁管理条例》的规定,结合实际给予适当补偿。"对于土地补偿,依照原国家土地管理局 1992 年出台的《划拨土地使用权管理暂行办法》第二十六条规定的原则,应当按当地土地市场行情作评估,依法扣除标定地价中当地政府确定的出让金(一般为标定地价的1/3)部分后,标定地价中剩余部分为划拨土地资产应当补偿给原水泥厂的部分;若采取招拍挂,则应从招拍挂总收入中提出标定地价中划拨土地资产部分补偿给原水泥厂,其余为政府所有。

(3) 合理补偿立法。在关于土地征收立法中,使用过"合理补偿"的法律条文就只有《中华人民共和国物权法草案》第三编用益物权第一百二十八条　因不动产被征收、征用致使用益物权消灭或者影响用益物权行使的,应当按照国家规定给予补偿;没有国家规定的,应当给予合理补偿。但是,在正式颁布的《物权法》中,删除了"合理"二字,而用"相应"二字代替。第三编用益物权第一百二十一条　因不动产或者动产被征收、征用致使用益物权消灭或者影响用益物权行使的,用益物权人有权依照本法第四十二条、第四十四条的规定获得相应补偿。第一百三十二条　承包地被征收的,土地承包经营权人有权依照本法第四十二条第二款的规定获得相应补偿。

2004 年颁布的《关于完善征地补偿安置制度的指导意见》虽然突破了 30 倍的标准,国土资源部国土资发〔2001〕44 号文件《关于改革土地估价结果确认和土地资产处置审批办法的通知》虽然使用了"相应"一词,两文件却不能够给农民在土地征用过程中的补偿带来实质性变革。因为，被征收土地是按照原土地用途价值给予补偿的，土地征收后进入市场的价值收益与农民无关，也就是长期在土地征用过程中所形成的"涨价归公"原则。

2. 《物权法》有关土地征用补偿的进步

虽然《物权法》没有坚持"合理补偿"的用词，《物权法》第一百三十七条却在一定程度上坚持了宪法中"为公共利益"征用土地给以"补偿"的原则，规定"设立建设用地使用权，可以采取出让或者划拨等方式。工业、商业、旅游、娱乐和商品住宅等经营性用地以及同一土地有两个以上意向用地者的，应当采取招标、拍卖等公开竞价的方式出让。"

笔者认为《物权法》第一百三十七条实际上明确了以"非公共利益"为目的的土地征用在进入市场后的土地增值部分，其"招标、拍卖等公开竞价"充分显示了市场价格原则。

《物权法》作为民事法律，希望其一步到位地解决我国土地征用的补偿问题是不可能的，但是，我们相信在下一步修改《物权法》时，这些问题都能得到解决。

# 第四章　农地发展权理论

土地发展权（也称土地开发权）制度作为西方发达国家解决土地开发过程中利益冲突的一项规则或手段被提出来，该制度在明晰土地开发权力及其归属、提供旅游用地、保护耕地和生态环境等多方面发挥着重要作用。我国法律对产权界限规定不清晰，纠缠于集体所有权行使的边界、使用权能定位、国家权力干预程度等方面，存在着土地发展权严重缺位的现象，这也是乡村旅游在发展中遭遇到的土地制度"瓶颈"，致使旅游功能难以完善，乡村旅游难以深入发展。在此，通过引入土地发展权制度及构建其运作机制，为从根本上完善乡村旅游用地的途径，提供可行的参考方案。

## 第一节　农地发展权理论综述

农村土地流转制度不断完善，缓和、解决了家庭联产承包责任制的弊端，但对于农村土地的根本问题无法从根源上解决。在这种情形下，农地发展权制度作为中国解决农村土地问题的一项重大改革被广泛研究、论证。可以说，农地发展权是当前理顺农村土地制度、解决农村发展问题的关键。

### 一、土地发展权的概念

土地发展权这一概念，初见于 1947 年英国的《城乡规划法》，英文为 Land Development Rights，国内译作土地开发权。随着人类社会的高速发展，土地从最初农业社会的单一用途转为多元化的立体开发利用，土地财产权的重心也从所有向利用倾斜。在商品经济的浪潮中，土地作为一项稀缺性财产，成为资本追逐的重要对象。由于资本天然的逐利性，投资者或所有者所希望的最优土地利用，并不一定符合作为公共利益代言人的国家的要求。所以，土地的绝对所有权逐渐被所有权的社会化所取代，现代国家都采用各种形式对土地的开发进行控制，作为国家对土地用途之微观控制手段的土地发展权由此产生。

我国学界对土地发展权的界定有着不同的观点。原国家土地管理局 1992 年编制的《各国土地制度研究》认为："所谓土地发展权，就是土地变更为不同性质使用之权，如农地变为城市建设用地，或对土地原有的使用集约度升高。创设土地发展权后，其他一切土地的财产权或所有权是以目前已经编定的正常使用的价值为限，也即土地所有权的范围，是以现在已经依法取得的既有权利为限。至于此后变更土地使用类别的决定权则属于发展权。"胡兰玲（2002）认为："所谓土地发展权，是对土地在利用上进行再发展的权利，即在空间上向纵深方向发展、在使用时变更土地用途之权。它包括空间（高空、地下）建筑权和土地发展权。如将临近城市的土地变更为商业用地或对土地原有使用集约程度的提高等。"李世平（2002）认为："土地发展权就是将土地变更为不同使用性质的权利，是一种可以与土地所有权分割而单独处分的产权，它既可以与土地所有权合为一体由拥有土地所有权的土地拥有者支配，也可以由只拥有土地发展权不拥有土地所有权者支配，它是土地处分权中最重要的权利。"孙弘（2004）则认为："土地发展权就是为适应土地使用管制和多元化立体开发的需要而设立的，改变土地现状用途与利用强度等利用方式的权利，是一项可以独立支配的财产权。"

我们认为，从土地发展权的产生和行使来看，其不同于所有权、使用权等民事财产权利，而是主要体现国家的管理职能，因而属于国家行政权的范畴。所以，土地发展权是国家为了公共利益，基于土地规划和土地使用管制，在一定范围内决定土地未来用途的行政权。因而，土地发展权在行使上具备公权的特征：①国家意志性，体现出国家对于图利开发利用的整体规划和管理，这是由其实现社会公共利益的价值取向所决定的。②有较强的主动性，国家在依据土地的规划和管理决定土地未来用途时，不需要土地财产权利人的意思表示。

## 二、农地发展权的概念

农地发展权从属于土地发展权体系，是土地发展权的子权。相比较于土地发展权，国内学界对于农地发展权的研究更是处于起步阶段。赵琴（2007）认为，农地发展权是指农用地转为商业用地、市政用地、工业用地等非农用地的过程中，获取改变土地用途或土地利用强度所带来利益的权利，它是一项可以独立支配的财产权利。杨成余（2006）认为，农地发展权是指农村土地转变成商业用地、市政用地、工业用地等非农用地的过程中，因改变土地价格增值所带来的利益。简单地说，农地发展权即农地转化成非农用地而产生的巨大的增值利益。

在确定一项制度的基本范畴的时候，我们应当着重考虑该制度设立的价值取向问题。土地发展权及农地发展权的创设，始于 20 世纪中叶强调国家干预经济之大环境下的所有权社会化潮流，虽然这一制度对土地所有权的自由行使设置了一定障碍，但其价值在于，通过每一个所有权人让渡一部分权利于国家，与国家对土地未来的开发和利用进行统一的规划和调度，统筹土地的整体利用，提高土地的整体效能，从而使全社会的土地权益得以更加有效地实现。这实际上类似于国家建立之时的立宪活动，即以牺牲一部分自由为代价，换取更多的自由和自由的良性实现，以避免一切人对一切人的战争。因而在性质上，土地发展权具备国家公权力的特征，实现国家对土地的管理，是土地发展权设置的价值所在。

美国的做法是承认土地发展权的私有化，但一些州为了保护农地，防止农地因变更为城市用地而大幅度减少面积，州政府事先向需要保护耕地的土地所有者购买发展权，从而将开发该土地的权利掌握在政府手中，土地所有者向政府出售发展权后可继续耕种这块土地，但已无变更土地用途之权，可概括为"先放后收"。英国则反之，从一开始就规定土地发展权属于国有，私人欲改变土地用途必须向政府购买发展权，可理解为"先收后放"。两者的共同点在于，都是由国家统一掌握土地发展权，土地所有权人每一次变更土地的用途，都将以"购买"土地发展权的方式向政府缴纳一定的费用。由此我们可以看出，虽然土地所有权人名义上是"购买"了土地发展权，但实际上土地发展权并没有真正转移到土地所有权人的手中，正因为所有权人不享有土地发展权，才会在每一次变更土地用途的时候，均需要向政府提出请求。美国政府在"征购"农地所有权人的发展权时，向其支付的"对价"实质上是政府对所有权人的一种经济补偿。

综上所述，农地发展权属于土地发展权的下位权，是国家依据国民经济发展的要求，为保护农业用地和实现农业经济的可持续发展，以决定农业用地是否转为非农业用地而进行开发利用的一种行政权力，属于土地用途管制权的范畴。

### 三、农地发展权的二重性

农地发展权具有二重性，即具有财产权的法理特征和国家对土地发展干预的警察权性质。

#### 1. 农地发展权具有财产权的法理特征

财产权是可以以金钱计算价值的，一般具有可让与性，受到侵害时需以财产方式予以救济。农地发展权的概念与制度设计源于英美两国，两国均将农地发展权作为一项能够与土地所有权分离的财产性权利。英国将土地的发展权控制在政府手中，私人欲改变土地用途必须先向政府购买发展权，也就是说，土地发展权是作为一项能够与土地所有权分割处分的财产权利。而美国土地发展权首先是承认了土地发展权的私有化，将土地发展权规定为土地所有权人所有，但一些州为保护农地，防止农地变为城市用地而造成农地面积大幅减少，州政府事先向需要保护耕地的土地所有者购买了发展权，从而将开发土地的权利控制在政府手中，土地所有者向政府出售发展权后可继续在这块土地上耕种，但无权变更土地的用途。法国则采用法定上限密度限制，即规定属于土地所有权之一的建筑权有上限限制，超过一定限制的建筑权属于地方政府所有。也就是说，超过限度的建筑，必须向地方政府支付代价，以获取建筑权，这和英国的土地发展权国有化是十分类似的。① 可见，英国、美国和法国都将土地发展权作为一项可以从土地所有权中分离出来的独立的财产权利，如果要改变土地使用类别（开发土地），必须先购买土地发展权。

明确农地发展权的财产性是非常重要的。第一，农地发展权的财产性与其权利主体排他的支配能力相结合，使农地发展权具有物权的属性，可以独立行使。第二，任何财产性权利的主体都必须清楚界定，一方面要体现资源初始配置的公平与效率，另一方面也要反映不同制度的价值取向。第三，在市场经济体制下，财产权的分配与让渡都是有偿的，农地发展权作为一项财产权是可以转让的，而且这项财产权的分配与让渡具有有偿性，这为农地发展权制度的设计提供了依据，也对农地开发利用的调控与平衡发挥了重要作用。

2. 农地发展权体现国家对土地实行干预的警察权性质

警察权（police power）是指当个人的权利同促进和维护公众的健康、安全、道德和一般福利相冲突时，所容许的国家对个人进行干预的权力。② 就土地利用来讲，为了向人民提供良好的环境、保持开敞的空间和文化古迹等公共目的，国家行使警察权对土地的开发利用进行管制。有些学者也提出了"土地发展权产生于国家对土地利用实施用途管制、规划控制等公共干预的需要"。③ 因此，农地发展权与普通的财产权有所不同，它对权利主体开发土地具有一定的"限制性"，可以说农地发展权其实是具有公权力性质的政府警察权。

政府实行公共干预的基本目标是维护和增进公共利益，保护私人权益，促使市场机制能够公平而有效率地配置资源。政府对土地开发的公共干预包括权利限制、开发许可、规划、用途管制、土地前期开发与公共设施提供、一级市场垄断、价格与税费控制等方式。政府对土地开发的最主要的控制手段是规划。通过规划，政府直接控制参与土地利用全过程。④ 不同于土地流转过程中的政府干预，政府对土地发展权的干预需要遵循市场经济等价交换、公平交易的原则，是以一种市场化的方式来进行产权交易与权利运作，可以说是政府手段与市场手段的结合运用，这更有利实现农村土地的合理利用和保护。

可见，赋予农地发展权是对中国现行法律、土地法的完善和修正，是解决农村土地流转过程中现实问题的根本手段和依据，它对于农地和农村村落文化的保护、农业生产的集约化、规模化和农业生产率的提高以及农民利益的保障等都具

---

① 赵尚朴. 城市土地使用制度研究——欧美亚各国城市土地使用制度探索 [M]. 北京：中国城市出版社，1996

② 大不列颠百科全书 [G]. 北京：中国大百科全书出版社，1999（13）

③ 孙弘. 中国土地发展权研究：土地开发与资源保护的新视角 [M]. 北京：中国人民大学出版社，2004

④ 臧俊梅. 农地发展权的创设及其在农地保护中的运用研究 [D]. 南京农业大学，2007

有现实性的意义。如果说现行的土地流转制度实现了所有权和使用权的分离，那么，农地发展权的设立将实现土地的所有权、使用权和受益权的三权分离，在这个基础上确立土地制度变革的框架是有法律依据的。

纵向看，从家庭联产承包责任制到土地流转，再到农地发展权的设立，是农村生产关系适应生产力发展的必然要求，是农村土地制度变革不断深化的结果，是从根本上解放农村土地发展"瓶颈"的关键，也是农村生产力水平提高、土地制度与时俱进的一般规律。它的设立既有利于解决政府失灵问题，也有利于避免政府干预过多，更有利于土地资本的市场化，是土地、技术、劳动力等生产力要素得到解放而实现资源的合理配置。因此，在加强对农业用地的保护、解决城乡二元结构、均衡各方利益等诉求下，农地发展权的设立可谓是历史的必然。

## 四、农地发展权的特征

农地发展权的特征集中表现在以下几个方面：

### 1. 权属的特定性——农地发展权属于国家

农地发展权创设的出发点是基于全民福祉的农业用地保护，体现出国家意志和公共利益，因而这一具有行政权属性的权力只能由公益的代表——国家来统一行使，这为耕地的整合、农村建设用地的规划以及诸如法律救济途径建设等相关配套制度的建立提供了较大的回旋余地。同时，由于农地发展权只能由国家享有并行使，这就决定了农地发展权的不可转让性的特征。有人认为农地发展权像其他财产性权利一样是可以转让的，农地所有权人可以向国家购买农地的发展权。然而这是不符合法律逻辑的，因为一方面，即使是农地的所有权人从国家手中"购买"了农地发展权，此时的"农地发展权"由于权属的变更，其享有者和行使者成为农地所有权人而不再是国家或者集体，那么作为一般公民又怎样去行使农地发展权所内含的、对于农业用地的行政管理职能呢？另一方面，如果不包含行政权性质的管理职能，农地发展权也就脱离了设立的初衷，失去了存在的意义。所以农地的所有权人即使是缴纳了一定的费用，也并不意味着农地发展权当然地从国家流转到了农地所有权人手中。

### 2. 主体的不平等性——国家行政权属性

农地发展权法律关系存在于作为土地管理者的国家和农地所有权人之间，基于这一制度设立的目的，国家与所有权人是一种管理者与被管理者的关系，管理对象不是农地本身，而是所有权人开发利用土地的行为，所以在主体上是不平等的关系。这也决定了农地发展权具有行政权属性，而不具有财产权属性。因为财产权属于民事权利的范畴，民事权利的重要前提是主体的平等性，农地发展权由于主体的不平等性，从而和主体平等的财产权区分开来。同时，明确主体的不平等性，也为农地所有权人在权利受到侵害时，确定了寻求法律救济的途径。和英美两国不同，我国是成文法国家，如果农地发展权在究竟属于公法还是私法的问题上不予以明确，则会导致所有权人既无法从行政途径也无法从民事途径获得法律的救济，从而出现法律的真空状态，使得农地发展权制度在权利与义务上出现失衡，从而缺乏可操作性。

3. 法律关系客体的特殊性——农地用途变更行为

以权力或权利与相对应的义务形成的法律关系，其客体随着其发展变化，呈现出不断扩大和增长的趋势，根据学界的通说，大致可划分为物、行为、精神产品（非物质财富）和人身利益四大类。从农地发展权的概念上我们可以看出，这一行政权指向的是农地所有权人对农业用地的开发利用行为，即国家可以要求所有权人改变农业用地的性质，也可以拒绝所有权人对于改变农地用途的请求。所以我们认为，农地发展权法律关系指向的客体是行为，并且特指农地用途的变更行为。这是由农地发展权本身的国家意志性、管理性、公益性等性质所决定的。

4. 行使上的主动性与被动性相结合

民法上的财产权要么是被动性的对世权，要么是主动性的对人权，而农地发展权由于不属于财产权体系，因而在这一点上和民法中的财产权截然不同。出于对土地管理的需要，国家可以主动地单方面要求农地所有权人改变农业用地的性质，或要求擅自改变农地用途的所有权人将土地转回原用途，而并不需要所有权人的请求。如当某一块农业用地被规划为旅游景点，则该地块的部分用途即从农业用途转为商业用途。

## 五、土地用途管制与农地发展权[①]

管制一词源于英文的 Regulation 或 Regulatory Constraint，是由行政机构制定并执行的直接干预市场配置机制或间接改变企业和消费者的供需决策的一般规则或特殊行为，故亦称为行政管制。

土地用途管制是指国家为了保证土地资源的合理利用，经济、社会和环境的协调发展，通过编制土地利用总体规划划定土地用途分区，确定土地使用限制条件，土地的所有者、使用者严格按照国家规定的用途利用土地的制度。土地用途管制正式出现于 19 世纪末的德国和美国，用于解决城市化过程中的整体规划和环境保护问题。自 20 世纪中期开始，土地用途管制制度日益成为大多数国家管理土地的主要手段，并发挥了积极的作用：土地资源较丰富的国家（如美国、加拿大等）的土地用途管制侧重于环境保护；土地资源较贫乏的国家（如日本、韩国等）的土地用途管制则突出农地保护。

---

① 陈利根．土地法学［M］．北京：中国农业出版社，2006

我国虽然幅员辽阔，但由于人口基数大，所以人均土地资源处于较低水平。同时，耕地质量差、农业生产力水平低下、水土流失、土地荒漠化等问题使我国粮食生产安全经历着严峻的考验。从城乡统筹的角度看"三农"问题最严峻的地区多在西部，而西部农村又多是山地。从西部多数区县的情况看，城乡发展规划主要面临三大问题：一是规划的缺位、缺失；二是规划的滞后；三是规划的虚化，缺乏刚性约束。城乡统筹发展规划，需要解决城乡发展上的盲目无序问题。在大规模城市化的同时，强化土地用途管制，保障农地的数量，是当前需要深入研究并充分解决的课题。

我国农地发展权制度设置的价值取向和出发点应当是国家对于农业用地的管制，提高我国农业生产效率，并确保农业经济的可持续发展。农地发展权制度基于土地用途管制，利用国家行政手段，一方面可配合城乡统筹的土地利用规划，另一方面可严格监控农业用地特别是耕地的流失状况，确保城市在经济上对农业的反哺，从而有利于城乡统筹发展的实现。

## 六、国外土地发展权制度实践及其借鉴意义

国外的土地发展权制度经过半个多世纪的发展，已经比较成熟，从全世界范围来看，大致分为三种典型模式：英国的国有化土地发展权、美国的可转让土地发展权、法国的法定上限密度制度。德国、意大利、加拿大、新加坡、韩国等的开发许可、超限付费之规定，以及日本和我国台湾地区的容积转移制度都可纳入上述三种模式当中。

1. 国外土地发展权制度实践

以英国、美国、法国为代表的国外土地发展权制度历经了 50 多年的发展历程，对于我国土地发展权制度的建设具有重要的参考价值。

（1）英国的土地发展权制度。英国于 20 世纪 30 ~ 50 年代，颁布了一系列与土地规划相关的法律，构建了严密的规划控制体系。其中于 1947 年颁布的《城乡规划法》设置了土地发展权制度，奠定了当代英国规划观的基础。该法限制了土地所有权的滥用，对土地开发行为进行控制，设立了国有化的土地发展权，所有的开发行为必须得到政府的许可。《城乡规划法》规定，一切私有土地将来的发展权转移归国家所有，由国家独占，实行"土地发展权国有化"，而私有土地的所有权性质不变。任何人若想改变土地原使用类别，进行开发建设，必须事先向政府购买土地发展权；反之，如果政府公布土地使用计划，变更私有土地原使用类别，致使土地价值降低，政府应当补偿因地价下降而给土地权利人造成的损失。土地发展权的价值按照变更使用后的自然涨价计算。英国设立土地发展权制

度的目的在于建立一种对土地开发进行有效控制以及"涨价归公"的机制,① 以抑制土地的过度投机行为。该制度自创设至今,经历了较大的变化。1952 年保守党执政后,认为该制度导致土地市场的自由买卖转变为国家垄断,产生了土地黑市,实际上抬高了土地价格,阻碍了土地的正常利用。此后,由于两党在经济政策上的分歧,使得该制度波动较大,如由政府征收的开发收益由 100% 降至 40% ~ 45%。但总的来说,通过土地发展权制度以行政手段控制土地开发,并确保因开发而引起的土地增值(部分)归国家所有的基本政策没有改变。②

英国创立土地发展权的目的在于,赋予国家对于土地开发利用的决定权和统一规划的权力,并将土地因改变用途而产生的收益全部或部分地收归国有,以控制土地市场的过度投机现象。其运作方式大致为先将土地发展权收归国有,而后当权利人欲改变土地用途时向国家"购买";或在国家规划导致土地贬值时,反过来向权利人进行补偿。其特点在于:①公权性,国家意志和公共利益贯穿制度的设立和运行。②价值取向上注重公平,土地发展权创设之初,全部土地的发展权都归国家所有。③非市场性,虽然权利人可以"购买"方式取得土地发展权,但并没有完全市场化,土地发展权并不能像其他民事财产权利一样可以随意地流转甚至抵押。④互补性,当土地增值时,国家向权利人收取部分增值收益,而当土地因公共利益需要而贬值时,则由国家向权利人进行补偿,从而吸收完全市场化下的土地价格波动对经济的冲击。

(2)美国的土地发展权制度。美国于 19 世纪末从德国引进分区办法,用来管制土地开发的密度和容积率。1916 年纽约市颁布了第一个综合分区管制规则,土地开发利用的分区管制得以正式确立。③ 美国联邦政府商务部 1924 年公布土地使用分区管制标准授权法案。该法案不仅成为美国 40 多个州土地利用管制的基础模式,而且在世界范围内得到推广。④ 土地发展权与土地分区管制有着天然的密切关系:一方面,土地分区管制的土地开发利用的要求与条件是设定土地发展权的法定规划依据;另一方面,可转让与征购的土地发展权是实施土地分区管制的一项有效的、灵活的制度手段。⑤

美国土地发展权归土地所有者拥有,并通过两种制度运行,一是土地发展权转让(Transfer of Development Rights, TDR),二是土地发展权征购(Purchase of Development Rights, PDR)。

土地发展权移转的观念起源于集中建筑群的做法。土地发展权移转由土地使

---

① 黄葵. 基于农地发展权理论的乡村旅游商业用地途径研究 [D]. 四川大学,2007
② 赵琴. 农地发展权的设置问题研究 [D]. 华中师范大学,2007
③ 李鸿毅. 土地政策论 [M]. 台湾:中国地政研究所印行,1996
④ 汪秀莲,张建平. 土地用途分区管制国际比较 [M]. 中国土地科学,2001 (4)
⑤ 杨成余. 农地发展权探微 [D]. 湖南大学,2006

用受限制的土地所有者将其土地上的土地发展权转让给受让人，土地发展权受让人因此获得土地发展权并支付对价。土地发展权受让人将购得的土地发展权与自己土地上的土地发展权叠加，可以对自己拥有的土地进行额外的开发。土地发展权移转采用市场机制，其功能在于保护优质农地、环境脆弱地等。1961年，美国学者吉拉德·罗伊德（Gerald Lloyd）首先提出土地发展权移转的思路。1968年美国纽约市的《界标保护法》（Landmark Preservation Law）第一次规定了土地发展权移转。该法规定，禁止改变或拆毁具有历史意义的界标，但允许界标土地所有者将界标所在土地的土地发展权转让给其他人。新泽西州颁布了专门的《土地发展权移转法令》（State Transfer of Development Right Act）。到2003年12月，美国有160个区域建立了土地发展权移转制度。

土地发展权征购是由美国各州及地方政府出资，用公共资金从土地所有者手中购买土地发展权，从而将该土地发展权掌握在政府手里。一般而言，政府也不开发。土地所有者将土地发展权出卖后，仍然保留农地继续耕种，而没有改变土地用途、求得更大发展机会的权利。土地发展权征购的主要目的在于保护农地，特别是城市周边的优质耕地。1974年纽约州的索福克县（Suffolk County）首先推行土地发展权征购制度。随后，马里兰州、马萨诸塞州等也相继建立了土地发展权征购制度。到2003年末，美国共有23个州建立了土地发展权征购制度。

与英国有较大差异，美国的土地发展权制度创设后，直接归土地所有权人所有，所有权人可以将其投放到市场上自由交易，如新泽西州将土地发展权的证券化、纽约市柏林顿郡的"松林发展权银行"等，其流转的自由度较大。另外，对于农业用地，国家则利用土地发展权征购制度，通过对土地所有者的经济补偿，限制其将农地转为他用，从而实现土地利用管制的目的。美国土地发展权模式有以下特点：第一，私权性。不同于英国国家本位的作法，美国一开始就将土地发展权配置为土地所有权人享有，并允许其以多种方式进行流转，故美国的土地发展权又称"可转让土地发展权"（Transferable Development Rights）。第二，价值取向上注重效率。在实行土地发展权制度之前，美国政府运用土地用途管制制度对私有土地所有者规定严格的用途管制，但没有对私有土地所有者作出任何补偿。私有土地所有者（特别是农地所有者）认为，政府土地用途管制制度不仅不公平，而且侵犯了他们私有财产权，因此缺乏保护农地的积极性，因而政府的农地保护政策一直缺乏成效。在土地发展权归原土地所有者所有的制度条件下，无论土地发展权被政府征购，还是土地发展权转让给房地产开发商，农地所有者在继续耕种原土地的同时都能得到一笔可观的收入，这就大大激发了原农地所有者保护农地的积极性。不难看出，美国土地发展制度设计注重效率的价值目标。第三，突出农业用地保护。政府运用发展权征购制度，将农地与非农地区别保护，在公共利益和土地权利人个人利益之间，取得了良好的平衡。可见，对农业用地的保护，国家必须干预。①

（3）法国的土地发展权制度。② 法国的法定上限密度规定实质上也是一种基于土地用途管制的土地发展权制度，其着眼点和着力点主要在城市用地。法国在20世纪50～60年代，颁布了一系列法律法规，使城市规划和建设的法律制度趋于完备，其目的在于以政府为主体实施积极管理，限制土地私权滥用，以满足城市化和工业化所需要的城市新建、扩建、改建用地。但70年代以后，迅速的城市化和工业化导致了诸如城市过密、居住环境不良、环境污染、社会分配不公等一系列问题。为解决上述问题，法国在1975年颁布了《改革土地政策的法律》，1976年修改了《城市规划法典》。新的土地政策特点在于有计划地扩大政府保留地，建立经常性的先买制度。与此同时，建立土地开发法定上限制度，规定超额开发者向国家负担额外的土地开发费用，以保证土地的合理利用和控制地价上涨。

法定上限制度也是一种土地发展权制度，该制度规定，基于土地所有权的建筑权有一低水平的上限容积率限制，超过该限制的建筑权属于地方政府所有。建筑开发人若想超过该上限进行开发，须向政府支付超额开发负担款，以取得超过标准的建筑权。这一规定的直接目的是消除土地所有者之间因规划管制而导致的建筑权（发展权）之不公，既可稳定政府收入，也可控制地价。但最初制定的容积率上限过低，影响了私人开发土地的积极性，故法国将密度上限多次作出调整，逐步放宽了限制，如1975年规定巴黎市的密度上限为1.5，1982年将其调整为1.5～3.0。

法国的法定上限密度制度与英美的模式区别很大，其特点在于：第一公权性。以行政手段限制私权的滥用，强调国家对土地开发强度和土地市场的控制。第二规制对象的有限性，仅从容积率的角度对土地的建筑开发强度进行管制，主要针对城市用地，但不具备调控土地用途的能力，没有如英美土地发展权的较为宽泛的土地用途管制之功能。

2. 国外实践的借鉴意义

经过半个多世纪的发展，土地发展权制度在西方国家已经日臻完善，其实践经验值得我们思考，其可借鉴之处大致为以下三个方面：

（1）国家掌握土地（农地）发展权有利于加强对农业用地的保护。美国一些州对农业用地采取了"发展权征购"的方法，将农地的用途转移决定权收归政府，以实现土地用途管制的目的，避免了城市经济发展对农地的过度侵蚀现象。

（2）农地发展权制度为农地"涨价归公"提供了法律依据。英国的土地发

---

① 秦明周，Richard H. Jackson. 美国的土地利用与管制［M］. 北京：科学出版社，2003
② 杨成余. 农地发展权探微［D］. 长沙：湖南大学，2006

展权制度规定了所有权人在将土地转为他用并产生增值的时候，需向政府缴纳一定比例的费用，该费用将用于土地的"贬值补贴"以及与土地利用相关的公共事业。而我国在农业用地方面虽然实际上是"涨价归公"，但缺乏相应的法律依据。

（3）农地发展权制度有利于均衡各方利益。美国的"发展权征购"一方面可以避免农地的流失，另一方面则对保留土地农业用途的所有权人进行补贴，在保护农业经济的公共利益和土地所有权人的个人利益之间取得了良好的平衡。

# 第二节　我国农地发展权构建

西方国家农地发展权在提高农地配置效率和保障农地产权公平上已经获得了成功，而我国关于农地发展权构建的探索尚处于初级阶段，在现有产权体系上直接建立新的农地发展权，显得任重而道远。笔者在此阐述了我国农地发展权基本框架的构想，以期为中国农地发展权制度改革提供参考。

## 一、农地发展权制度的必要性与可行性分析

农地发展权制度的构建，不仅是解决我国现阶段人地矛盾激化的必然要求，也是保护农民合法权益、促进社会和谐发展的重要举措。

### 1. 必要性分析

城乡统筹发展是我国改革从单纯的城市走向城乡结合的转折点，迫切需要制度上的配套。我国构建农地发展权的必要性，主要体现在以下三个方面：

（1）建立健全农地发展权制度，是贯彻农地保护政策的要求。目前的土地用途管制制度虽然在农地保护方面取得了一定的成效，但存在权力无制约、政策导向存在偏差等问题。近年来高速城市化中的城乡统筹改革，在农地保护方面任务艰巨，农地发展权制度可约束政府的开发行为，降低其征收并转让农地用作商业开发的积极性，促使其更加合理有效地开发和利用土地，以避免农地特别是耕地的过度流失。

（2）建立健全农地发展权制度，是农业经济发展的要求。农地发展权制度一方面可以确保农业生产的最基本生产资料——土地不致过度流失，另一方面可将农地转用的增值部分再投入农业生产，实现城乡统筹规划中的城市反哺农村之目标。亦有利于农业生产的集约化、规模化和农业生产率的提高，从而对冲农地减少给农业经济带来的不利影响。

（3）建立健全农地发展权制度，是保障农民利益的要求。农民是农业生产的最基本力量，农民利益与农业经济乃至国民经济联系紧密。农地发展权制度可

以改善农民在城市化浪潮中的弱势地位，不但加大对失地农民的补偿力度，同时也加大对从事农业生产的劳动者的经济补贴和技术支持，既维护社会经济的稳定，也提高了农业生产的积极性，使其走上良性循环的发展之路。

2. 可行性分析

（1）立足于现有的土地法律体系。制度的改革牵一发而动全身，单纯引进西方的制度而缺乏相应的环境和制度配套，制度的执行将受到很大的阻力或者被架空，难以发挥作用。我国农地发展权的构建将建立在尽量发挥现有法律制度应有功效的基础之上，结合现阶段城乡统筹的经验，将法律改革的幅度控制在适当的范围以内，以循序渐进的方法推行改革，降低法律创制和实施的风险。

（2）均衡各方利益。从城乡统筹的角度出发，将考虑农地转用问题上的各方利益，既有利于国家对土地进行统一的管理和合理的规划，也有利于保障农民的利益；既有利于城市化进程的健康推进，也有利于农业经济的可持续发展；既可为城市提供丰富的土地资源，也有利于城市实现对农村的反哺——折中将是解决矛盾的可行途径。

## 二、我国农地发展权基本框架构想

农地发展权的设立，是社会经济发展的诉求，基于国外土地发展权制度和我国农村土地制度的研究，笔者提出了我国农地发展权基本框架的初步构想。

1. 指导方针与立法价值取向

我国当前处于大农村与高速城市化相并存的格局之中，长期的城乡二元模式弊病较多，"三农"问题突出，以城乡统筹一体化为主的农村政治经济体制改革呼声很高且已经在许多地区展开了尝试性的实践。由于长期以来我国采用的是"大政府"的管理模式，在以往的改革中多次出现一放就乱、一抓就死的情形。所以在土地用途管制方面，不能追求一蹴而就，在紧压下突然减压，将会出现剧烈的反弹从而影响政治经济的稳定。因而我们应当采取循序渐进、逐步放权的方式，由国家本位向社会本位过渡。

同时，人均农地资源的匮乏，决定了我国必须将农地资源保护放在首位。以土地用途管制制度为基础，我国农地发展权制度将以农业用地的用途变更管制，作为其首要的任务和价值目标，同时明确各主体之间的权利与义务，突出对农民的权益保护。因此，我国农地发展权制度应有以下立法原则：

（1）保护耕地原则。这是农地发展权的核心价值所在。受经济效益的影响，农业相对处于较弱势的地位，如果单纯依靠市场机制的作用，农业用地将无可避免地向非农地用途大量转移。农地发展权的设立，将提供一种以国家宏观管理为前提的农地资源整合机制，引导并优化农地的开发利用，处理好耕地保护和高速城市化的辩证统一关系，实现国民经济的健康持续发展。

（2）公共参与原则。国家是公共利益的代表，农地发展权在行使过程中应当将公共利益作为唯一的出发点。目前学界和实践中对于公共利益的争议较大，笔者认为，就农地发展权的行使而言，应当突出公共参与性。具体而言，可将农地权利义务关系各方充分纳入到决策过程中，运用广泛听证的方式进行充分的交流沟通，制订出能够得到公众广泛认可的农地管制方案，从而实现公共利益的最大化。

（3）农民利益保障原则。改革30年以来，我国在一定程度上牺牲了农民的利益，致使城乡的鸿沟不断加深，农民作为我国最庞大的人群，在各方博弈的过程中一直处于较弱势的地位。在城乡统筹的进程中，农地发展权制度应当对弱势的农民群体实施倾斜保护，以实现利益的均衡。一方面，在土地流转与整合中，对失地农民予以政策上和经济上的帮助，提供就业途径，鼓励创业，使其离开土地以后的生活标准不得低于以往；另一方面，对于仍然进行农业生产的农民，加大技术上的扶持和经济上的补贴，既可提高农业生产率，也可提高农民从事农业生产的积极性。

（4）统一管理与分级管制相结合原则。土地用途管制体现了国家的宏观经济调控职能，同时也需要地方的具体实施。因而国土资源部将负责农业用地的统一规划和监控，同时由各级地方政府进行日常的管理工作。但由于农地用途变更影响国计民生的同时，很大程度上决定了地方的利益，近年来有的地区甚至出现了因滥批土地而引发的群众性事件。故农地发展权不能过度下放，在涉及较大数量的农地转为非农用途时，应当报省级人民政府土地管理部门批准，并报国土资源部备案。

（5）因地制宜原则。我国各地区经济发展水平不均衡，加之自然条件的千差万别，农业生产模式、技术水平、耕地资源、城市化率等差异较大。因而农地发展权制度在实施上应当因地制宜，各级政府可针对本地的特殊情况，对诸如土地开发规模、经济补偿幅度等具体事宜进行有限度的调整，以符合当地社会经济发展之需要。

**2. 我国农地发展权的内涵和归属**

国外的土地发展权制度有着不同的模式，并各自均取得了很多成功的经验。综合前文对我国国情的分析，我国农地发展权是国家依据国民经济发展的要求，为保护农业用地和实现农业经济的可持续发展，在土地开发中决定农业用地是否转为非农业用地而进行开发利用的一种土地用途管制权。这一界定有以下三方面的内涵：

（1）农地发展权是一种体现国家管理职能的行政权。农地特别是耕地保护，是该制度制定的核心价值。自由市场有逐利性和无序性的缺陷，结合我国的经济和制度现状，只能依靠国家行政力量对农业用地进行强制性保护。

（2）农地发展权基于公共利益而实施。公益性是农地发展权的本质属性之一。政府将依据经济发展的要求，以公共利益为导向，决定农业用地是否向非农业用途转化。

（3）农地发展权管制的客体是农地向非农用途转化的开发行为。其规制的对象既不是农地本身，也不是农地的所有权人或者开发者，而是相对人变更农地用途的行为。

对于农地发展权（土地发展权）的归属问题，不同的国家基于不同的国情，其做法不尽相同。国内学界对此也有较大争议，目前主要有两种观点：

第一种国家转让说，认为农地发展权最初应当归属于国家，再由国家转让至农地开发者。①

第二种国家征购说，认为最初应当配置为农地所有权人享有，再由国家向其征购，或以课税手段的其他方式取得对农地的管理权。

我国的农地发展权由于具备行政的管理属性，因而不能够进入市场流转，个人无权也没有能力实现代表公共利益的管理权。所以我国农地发展权应当归属于公共利益的代表——国家。这取决于：

（1）我国当前农地保护形势十分严峻，现有耕地数量不能减少，在城市化浪潮冲击下，如果将其配置于个人享有，或以转让的方式流转到个人手中，势必导致国家管理权的弱化，大量农地转为他用。

（2）我国现有的土地管制制度非常严格，如果放松过度，当前的绝大多数土地法律制度将进行大幅度地修改，带来过大的冲击，可谓牵一发而动全身。另外，过度超前的法律由于缺乏经济基础和法律系统的支撑，将有被架空、虚化的危险。所以国家享有农地发展权，适合我国国情，符合当前以城乡统筹为代表的农村政治经济改革的需要。

3. 农地发展权的法律渊源

法理学中的法律渊源，通常指法的形式意义上的渊源，即法律规范的创制方式和外部表现形式，也就是法律规范的效力来源。

宪法渊源。我国《宪法》第十条规定："任何组织或者个人不得侵占、买卖、出租或者以其他形式非法转让土地。一切使用土地的组织和个人必须合理地利用土地。"该法条对土地使用权人（包括所有权人，因为使用权是所有权的有机组成部分）对于土地的开发利用以及转让行为进行了限制，是基于土地用途管制制度的农地发展权的最基本效力来源。

行政法渊源。《土地管理法》第四条规定："国家实行土地用途管制制度。国家编制土地利用总体规划，规定土地用途，将土地分为农用地、建设用地和未

---

① 孙弘. 中国土地发展权研究：土地开发与资源保护新视角［M］. 北京：中国人民大学出版社，2004

利用地。严格限制农用地转为建设用地，控制建设用地总量，对耕地实行特殊保护。前款所称农用地是指直接用于农业生产的土地，包括耕地、林地、草地、农田水利用地、养殖水面等。"该法条规定了我国的土地用途管理制度，明确了农地保护政策和国家对于农业用地转为他用的限制权，是农地发展权的直接法律渊源。国务院 1990 年 55 号令则将我国的土地用途管制制度和土地征用按农用用途补偿制度等进行了具体化和系统化。我国农地发展权在法律渊源上呈现出很强的行政法属性，突出国家行政力量对于农地开发利用这一经济行为的管理和干预。

4.《土地管理法》中的农地发展权设置

基于系统地构建我国农地发展权的思路，笔者认为《土地管理法》可拟完善以下五个方面的内容：

（1）国家根据土地用途管理制度和农用地保护政策，设立农地发展权，以保障国民经济的可持续发展。明确我国建立农地发展权制度的出发点和价值取向，突出农地发展权的公益性特征。

（2）国家依据农地发展权决定农用地的用途变更。以法律明文规定的方式，将农地发展权制度纳入我国的土地法律体系。明确规定国家享有农地发展权，通过政府统一规划和广泛听证相结合的方式，以决定特定地块是否可以转为非农业用途开发利用。

（3）突出耕地保护。耕地保护是农地用途管制的核心。作为我国农地所有权人的集体组织，也不得在未经国家许可的情况下，将耕地转为他用。在城乡统筹的过程中，县级以上地方人民政府土地行政主管部门应当依据地方农村社会经济发展的要求，对农业用地进行合理规划，严格限制耕地转为宅基地或其他农村公共用地，原则上不得减少辖区内的现有耕地总量。

（4）任何组织和个人未经批准不得以任何形式将农用地转为建设用地或商业用地。农地发展权制度的主要功能就是给予国家对农地转用的限制权。在现有法律制度的基础上，加大对农地开发的管制，特别是对于各种打擦边球的行为，应当予以及时制止和引导，以避免农地的隐性流失（即以农业用地之名，行商业用地之实）的现象。

（5）农地征收补偿和农地溢价。农地征收补偿的最大问题在于补偿标准和方向与现实情况的偏离。依据现行的《土地管理法》之规定，征地补偿费用包括土地补偿费、安置补助费以及地上附着物和青苗补偿费。实际上，土地在被征收的过程中，农民丧失的利益并不仅限于此，对于土地增值的期待利益才是问题的主要方面。因而征地补偿费用应当包含土地的预期收益，即政府应当按照土地转让金的一定比例对农民和集体进行补偿。《土地管理法》在修改过程中，可适当借鉴最新的城乡统筹试验区之经验，同时在各地不同的补偿幅度上，应适当作出较刚性的规定，以避免地方人为因素导致的补偿过低问题，保障农民的利益。

另外，在农地溢价问题上，法律长期处于空白状态。从前文分析可知，农地在征收和转让过程中，产生的巨大溢价（价格差）大部分成为政府财政收入，这一做法缺乏合理性和法律依据。基于农地发展权保护农业经济的价值目标，以及当前城乡统筹中的城市反哺农村之政策要求，这一收益除小部分可由地方政府支配以外，绝大部分应当上缴至中央政府，建立农业发展基金，在全国范围内投入农业经济，实现反哺效应。

5. 农地发展权的运行

农地发展权作为体现国家土地用途管制的行政权，应当由行政机关予以实施。其运行主要有两个方面：

（1）国土资源部和地方人民政府土地管理部门负责审查和批准农业用地的用途变更开发。需要注意的是，较大面积的农地转为非农用途时，由于直接涉及巨大的地方经济利益，故权力不能过度下放，应当规定由省级人民政府土地主管部门行使审批权，并报国土资源部备案。

（2）农业部和农业发展银行及地方人民政府农业发展管理机构负责农业发展基金的规划和运作。具体的资金发放程序为，地方需要农业发展资金时，需向上级政府农发机构递交详细的资金发放必要性分析报告、详细的资金使用规划书及申请书，经核准后，由上级农业发展银行将所需资金划入本级农业发展银行或其下属机构，并由该上级政府农发机关将此资金发放计划报该上级机关的上一级农发机构备案。以严格的程序保障资金的安全。

6. 法律责任

农地发展权属于国家公权力，违背该制度的规定，不履行法定义务、违反农地发展权的禁止性规定、滥用权利之行为，将构成行政责任乃至刑事责任。

（1）农地发展权制度上的行政责任特点。第一，责任主体为土地管理机关和土地行政相对人。

第二，行政机关违反农地发展权制度，如越权批准和违法批准农地转用、将农业开发专项资金挪作他用的行为，以及单位或个人非法占用农地、未经批准将农地转为他用、拒不履行土地复垦义务的行为等。

第三，追究行政责任的方式是一种事后的惩戒，以教育一般人的角度贯彻国家保护农地之政策。

（2）行政责任的制裁方式。第一，行政处分。根据《土地管理法》的规定，各级政府和有关行政主管部门及其工作人员在土地管理活动中违反农地发展权制度的规定，应当给予行政处分的，对实施违法行为的单位的直接负责人员，由其所在的单位或上级主管部门或行政监察部门，依法给予行政处分，处分方式为警告、记过、记大过、降级、撤职、开除六种。

第二，行政处罚。由土地主管机关依据《土地管理法》和《行政处罚法》，对于违反农地发展权制度实施土地违法行为的单位和个人给予的一种处罚，其种类主要有：警告、罚款、没收违法所得、没收非法财物、责令停产停业、暂扣或吊销执照、行政拘留以及法律、行政法规规定的其他处罚。在处罚程序上，可依据不同的情况，分别采用简易程序、一般程序、听证程序进行。

（3）农地发展权制度上的刑事责任构成要件。违反农地发展权制度情节严重，依我国《刑法》构成犯罪的，应当追究刑事责任。下列行为如果符合《刑法》规定的犯罪构成要件，将构成犯罪：

第一，违反土地管理法规，不按照土地利用总体规划确定的用途批准用地的，或者非法占用耕地或将耕地改作他用，数量较大，造成耕地大量毁坏的，或者因开发土地造成土地荒漠化、盐渍化的。

第二，国家机关工作人员违反土地管理法规，滥用职权，非法批准征用、占用土地的。

第三，国家机关工作人员挪用用于征地补偿、农业扶持特定款物，致使国家和人民群众利益遭受重大损害的。

第四，土地行政机关工作人员玩忽职守、滥用职权、徇私舞弊的。

上述行为可能分别构成：《刑法》第342条规定之非法占用耕地罪，《刑法》第410条规定之非法批准征用、占用土地罪，《刑法》第383条规定之贪污罪，《刑法》第384条规定之挪用公款罪，《刑法》第273条规定之挪用特定款物罪，《刑法》第397条规定之滥用职权罪和玩忽职守罪，《刑法》第270条规定之侵占罪。

7. 农地发展权纠纷解决方式

由于农地发展权的行政权属性，因而其实施过程中产生的争议属于土地行政纠纷，可完全纳入现有的行政纠纷解决机制即行政复议、行政诉讼予以解决，不必另起炉灶，故这里仅作简单论述。

土地行政复议。公民、法人或其他组织（土地行政行为相对人）不服土地管理机关的行政处理或者行政处罚决定，依法可在规定的时间内向上一级土地行政机关提请重新处理，上一级土地管理机关将依法重新进行处理，或复查、复审、复核、复验等，其根据复议的情况，可以维持、变更或撤销、部分撤销原行政处理或行政处罚决定。农地发展权制度涉及的土地行政复议范围为：①相对人对于土地审批不服的；②相对人对于土地行政赔偿或者补偿裁决不服的；③相对人对于土地行政处罚不服的；④相对人对其他土地行政处理决定不服的，均可以申请复议。但对于抽象行政行为和内部行政行为不服的，不得申请复议。

土地行政诉讼。公民、法人或其他组织认为土地行政主管部门作出的具体行政行为（包括作为和不作为）侵犯了其合法权益，依法可在法定期限内向人民法院提起诉讼，并由法院审理后依法作出裁决。我国《行政诉讼法》规定的行政诉讼原则，完全适用于土地行政诉讼：①对公民申诉权给予特殊保障原则；②被告负举证责任原则；③诉讼期间不停止原行政行为原则；④不适用调解和不适用反诉原则；⑤司法变更权有限原则。农地发展权制度中涉及的土地行政诉讼受案范围包括：①不服土地行政部门违法要求履行义务的具体行政行为；②不服土地行政部门所作的土地侵权赔偿或补偿的具体行政行为；③不服土地行政部门对侵犯土地的所有权和使用权所作的赔偿损失的具体行政行为；④不服土地行政部门对土地所有权、使用权归属所作的具体行政行为；⑤不服土地行政部门拒绝颁发许可证或者不予答复的具体行政行为；⑥不服土地处罚的具体行政行为。

需要注意的是，现行《行政诉讼法》只允许相对人对于行政机关的具体行政行为申请复议和提起诉讼。在农地征收的补偿问题上，如果行政机关未按照其公布的补偿额度给予补偿，相对人可以申请行政复议或者向法院提起诉讼。但如果相对人认为行政机关作出的补偿决定本身不合理，则无权申请复议和提起诉讼，因为这属于抽象行政行为，不属于行政诉讼的受案范围。这是目前在农地征收补偿中最大的问题，现在法律上还没有现实的救助渠道，有待进一步的研究以探索出可行的解决途径。

# 第五章　农地发展权基础上的
## 乡村旅游产业化发展

随着乡村旅游的深入发展，用地问题正在日益凸显其重要性。当前乡村旅游在城市郊区极为活跃，城市近郊的乡村旅游地成为城郊旅游地和环城游憩带的一个亮点，城市郊区的乡村旅游也最为发达和典型。[①] 而城市郊区正是城市的外缘地区，是农村环境向城市环境转换的过渡地带，是城市功能和农村功能互为渗透、社会经济发展特殊而又十分活跃的地区。城市近郊区既有沿公路分布的带状建成区，也有交错分布的农田、林地，呈半乡村景观，这是一个极不稳定的区域，其变化受城市化进程的影响。随着城市化进程的推进，城市近郊是最先被城区蚕食的区域，原有的乡村景观逐渐消失，旅游用地与绿色生态用地、耕地之间的关系日益紧张。[②]

同时，乡村旅游的开发与当地农民利益之间的矛盾日益突出，形势严峻。一方面，乡村旅游作为新农村建设的有效途径之一，需要可持续发展，这就要求解决好乡村土地开发利用问题，特别是乡村旅游中的旅游用地问题。[③]首先，旅游用地是乡村旅游商业服务的重要载体，对于完善旅游功能和丰富旅游活动具有重要意义。其次，旅游用地丰富了农业用地功能和农村土地的利用结构，一定程度上改变了农地的粗放、零散、低效的经营方式。最后，旅游用地的合理开发，有利于吸引外来投资者（包括政府、企业及其他社会组织）在农村投资经营旅游业，同时通过雇用当地农民发展旅游产业或者通过农民以股东的身份与外来投资者共同发展旅游产业的方式，为当地农村的经济发展和农民增产增收提供了可行的途径。可见，能否很好解决乡村旅游中的旅游用地问题关系到乡村旅游能否深入发展。[④]

另一方面，农业用地在向旅游用地的转变过程中，不仅是用地性质变了、空间景观变了、土地开发密度和利用强度变了，更重要的是，土地的直接产出和经济价值大大提高了，那么在土地增值过程中存在的经济利益应该如何分配才能协

① 吴必虎，黄琢玮，马小萌 . 中国城市周边乡村旅游地空间结构［J］. 地理科学，2004，24（6）
②③④ 黄葵 . 基于农地发展权理论的乡村旅游商业用地途径研究［D］. 四川大学，2007

调好政府、投资者和农民之间的关系，是解决旅游用地过程中涉及的又一关键问题。①

在基于对农地发展权研究的基础之上，本章分析了在土地流转政策背景下，获取乡村旅游用地的各种途径，并就此进行了对比研究，指出了要完善乡村旅游用地途径，关键是要引入农地发展权制度。

# 第一节　土地流转与乡村旅游发展

在农村改革中，土地制度无疑是非常重要的一环。2008 年 10 月，党的十七届三中全会审议通过了《中共中央关于推进农村改革发展若干重大问题的决定》（以下简称《决定》）。《决定》中指出："要根据农民的意愿，允许农民以多种形式流转土地承包经营权，发展适度规模经营。"这项决议将对土地改革产生重大影响，同时也为乡村旅游发展带来契机。

## 一、乡村旅游用地概念与特点②

乡村旅游开发，既要保持乡村的原真性，也需要一定量的旅游开发。这使得农村土地的利用结构随之产生变化。原有的农业用地在功能上更加丰富，它不仅是农业生产和农民生活的载体，也是旅游商业服务的重要载体。也就是说，为了完善旅游功能和深化旅游产品，乡村旅游景区需要一定量的旅游用地。

1. 概念

何为乡村旅游用地，我们需要界定清楚。从地域范围而言，乡村旅游用地主要位于城市边缘区、城郊接合部以及农村的土地，其不应属于城市土地的范畴；从性质而言，乡村旅游用地是由农用地转成的商业建设用地，是合法的而不是非法的建设用地；从用途而言，乡村旅游用地是为了配合乡村旅游的开发而建造的以旅游、商业、娱乐和服务为主的建筑物、构筑物的旅游用地。

综上所述，可以将乡村旅游用地理解为：以旅游、商业、娱乐和服务为主的，地处农村或城郊接合部的旅游用地。乡村旅游用地的开发过程，主要是转变土地利用用途、提高土地利用强度的非生产性利用过程，也就是将农用地转为建设用地，再利用土地的空间承载力，作为各种旅游建筑物和构筑物的基地和场所的间接利用过程。

2. 特点

在乡村旅游用地的开发中，绝大部分农民集体所有的土地，归数百个乡、

---

①② 黄葵. 基于农地发展权理论的乡村旅游商业用地途径研究［D］. 四川大学，2007

村、队（组）集体组织所有，这些土地的调整使用将涉及成千上万农业人口的切身利益。同时，因实施乡村旅游规划而引起的农业用地的利用方式和权属的变化十分复杂，如因农业内部结构调整使耕地改变为绿色产业用地；因旧村改造、搬迁新址占用农地，而将原址改造为绿化用地；因对外引资进行旅游产业开发和建设住宅小区，而将农业用地转变为村镇建设用地。正是由于经营性开发用地的回报率大大高于农业用地的回报率，近年来，农地在非农化的转换中所产生的巨大土地收益，已成为我国近年来大规模乡村建设的重要资金来源，旅游用地招商后，又成为 GDP 增长和各级政府税收增长的重要源泉。

由此可见，乡村旅游中的土地开发使用往往具有如下特点：土地在开发中使用方式转换比较复杂，涉及权属主体众多，转换后土地使用的社会经济价值大大增加，但各种利用方式转换的土地及相关设施投入产出的空间分布不平衡，这种不平衡的关系使地表结构的空间特性始终处于动态变化之中。

因此，乡村旅游用地的途径选择必须要对上述特点给予充分考虑，而选择不同的土地权属变化途径，也会直接影响能否按规划实现土地利用方式的转变，以及如何实现土地利用方式的转变。

## 二、土地流转政策下乡村旅游用地途径研究

旅游用地是乡村旅游项目得以开展的前提和保证，解决旅游用地问题必须要在当前国家关于农村土地改革的政策之下，并且还要结合城乡一体化环境下乡村的实际情况，只有通过合理、科学、和谐的途径来解决用地问题，才能从根本上保证乡村旅游的可持续发展。

1. 解读《中共中央关于推进农村改革发展若干重大问题的决定》

2008 年 10 月中共中央十七届三中全会颁布了《中共中央关于推进农村改革发展若干重大问题的决定》，《决定》对农村改革发展的诸多方面进行了阐述，其中备受关注的是：土地使用权流转。关于这一点，《决定》里强调得很清楚，一是农民承包地在一定条件下可以流转，这个问题过去也都一直被强调，包括《土地承包法》也都规定土地可以流转。但流转是有条件的，《决定》强调要"按照依法、自愿、有偿的原则"，要按照农民的意愿，允许农民以多种形式（转包、出租、互换、转让、股份合作）流转土地承包经营权，发展多种经营，鼓励发展专业大户、家庭农场、农业专业合作社等规模经营主体，但不能改变土地的用途，不得损害农民土地承包权益。二是允许农民可以集体建设用地参与非农建设，可以用多种方式，这就打破了现有"非农建设用地必须征为国有"的格局，赋予农村集体土地与国有土地同等的地位。换言之，原先是地方政府向农民征地，低价补偿、高价出售给开发商。以后的情况可以是，在城镇规划区范围之外，若非公益性项目，农民不被征地，而是可以自己高价出售、出租、入股等

方式交给开发商，免去了中间的"盘剥"。如果有公益性项目征地，补偿要依据"同地同价原则"。于是，集体建设用地享有了与国有土地同等的权利，农村宅基地可以直接流转为开发用地，农民依据自愿和需要可联合起来流转土地，为资本进入农村、促进农村走向现代化，奠定了历史性的基础。

2. 土地流转政策下乡村旅游用地途径选择

根据《决定》中关于土地流转政策的规定，将发展乡村旅游过程中土地用途途径选择归纳如图5-1所示。

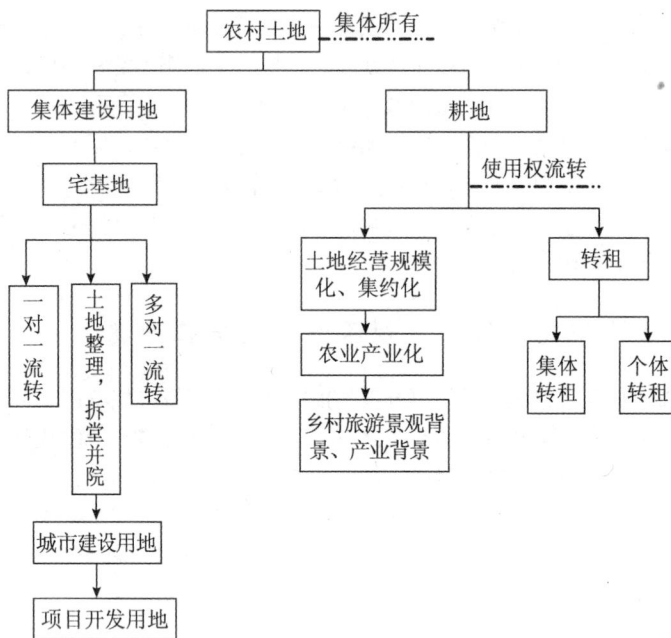

图5-1　乡村旅游中土地用途

（1）耕地流转。关于基本农田流转，在所有权不发生变化的前提之下，主要有两种方式，一种是经营使用方式变化，比如一个村组的农民部分或集体联合起来，将耕地使用权流转给投资者，投资者可以发展养殖业、种植业和现代农业，实现土地集约化、规模化经营。另一种是在不改变土地用途的前提条件下，经营主体发生变化，比如农民通过转包、出租、互换、转让、股份合作等多种形式流转土地承包经营权，发展多种经营，从而形成专业大户、家庭农场、农业专业合作社等规模经营主体。这样一来，易形成规模化生产，产业化经营，为乡村旅游发展提供产业背景支撑。比如参与式股份合作制旅游开发模式是指以乡村聚落为场所，以乡村全体农户全面参与和资产、技术、劳动入股为核心，依托乡村丰富的自然景观和多彩的民俗，以城市居民为主要的客源市场，集观光、度假、休闲、娱乐等为一体的多形式、多层次的可持续发展旅游形式。该模式在利益分配方面，实行按股分红与按劳分配相结合的方式。由于该模式下的股东包括当地的全体农户，因此从客观上促进了乡村居民收入的提高和生活水平的提升，体现了旅游业"利益共享"的精神。在旅游开发的同时，兼顾开发区居民的长远发展，使他们能够长期分享旅游收益，获得就业机会或从事经营的许可，从而使农户能获得长久的经济效益。

成都三圣乡红砂村在发展乡村旅游过程中便是采取了土地集体入股方式参与到乡村旅游的建设和服务中。每亩土地为 1 股，同时农民可经营农家乐、到农业龙头企业等公司打工赚取薪金，达到社保条件后按月领取养老金、低保金，还可报销医疗费的保障金，再加上土地租金的收益，每年每亩 1000～1200 元。"四金"方式保证了农民增收的稳定性和持续性，锦江区农民人均纯收入快速增长，由 2003 年的 4426 元增长到 2004 年的 5311 元，农民收入增幅首次超过了城镇居民。① 通过这种方式有效解决了乡村旅游建设初期基础设施投资难、失地农民就业难、招商难等诸多问题。政府也从直接建设、管理和招商引资等事务中解脱出来，增强了服务功能。②

（2）集体建设用地流转。集体建设用地的流转主要依靠农民宅基地，是乡村旅游用地能否实现的基础。对于宅基地使用权，《中华人民共和国物权法》（以下简称《物权法》）规定如下：第一百五十二条："宅基地使用权人依法对集体所有的土地享有占有和使用的权利，有权依法利用该土地建造住宅及其附属设施。"第一百五十三条："宅基地使用权的取得、行使和转让，适用土地管理法等法律和国家有关规定。"

按照《物权法》规定，目前对于宅基地流转主要通过以下三种途径：第一种途径是对农民宅基地进行整理，通过集中安置农户，置换集体建设用地。我国北方，农民早就是一屯一庄集中居住，可流转的宅基地少，而南方农民分散居住较多，每户农民所占宅基地较大，可采用集中或相对集中，或大分散小聚居方式，在不损害乡村聚落景观的前提下，进行适当集中居住，从而整理出部分宅基地，流转为旅游服务设施用地。这既可在规划区内进行集中的宅基地整理（前提是不损害乡村聚落景观），也可在规划区内由农民与外来投资者结对子联建。成都市在 2008 年"5·12"地震后重建中就推出与农民联建的政策，农民让出部分宅基地吸引投资商，投资者帮农民灾后建房，投资者同时拥有了在农民宅基地上建别墅或接待设施的权利。成都市大邑县人民政府与成都杨振之来也旅游发展

---

① 朱华. 乡村旅游利益主体研究——以成都市三圣乡红砂村观光旅游为例［J］. 旅游学刊, 2006 (5)

② 黄葵. 基于农地发展权理论的乡村旅游商业用地途径研究［D］. 四川大学, 2007

有限公司一起，更是在宅基地流转与乡村旅游发展方面作了大胆创新和尝试，将灾后重建、联建与乡村度假产业的发展结合起来，对全县域范围内的乡村旅游发展进行全面规划，将宅基地流转、联建与乡村度假的发展纳入规范化管理之中，开全国之先河（见案例）。

第二种途径是为了实现乡村旅游的规模化经营，一个村或几个村的村民联合起来进行宅基地的多对一的集体流转。农户可几户人，几十户人联合进行土地流转，让中小企业进入开发乡村酒店，也可一两户人实行土地流转，城市居民在乡村修建度假设施，也可一个村联合起来建立合作社，实施全村范围内的土地流转，形成新的聚落式村落。这样，农户没有失去土地，农业产业在社会资本进入之后又可得到升级，农户经过培训，还能从事旅游服务。于是，农户就地实现了城乡一体化，而没有失去土地，也没有失去就业。

第三种途径是通过成立土地流转"一对一"服务组织机构，引导农户，实行"一对一"接对服务，对愿意进行土地流转的农户牵线搭桥，签订合同，让双方农户都达到满意，促进农村土地流转，解决了农户在流转过程所遇到的难题。比如农户自己经营客栈、餐饮和手工艺作坊等。

3. 现行土地流转中亟须解决的问题

在现行制度框架下，通过土地流转途径获取乡村旅游用地的过程中，需要解决以下三个主要问题：

(1) 如何处理农地流转溢价，协调土地流转中各利益主体的平衡。当前在农地流转中，政府获得用地人转让的金额是土地补偿金的数倍甚至数十倍，存在巨大的价格差。村民的要求是在改造和搬迁中保护他们的租金收益或对损失给予补偿，旅游投资商的要求是在投资改造中至少获得平均收益，而政府的希望是避免财政压力和保证市场、社会的稳定。在这种情况下，如何协调三方利益，值得思考。

(2) 如何使农户的土地收益权得到保障。由于缺乏明确的政策和法律规定，多数地方农村土地的征用、流转处于自发、分散、无序状态。没有很好地保护农民的土地使用权、处置权和收益权，抑制了农民收入的增长、农业的发展、农村消费市场的形成。有些地方在乡村集体组织的土地征用、流转中，忽视承包农户土地收益主体地位，截留、挪用农村土地收益，与民争利，损害了农民的利益。有些地方乡镇政府和村级组织随意变更甚至撤销农户的承包合同，集中土地搞对外招商，强迫承包农户集中流转，而作为享有土地直接使用权的农民在土地征用、流转中既没有话语权，收益权也不完全。

(3) 如何解决失地农民的就业保障问题。在土地置换的过程中，一方面，虽然通过集中安置农户，置换出了集体建设用地；但另一方面，失地农民丧失了经济来源和生活保障，只有通过其他途径来获取经济收入。首先，失地农民中的青壮年通过外出打工自谋职业，但大量打工者涌入城市，给城市就业人群带来冲击，就业岗位竞争越来越激烈；其次，有相当一部分中老年村民无业在家，仅依靠村积累或土地补偿金进行生活补助，难以维持长久；最后，部分失地农民觉着生活无聊，无事可干，出去打工又怕累，又嫌报酬低，加上有一定补贴，于是或结伙闹事，或坑蒙拐骗干起违法勾当。这些都严重影响了社会稳定。

# 第二节　以农地发展权为基础推进乡村旅游产业化发展

针对上述存在的三个主要问题，以农地发展权为理论基础，推进乡村旅游产业化发展。

## 一、完善农业发展基金制度

笔者设想，可拟在《农业法》现有的制度框架下，完善农业发展基金制度，与《土地管理法》中的农用地用途管制制度实现有机统一，共同构成我国的农地发展权制度。农业发展基金（Agricultural Development Fund）是国家财政部门为确保农业投入有稳定的资金来源而建立的一项专门资金。根据 1989 年起施行的国务院《关于建立发展基金增加农业资金投入的通知》，其来源包括：①提高国家能源交通重点建设基金征收比例，拿出一个百分点；②乡镇企业税收比上年实际增加部分；③耕地占用税收入的全部；④农林特产税收入的大部分；⑤农林个体工商户及农林私营企业税收比上年增加部分；⑥从粮食经营环节中提取的农业技术改进费；⑦世界银行贷款的 25% 及其他国外贷款。农业发展基金主要用于发展农业生产（特别是粮食生产）、农业开发、水利设施、林业建设和农用工业。然而随着我国社会经济的高速发展，设立于 1989 年的农业发展基金，由于资金来源的不断缩水，到现在已经处于名存实亡的状态。通过将农地流转中产生的巨大溢价导入农业发展基金，可为该基金开拓出全新的资金来源，从而将其重新激活，使农地流转产生的经济收入回馈到农业中，取之于农地，而用之于农业。

农地发展权在农地发展基金制度中将包含以下几个方面的内容：

（1）农地流转溢价统筹。当前在农地流转中，政府获得用地人转让的金额是土地补偿金的数倍甚至数十倍，存在巨大的价格差。由于农地发展权的不可收益性，政府无权将该部分溢价直接转为财政收入。《农业法》应将农业发展基金和农地流转溢价明确化：一方面，应当提高土地补偿金的额度，并将该额度的制定权收回至市级人民政府，以确保补偿金额度的合理性，保障失地农民的利益；

另一方面，应将溢价的绝大部分（90%以上）上缴中央，并直接注入农业发展基金，既可保障农地转让收入的专款专用，也可以降低地方政府征用农地的积极性，以避免农业用地的快速流失，减轻高速城市化给农业生产带来的负面影响。

（2）农业发展基金管理者。如果一项资金的管理机构兼具决策、核算、发放职能，该资金将很难保证使用上的合理性和正当性。因此，《农业法》应当对各国家机构在农业发展基金管理运作上的权责予以划分。该基金的管理者应当为直属国务院领导的农业政策性金融机构——中国农业发展银行，其负责该基金的资金核算及流转；农业部及各级人民政府农业发展管理机构负责资金发放政策的制定和具体实施，并针对不同的发放额度，建立逐级申报审批制度，以确保资金运用的正当性和必要性。这样可以使该基金与政府财政脱钩，并确保资金运行上的专业性和专款专用，实现城乡统筹城市反哺农村的目标。

（3）农业发展基金的使用。农业发展基金在发放上主要为三个方面：①对维持农业生产之土地的劳动者实施补偿，可采用发放农业生产补助金和农业生产资料的直接补偿方式，以及高价收购农产品的间接补偿方式。这样可以提高农业地所有者将土地继续用于农业生产的积极性，与美国"征购"农地所有者发展权的制度设置在功能上异曲同工。②用于农业生产的技术扶持，如农业技术研究、农业专业技术培训等，并以高薪吸引农业技术人才前往农村工作，以提高农业技术水平。③用以解决农业规模化生产的资金需求。我国农业生产方式相当落后，实现农业生产的规模化、集约化，大幅提高工业生产率，是城乡统筹的目标之一。农业发展基金将以贷款、融资等方式鼓励民间力量投入农业生产，推动农业生产模式的改革。

完善农业发展基金制度的意义在于：

（1）把农地转为其他用途时的溢价集中起来再投入到农业当中，实现城市反哺农村，缓解农村集体经济处于弱势的问题，对冲城市化对土地的大量需求给农业生产造成的压力，推进城乡统筹的顺利进行。

（2）在全国范围内实现资金的统筹，各地的土地转让收入均由国务院直属部门进行统一规划和运作，可将经济发达地区的资金注入经济欠发达地区，平衡不同地区的农业发展，有利于提高西部欠发达省市的农业生产水平。

（3）资金的集中管理和逐级审批有利于保障专款专用，杜绝挪作他用造成的资金流失。

## 二、制定"农地发展权区划"[①]

在编制完成乡村游憩土地利用规划的基础上，乡村旅游景区应制订出"农地

---

[①] 孙弘. 中国土地发展权研究：土地开发与资源保护的新视角 [M]. 北京：中国人民大学出版社，2004

发展权区划"。农地发展权区划的统一规划创设的关键在于：农地发展权由国家统一"供给"。其有利方面表现为：第一，国家实现了对农地发展权分区块的配置过程，划定了土地的用途发展分区，确定了土地使用条件；第二，保护了耕地和生态脆弱区。对于没有设立农地发展权的地域，规划控制不得开发，任何单位、个人无权进行各种形式的非农开发。

当然，农地发展权区划必须要符合乡村憩土地利用规划的目标要求，符合当地自然、文化资源的特征，符合过去、现在与将来的土地利用形式及乡村旅游景区的管理目标。这种分区作为乡村旅游开发利用规划与管理决策的框架，必须考虑不同土地用途下的土地承载力。由于农地发展区划确定了不同区块有不同的用途，故此必须对其采取不同的管理方式。

在完成农地发展权区划的基础之上，再根据旅游项目需要选定的地块和项目的性质，确定乡村旅游用地的征收空间，即为允许设立农地发展权的片区，再根据近期旅游建设规划及供地计划，确定征地时机、分期分批征收，从而形成规划控制农地发展权，农地发展权控制征地空间范围的调控机制。

## 三、采取合作发展，推动乡村旅游产业化发展

政府、企业、农民等主体在参与发展乡村旅游的过程中，必然会结成一定的利益关系，经济利益是其追求的共同目标。政府、企业、农民联合起来走合作发展道路，采用近年农业产业化实践中出现的诸如合同制、股份制、利润返还等多种利益分配方式，可以使各主体形成利益共同体，有利于乡村旅游产业化发展。与此同时，乡村旅游还应与农业、工业、服务业联合起来，建立产业发展链，发挥乡村旅游的乘数效应和拉动功能，加快产业化进程。

1. 进一步改革管理体制，完善政府服务职能[①]

地方政府主导乡村旅游开发在一定阶段起着重大作用，但也会使开发地居民一开始就被置身于旅游开发之外，扰乱了市场经济环境下正常的分配秩序，不利于乡村旅游的持续发展，所以地方政府应该逐步地退出市场经济的参与者角色，从而专心营造和培育适合乡村旅游运作的市场环境，规范好乡村旅游企业行为，打破信息不对称局面，建立完善的信息收集和交换体系，尤其是解决乡村旅游开发中农户合法利益的保护问题，如重视土地征用、流转的法律法规建设，规范农村土地流转市场和旅游资源价值评估，加强农户服务技能培训和教育，等等。

2. 努力推进农业经营体制创新

努力推进农业经营体制创新，加快农业经营方式的"两个转变"，即家庭经营要向采用先进的科技和生产手段方向转变，增加技术、资本等生产要素投入，

---

① 冯贤贤，杨振之. 新土地政策下乡村旅游开发中的土地流转［N］. 中国旅游报，2008 - 12 - 01

着力提高土地利用的科技化水平；统一经营要向发展农户联合与合作，形成多元化、多形式、多层次、经营服务体系方向转变。鼓励发展工业化的农业生产方式与产业链的合作方式，鼓励发展农业科技化与机械化，推动更多农村居民向种粮大户和农业工人转化，推动农村土地利用向产业化、科技化方向发展。① 这一决定为乡村旅游土地利用向科技化资本化方向的发展提供了政策和理论支持。② 当前我国的旅游资源并不具备资本属性。土地流转政策实行后，其承包经营权就可以流转，那么资本的价值就可以衡量，并形成土地承包经营权资本由个体人身依附转化为可聚集、可流转、可抵押的新形态。依托于土地承包经营权的乡村旅游资源，也就转化为一种可聚集、可流转、可抵押的资本。旅游资源的资本化，对投资界会产生极大的吸引力。③

在土地利用规模化、集约化的同时，通过增加对农业生产的资本投入可以促使农业科技化，随着农业向科技化方向发展的深入，农业的生产力水平将会得到很大的提高，而农业生产力水平的提高又会反过来促进乡村旅游的升华，促使传统农村小作坊式服务产品向集约化服务产品转变，从而推动农业科技旅游的发展。农业科技旅游的发展为乡村旅游土地利用提供了科技支持，会将进一步提升乡村旅游土地的利用价值，土地利用价值的提升，容易形成土地和农业的资本化，土地与农业的资本化最终推动乡村旅游向深化方向发展。④

3. 采取多种形式实现土地流转

当前我国土地承包办法进行了调整之后，在不改变土地所有权性质的前提下允许农民以多种形式进行土地产权的流转，这一调整将会不断促进我国乡村旅游的土地利用方式向规模化、集约化方向发展。土地流转政策实行后，土地经营由零散变为集中，土地资源形成连片专业规模经营。依托于土地承包经营权的乡村旅游资源可以由当前的小块分割结构聚集起来变成大块结构，资源与生产要素的聚集有利于大资金的投入，使得乡村旅游向规模化方向发展。规模化乡村旅游开发，将可以形成乡村旅游目的地带动区域乡村发展，形成对新农村建设的全面推动。同时规模化基础的形成，为国内旅游产业资本、房地产业资本、工业资本、国际投资资本等进入我国农村提供基础。

通过乡村旅游土地利用的规模化集约化来促进我国农业产业结构的调整与升级，农业产业结构的调整与升级可以形成以农业产业化为基础的规模化农业和以集约化为基础的花卉、苗木和其他养殖业等产业的联动发展，这些产业的发展将为乡村旅游的发展提供强大的背景支持，最终推动我国整个乡村旅游产业的升级。

---

① 节选自中共中央十七届三中全会《中共中央关于推进农村改革发展若干重大问题的决定》

②　④　杨振之，王飞. 农村土地利用方式的转变及乡村旅游的新发展［N］. 中国旅游报，2008－12－15

③　杨振之，彭祎. 土地流转政策下乡村旅游产业化发展探析［N］. 中国旅游报，2008－11－17

**案例**

# 土地流转在乡村旅游开发中的实践

## ——以成都市三圣乡红砂村为例

成都市三圣乡红砂村是在旅游开发中土地流转工作做得较好的典范之一，在处理土地及其他旅游发展问题中所采取的方法和措施都具有创新性，对于以后其他地区的乡村旅游发展具有较大的借鉴意义。

## 一、案例背景

三圣花乡位于成都市锦江区东南部，距城区二环路 3 公里，东与龙泉驿区大面镇、洪河镇接壤，南接双流县新兴乡，西依锦江区柳江街道办事处，北连成华区保和乡。成龙路、外环路、簧柏路贯穿全乡，地处成都东大门的交通要道。全乡幅员面积 14.17 平方公里，总人口 21742 人，其中农业人口 15500 人，辖 10 个村 76 个社。境内水、电、气、通讯等设施都随道路建设而日益完善，形成了城东唯一具有浅丘地形、植被葱郁、独具特色的乡村旅游地。

在特色产业方面，三圣乡继承和发展了鲜花产业。三圣乡鲜花生产自清乾隆末期至今有三百余年历史，享有"花乡"之美誉。自 1992 年被市政府批准为"西南第一鲜花生产基地"以来，三圣乡以花卉产业、观光农业为主的都市农业发展迅猛，鲜花的生产与销售已形成设施化栽培、规模化种植、市场化经营，年产值达 9000 万元，日产鲜花占成都市日上市鲜切花总量的 80% 以上，高店子鲜花批发市场已成为西南地区吞吐量最大的鲜花集散地之一。在先后被评为"中国花木之乡"、"省级小城镇"、"成都市科技示范乡镇"之后，高店子鲜花批发市场也被国家林业局、中国花卉协会授予"全国十大重点花卉市场"。

红砂村"花乡农居"是三圣乡"五朵金花"之一，是国家 AAAA 级风景旅游区、全国首批旅游示范点。红砂村全村土地面积 1.5 平方公里，耕地面积 1336.43 亩，总人口 3226 人，户数 752 户。红砂村"花乡农居"占地 3000 余亩，核心区域 1500 余亩，该村具有悠久的种花历史，是"五朵金花"中开发最早、发展最成熟的地区，同时也是成都地区开展土地流转和土地整理的先行者，早在 2003 年，全村已有 1600 余亩土地实行了集中化经营，占全村土地面积的 86%，为红砂村乡村旅游的统一规划开发和农业产业化经营奠定了基础。

## 二、红砂村土地流转模式

成都市较早尝试了土地流转和农业产业化经营，据统计，截至 2007 年 2 月，成都市流转土地面积达 153.78 万亩，约占农用地总面积的 14.04%。红砂村作为成都市土地流转的典型地区，已经形成了著名的"红砂村"模式。其具体做法是将三类土地（农户的农用地——承包地、自留地；建设用地——宅基地、企业用地；土地整理新增耕地）集中起来，入股组成成都红砂花乡生态旅游管理公司，由旅游公司与锦江区农投公司合作，采取市场运作方式对外招租业主进行生态旅游项目经营。①

在实际操作中，成都市锦江区首先从多渠道筹集资金、不断整合资源入手，通过引入花卉龙头企业，实施土地合理流转，按照［公司＋基地＋农户（股农）］×科技的模式，促进了花卉栽培、销售的产业化发展。2003 年，三圣花乡成功引入美国维生花卉公司，三圣花乡农业局投入 1000 万元资本金，美国维生花卉公司注入花卉栽培技术及花卉销售网络，而当地农民则以土地承包经营权入股，合资合作成立成都维生花卉公司。

土地流转集中之后，红砂村当地居民或转化为产业工人，或利用自有房屋开展农家乐接待。其收入构成从之前单一的花卉生产转化为四大部分：首先是租金，也就是土地流转收益，每年每亩土地 1500 元；其次是工资收入或农家乐经营收益；再次是土地增值部分收益，每年平均增收 300 元以上；最后是股金，农户以宅基地和土地承包经营权入股乡村旅游经营公司，以"保底＋分红"的模式分享收益。另外，红砂村还建立了完善的社会保障体系，居民能够按月领到一定数额的保障金，这也成为农民收入的重要组成部分。

**三、红砂村土地流转模式在乡村旅游规划中的应用借鉴**

红砂村土地流转模式是城乡统筹下解决乡村旅游用地问题较为典型的一个成功案例，以下 5 个方面的经验值得借鉴。

1. 明确土地集体所有制，突出农民在土地开发中的主体地位

在红砂村的土地流转过程中我们可以看到，村集体始终保有土地所有权，流转的仅仅是土地的有限使用权，这就从根本上杜绝了大量土地售卖导致的"农村非农"现象的发生，杜绝了土地大宗交易中可能发生的侵犯农民权益的腐败现象发生。村集体对土地仍有最大的话语权，能够对土地开发利用的方式施以有效影响，因此能够保证农民和村集体权利。与此同时，在土地流转过程中，流转的只是农民一定时限内的承包经营权，农民"失地不失权"，在未来仍然对土地的使用方式具有控制力，因此在旅游开发过程中，农民的主体地位能够受到旅游开发商、旅游运营商的足够重视，拥有表达自身权利意愿的途径。

2. 合理定位政府职能，强化政府部门的引导、协调和监督作用

在红砂村土地流转经营初期，政府部门通过 1000 万元启动资金，引入美国花卉公司的技术与管理，撬动了整个区域的开发。事实证明，在乡村旅游开发和土地流转经营过程中，政府部门的媒介作用是必要且重要的。在乡村旅游规划中，合理定位政府职能，在职权范围内对政府行为作出科学指导，能够对乡村发展起到至关重要的作用。在开发初期，政府应主要起到引导社会资金流向、引导

---

① 沈茂英. 农村土地流转与农户权益保障研究——以成都统筹试验区为例［J］. 郑州航空工业管理学院学报，2008，26（5）

农民价值取向和引导地区产业方向的作用；在开发过程中，政府部门要协调开发商、经营企业和农民之间的利益关系，保持地区稳定和谐，创造良好的生产生活环境。政府部门的监督职能则应体现在土地流转开发的整个过程中，通过行政管理手段，提高土地承包商、企业经营者社区服务意识和社会责任感，创立科学的退出机制，保障土地流转的良性循环和可持续发展。

3. 转变土地经营方式，促进土地集约化、规模化、产业化经营

家庭联产承包责任制是我国农村现行的土地分配使用制度，在这一制度下，农村土地使用权被分配到以家庭为单位的小型组织，政府统一管理，农户自主经营。这一制度在改革开放初期极大地调动了农民积极性，促进了农村经济快速发展。然而，随着市场经济的不断成熟和农村经济结构的变化调整，这一制度已经显现出一些弊端。通过农村土地流转和土地整理转变土地经营方式，是乡村旅游规划中的重要内容。在保持乡村原有风貌的前提下，政府部门引导农民流转出部分宅基地进行集体住宅建设、生产空间建设和配套设施建设。同时，农村耕地向技术专业、资金雄厚、管理规范的龙头企业、种养大户和专业公司集中，促进农业产业化经营，提高农业生产效率，实现农村土地经营向集约化、规模化和产业化方向发展。

4. 科学选择支柱产业，通过三产联动为乡村旅游发展奠定基础

如红砂村一样，由于历史传统和自然资源等方面的优势，很多乡村具有特色产业的开发基础。土地流转经营，不能脱离本地实际情况，搞强行嫁接，生硬移植外来产业，而应在科学调研、分析、评估的基础上，选择适合本地资源和有效市场的支柱产业，合理调整农业产业结构，确定一、二、三产业发展方向，以取得良好的规模经营效应。在乡村旅游规划中，通过特色产业的规模化经营，能够为乡村旅游开发提供产业基础和景观背景，通过引进符合生态标准的农业工业企业，为乡村旅游经营提供原材料和旅游商品，为本地乡村旅游产业发展提供良好条件。

5. 提高农民生存技能，拓宽农民增收渠道，保障农民合法权益

土地是农民立身之本，离开土地之后，如果缺乏必要的社会保障体系和稳定的收入来源，农民的生活将会受到极大困扰。我国很多农村（特别是城市近郊农村）将土地直接出售给开发商，农民获得一次收益后就无任何其他保障，只能自谋生路。在这种模式下，农村地区在城镇化的浪潮中不但失去了乡村自我，而且让失去土地而又缺乏谋生技能的农民无所适从。在乡村旅游规划中，我们并不提倡这种开发模式，"失地不失权，离土不离乡"是符合乡村可持续发展的较佳途径。"失地不失权"，农民能够通过股金、薪金、保障金等多种渠道获得稳定收入，并可在政府、专业协会和经营公司的组织下学习专业技能，提高谋生能力。"离土不离乡"，具备一定劳动技能的农民可就地转化为产业工人，农民"产业化"，但乡村并非"城镇化"，而是在保持乡村景观风貌的同时，实现乡村事业的全面发展。

# 中篇　农业产业化与乡村旅游的发展

# 第六章　农业产业化发展

　　我国农业产业化经营发轫于 20 世纪 80 年代中后期。从家庭承包经营体制的建立，到乡镇企业的异军突起，再到发展农业产业化经营，我国的农业发展走出了一条特色化道路。农业产业化发展，较好地解决了小生产与大市场的深层次矛盾，为农业和农村经济注入了新的活力。正确认识我国的农业产业化发展，对于进一步提高农业生产力、深化城乡统筹具有十分重要的指导意义。

## 第一节　农业产业化的内涵与意义

　　农业产业化是顺应我国市场经济发展而产生的，从"贸工农一体化"、"产加销一条龙"等早期的农业产业化初级经营形式，到 20 世纪 90 年代初期，一些地区大力推进"农业和农村经济产业化"，伴随着农业产业化越来越强的发展势头，自 90 年代中期，我国理论界对农业产业化进行了大量探索，对推动农业产业化发展提供了理论指导。

### 一、农业产业化的内涵

　　在我国，农业产业化是一个新生概念，它是伴随着国内农村经济持续发展、农民对规模化经营需要不断提高而产生的。"农业产业化"的说法一产生就带有浓厚的泥土气息，是人们从实践中提炼总结的农业发展的新历史阶段的产业目标，然而这也是众多学者从词语词义角度对"农业产业化"提出诸多异议的根源。早在 1999 年，国内学者郑林在《产业化的含义与"农业产业化"概念的辩误》① 一文中，就对农业产业化的含义进行了分析，他认为"农业产业化"是对产业化的误用，存在逻辑上的问题。孔繁则撰文从农业产业和农村经济角度支持"农业产业化"的相关论点，他认为农业产业化是一个"面向市场的根本问题"，

---

① 郑林. 产业化的含义与"农业产业化"概念的辩误［J］. 经济经纬，1999（1）

农业产业化"作为我国农业改革与发展的根本方向和目标，是有其深刻的道理的"。①

从以上两个学者对"农业产业化"概念的辩论中，我们可以窥斑见豹，了解自 1995 年《人民日报》刊发《论农业产业化》社论后，人们在新的发展形势下对农村、农民和农业问题的关注与思考。随着我国经济环境的持续优化，社会主义新农村建设在 21 世纪的前几年以日新月异的速度发展，有条件的地区农民开始进行小规模的土地集中生产，尝试农业生产向规模化、集约化和市场化方向转型升级，取得了良好的实践效果。1996 年颁布的我国《国民经济和社会发展"九五"计划》、《2010 年远景目标纲要》以及江泽民同志在十五大的报告，均明确提出要加快农村地区农业产业化经营，"推进农业向商品化、专业化、现代化转变"。2007 年中共十七届三中全会发布《中共中央关于推进农村改革发展若干重大问题的决定》，则将相关政策细化，要求扶持农民专业合作社，推进农业产业化进程。中共中央再一次将农业产业化提到国家政策高度，支持各地的农业产业化经营，最终为农业产业化的是非之争画上了一个句号。

在农业产业化的理论研究中，学者们对农业产业化概念的表述略有不同，但本意大体一致。戴蓬军（1999）认为我国农业产业化是"以市场为导向，以加工企业为依托，以广大农户为基础，以科技服务为手段，通过将农业再生产过程的产前、产中、产后诸环节联结为一个完整的产业系统，实现种养加、产供销、农工贸一体化经营"。从农业产业化的生产实践来看，这是一个较为理想的定义。此后多位学者如胡凤飞（2005）、李付梅（2005）等也从市场角度对农业产业化作了解释。在此基础上，蔺丽莉（2006）在农业产业化定义中将其意义深化为"不断地拉长产业链、扩大行业链、改善品种链，实现多次加工、多次增值，更广泛地增加就业，实现国家增税、企业增利、农民增收，使农业战略性结构调整进入高级形式"。黄卫红（2007）提出了农业产业化的"契约形式"，能够使其通过"生产要素的优化配置和产业组合形成商品性生产经营体系"，最终"实现社会化生产"。

以上定义均表现出了学者对市场的关注，这与我国农村地区施行家庭联产承包责任制以来所表现出的农业抗风险能力低、土地产出效率低、农民对农产品议价能力低等背景密切相关。随着我国农业产业不断发展成熟，很多地区开始走规模化、特色化农业道路，在市场需求的刺激下，特别是随着乡村旅游、乡村休闲度假及现代农业的深入开发，农业分工更趋细致，区域化特征愈加明显，特别是 2007 年 10 月中共十七届三中全会将农村土地流转与土地整理、推进现代农业发展、推进农村产业结构调整等新理念作为我国在新世纪推动农村改革发展的重要

---

① 孔繁则. 农业产业化的概念辨析——兼与郑林同志商榷 [J]. 经济经纬，1999（6）

指导，这些都为农业产业化的含义注入了新的内容。

综上所述，我们将农业产业化定义为，区域农业在地区土地流转与土地整理的基础上，以国内外市场为导向，以规模化经营为途径，以龙头企业和特色农业为支柱，以产业立体化、土地集约化、效益最大化为目标，通过产业结构升级、新技术引进、劳动力改造、市场化运作等手段，形成有机结合的农业产业链和价值利益联盟，最终实现现代农业可持续发展的重要机制和组织经营形式。

## 二、农业产业化的意义

十一届三中全会以来，以家庭联产承包责任制为主体的农村经济制度解放了农业生产力，极大地促进了农村地区经济社会发展。在新的历史时期，国家将农业产业化经营作为在家庭承包经营基础上实现农业现代化的有效途径，这是我国农业改革的重要节点。正如原农业部部长杜青林撰文指出的那样，发展农业产业化经营，对于推进农业和农村经济结构的战略性调整，拓宽农民增收渠道，提高我国农业的国际竞争力，具有重大的现实意义和深远的历史意义。

1. 农业产业化提高农村劳动生产率，促进农业向规模化、集约化升级

在传统的家庭联产承包制下，家庭可控制的土地规模较小，土地较为分散，不适宜土地使用者采购大型机械进行规模化生产，以及通过规模采购提高农业生产资料议价能力，这从很大程度上导致农业生产成本长期居高不下。在城市居民收入增长不断加快的情况下，农民收入却迟迟徘徊在低水平阶段，特别是随着市场化浪潮席卷农村，大量农村地区青壮年劳动力开始进城务工，农村地区土地抛荒、半抛荒现象十分严重，与此形成鲜明对比的是，部分在乡村进行生产活动的农民和企业由于缺乏土地，不得不控制甚至缩小规模。

与家庭联产承包责任制下一家一户单独经营不同，农业产业化的基本要求是规模化和市场化，其重要目标是促进农业向规模化、集约化升级。在农业产业化经营的过程中，政府部门通过农村地区土地流转和土地整理，一方面拆院并院，流转出集体建设用地用于农业企业生产，防止企业建设侵占耕地资源，另一方面流转耕地，实现土地向种养大户、专业基地、农业公司集中，化零为整，提高土地利用率，提高农村地区种养殖业的专业化、机械化和市场化水平。与此同时，土地流转所释放出的农村劳动力可通过专业培训提升劳动技能，参与农业企业的"种（植）养（殖）加（工）销（售）"等生产活动，实现就地就业，拓宽农民收入渠道，提高农村劳动生产率。

2. 农业产业化促进资本进入农业和农村

相比工业和服务业，农业生产投资大、见效慢、收益低，特别是在过去很长一段时间内，由于农产品价格"剪刀差"、农村投资环境欠佳、国家发展战略倾向等问题的存在，农业和农村"缺血"现象严重，成为制约农村地区发展的经

济"瓶颈"。相比之下，农业产业化经营具有政府部门积极的政策导向，能够得到税收、土地、信贷等方面的优惠和支持，为产业化所带来的良好的经济和社会效益明显，这些积极因素促使农业和农村日趋成为社会资金流向的重要领域。随着资金、信息和技术的进入，农业产业化经营可逐渐壮大自身规模，完善投融资和利益分配制度，进而激活农业、农村金融信贷市场，活跃农村经济。

3. 农业产业化面向市场，增强农业抗风险能力

市场是农业产业化的"风向标"，市场化是农业产业化的重要内容。农业产业化经营的最基本要求是生产者能够根据市场需求安排生产规模和产品种类，适时合理调整生产时序，并通过规模化、集约化生产降低成本，增强农业生产资料和农产品议价能力，稳定农民收益，防止出现类似"谷贱伤农"现象的发生。同时，农业产业化经营促进市场体系的完善，农业产业化经营所需的各种物资、服务、技术能够通过市场渠道进行顺畅流通，市场能够对大宗采购和销售提供适宜的市场容量，从而规避农业生产所具有的脆弱性和敏感性，提高农业抗风险能力。

4. 农业产业化调整农业产业结构，拉长产业链并促进乡村旅游的发展

一方面，农业产业化打破了农业单一的产业结构，将制造业、商贸业、金融业等多种产业形态与农业相融合，构成农业产业联合体。另一方面，农业产业化可调整地区的农业产业结构，根据地势、气候、水土、市场等资源基础，单一的种植业可经过调整变成以某一特色农产品为主、多种农产品联合发展的立体农业，增加土地产出效益。与此同时，农业产业化所带来的规模效应可营造良好的大地景观，为乡村旅游发展提供绝佳的景观背景。农业产业化涵盖的手工业、农产品深加工业和高科技农业，其不少产品可开发为乡村旅游产品。农业产业化的生产企业、农业基地、科研院所等可开发为旅游景点。

5. 农业产业化与乡村旅游结合，形成规模产业集聚

乡村旅游与农业产业化有着紧密的内在联系。农业产业化可为乡村旅游提供产业基础和景观背景，有些农业项目可作为旅游资源进行开发；乡村旅游可提升地区知名度，促使乡村改善投资环境，吸引社会资金流入。农业产业化与乡村旅游结合发展，有利于乡村地区旅游企业摆脱"散、小、弱"的不良局面，提高旅游企业经营规模；有利于农业产业化经营下剩余劳动力的转移，避免人口过度向城市流动；有利于形成规模产业集聚，提高特色产业边际效益，提高农业、旅游业的综合效益。

# 第二节　农业产业化的发展现状

农业产业化经营最早起源于美国，经过长期发展完善，现已成为西方国家最

重要的农业生产组织形式，"北美、欧洲和一些发展中国家的经济作物、畜牧、水产、林业等产业，都普遍推行了农、工、商一体化的经营体制"。① 由于法律法规、社会制度、历史条件等诸多方面的原因，我国农业产业化起步较晚，农业产业化程度远远落后于国外发达地区。

## 一、国外农业产业化发展现状

国外农业产业化自 20 世纪 50 年代以来，已经走过了半个多世纪的发展历程，各国各地区根据本地资源、市场和社会情况的不同，形成了多种多样的农业产业化组织形式，农业规模化经营越加普遍，种养加、产供销、农工商一体化所显示出来的市场优势越来越明显。

1. 农业产业化组织形式

总体上看，国外成功的农业产业化组织形式主要有四种，即合同制模式、农业公司模式、合作社模式和专业协会模式。这些产业化组织均以利益联合体为主体，不同的是联合体的组织者、参与者和运营方式。合同制模式是工商公司与农场主按照合同制组成联合企业，形成产供销产业链；农业公司模式是国际国内资金投资农业所形成的"大规模国家经济联合公司"，是"产供销垂直一体化组织"；合作社模式在欧洲比较普遍，社员由中、小农户组成，社员之间联合开展生产资料合作、信贷保险合作、产品加工销售合作等；专业协会模式一般由社会团体牵头，把分散的农场或农户通过市场开拓和技术、信息服务等环节联结起来，形成利益结合、互相依赖的社会化生产和销售服务体系。② 这四种农业产业化模式在不同地区不同行业有所侧重，发展过程中又相互补充相互渗透，形成较为先进的适应市场需求的农业生产组织体系，为这些地区的农业及其延伸产业抵抗市场风险、提高生产效率、增加农民收入提供了组织保障。

2. 农业产业化发展程度

在农业产业化的发展程度方面，美国农业是世界上现代化、产业化程度最高的，目前已经形成 10 个各具特色的农业产业带，包括玉米带、棉花带、小麦带等。产业带内部由各种组织负责协调生产，统一调配农业资源，分享市场信息；外部则形成产品互补，打造区域品牌，发挥集聚优势。荷兰的农业产业化高度发达，有规划的区域产业布局合理，其中大田作物主要分布在东北部，水果主要分布在东南部，西部主要是花卉蔬菜和畜牧。加拿大以生产优质小麦在国际市场享有盛誉，在总体生产布局集中的情况下，根据各自优势，形成几个类型，如西部主要种植优质的硬质红粒春小麦用于出口，南部种植硬粒麦，中部地区生产草原

---

① 李买生.国外农业产业化发展模式［J］.沿海企业与科技，2007（10）
② 唐春根，李鑫.国内外农业产业发展模式比较分析［J］.世界农业，2007（2）

春小麦满足本地市场需求。丹麦最大的一个屠宰加工厂，每天屠宰 1 万头猪，有约 5000 农户提供猪源，加工鲜肉和数百种肉制品，其中 75% 用于出口，较好地把农户和国外市场联系起来（李买生，2007）。

国外农业产业化发展至今，一直受到政府资金、政策和科技等方面的支持，农民参与农业合作组织的积极性很高，农业组织化、服务社会化和分工细致化趋势明显。在农业产业化经营中，农民、政府、公司三者的有机组合在很大程度上规避了市场风险，提高了农业生产效率，促进了农村经济社会发展，这对发展中国家的农业现代化实践提供了可借鉴的成功经验。

## 二、国内农业产业化发展现状

我国农业产业化经营具有起步晚、发展快、形式多等特点，农业产业化无论是从组织数量、组织成熟度、政府支持力度等方面都经历了一个从无到有再到蓬勃发展的过程。特别是中共十五大、十六大、十七大、国家"十一五"规划、"十二五"规划相继将农业产业化作为实现现代农业的必然途径后，我国各地区均在本地资源、产业和市场基础上对农业产业化经营进行了探索和尝试。

1. 农业产业化组织形式

在农业产业化的组织形式方面，国外的组织模式虽然对我国具有参考价值，但由于脱离了其赖以生存的市场环境、产业基础和法律制度，将其完全照搬到国内是行不通的。实际上，自 1993 年山东省首次提出农业产业化问题，经过十几年的发展，我国已经摸索出了一条比较适宜国内环境的产业化道路。归纳起来，我国农业产业化的组织模式可分为：龙头企业带动型、中介组织带动型、批发市场带动型三种。① 其中龙头企业带动型是我国最主要的农业产业化模式，以"公司 + 农户"、"公司 + 基地 + 农户"结构为主要组织形式。中介组织带动型类似国外的专业协会模式，借鉴合同制经济组织的运行机制，以中介机构作为组织者和协调者，主要的组织形式是"公司 + 中介组织 + 农户"。批发市场带动型主要是产销一体化，通过专业批发市场的带动作用，联系从事生产、加工、贸易的企业和农户，构建地区产加销产业链，实现地区农业产业化发展。这三种农业产业化模式操作简单，对政府政策引导的依赖性较强，符合我国在市场经济尚不发达的大背景下，遵循因地制宜、循序渐进、科学规划的原则对农业产业化经营进行积极的探索和实践。

2. 农业产业化发展程度

自 21 世纪初期，中国农村和农业改革走过了黄金十年，农业产业化组织的迅速增加就是其重要表现之一。2003 年 9 月，农业部等八部委联合审定公布了第

① 王征. 农业产业化发展现状及国家扶持政策 [J]. 中国禽业导刊, 2008, 25 (5)

一批151家农业产业化国家重点龙头企业名单，促进了我国规模化农业企业的迅速增长。截至2006年底，全国各类农业产业化组织总数达到10.4万个。其中，国家级重点龙头企业472家，平均固定资产2.5亿元，平均销售收入8.1亿元；省级重点龙头企业目前达到2000家。① 据农业部统计，截至2010年9月底，全国各类龙头企业9.1万家，实现销售收入3.91万亿元，同比增长7.1%。在龙头企业的带动下，2010年全国各类农业产业化组织总数将达到25万个左右，带动农户1.07亿户，农户年户均增收2100多元。② 目前，我国在境外投资、合作、上市的农业产业化龙头企业有40多家，投资金额达153亿元，投资地区涉及30多个国家和地区。③ 全国已经初步形成以龙头企业为主导，以种养基地、特色产业区和广大农户为主体，以新型合作组织为配套的农业产业化经营体系。

与此同时，全国各地在探讨农业产业化途径方面付出了诸多努力。山东省是我国农业产业化发达地区之一，也是我国最早进行农业产业化实践的省份，如今已经走出了一条规模化种植、标准化生产、产业化经营、现代化加工的农业产业化之路。河北省保定市将农业产业化经营作为新时期农业和农村工作的重点，使全市农业产业化得到极大发展，截至2004年，全市有国家级龙头企业1家，省级龙头企业16家，市级龙头企业101家；年销售额超亿元的龙头企业4家，年销售额5000万元以上的龙头企业20家，销售收入500万元以上龙头企业76家，农业产业化经营率达到43%。④ 青海省海东地区通过加快优势特色农产品基地建设、鼓励规模经营、培育和扶持龙头企业及中介组织、推进品牌创建工作等手段，全力推进地区农业产业化进程。截至2007年，全区产业化组织数达1371个，龙头企业固定资产3.46亿元，参与产业化经营的农户已占到全区总农户的50%以上，实现产业化经营产值16.2亿元，占到农业总产值的50%。⑤

3. 我国农业产业化存在的问题

在我国农业产业化蓬勃发展的同时，各地农业产业化经营也出现了诸多问题，其中较为普遍的有以下几个：①龙头企业的带动性不强，表现为规模较小、分布不均、市场竞争力弱等；②新型经济合作组织未发挥应有作用，"催化"和"媒介"能量有待挖掘；③土地流转和土地整理缺乏明确的制度保障和法律依据，实践操作过程中出现诸多阻碍；④利益分配机制尚未理顺，农户加入农业产业化组织的动力不足；⑤国家层面的农业产业带（区）划分尚未出现，各省市特色产业区依疆划界、小区域知名的现象较为普遍；⑥农业产业化经营所需要的

---

① 徐广全．浅谈农业产业化［J］．安徽农学通报，2008，14（16）
② 农业部：我国9万家龙头企业引领农业产业化发展．http://www.gov.cn/jrzg/2010－12/10content1763123.htm，2011.6.7
③ 数据来源：http://sw.cctv.com/20110118/102660.shtml，2011.6.7
④ 郑明慧．保定市农业产业化发展现状及对策研究［J］．经济论坛，2004（17）
⑤ 卫振军，吴海萍．海东地区农业产业化经营发展现状及对策［J］．青海科技，2008（5）

智力资源、市场环境、资金支持、技术基础等尚需改善；⑦市场体系不健全，农业产业化经营对政府政策的依赖度很大程度上高于市场需求；⑧产业链较短，农产品附加值低。

总而言之，我国农业产业化的发展虽然迅速，但整体水平不高，依然处于初级阶段。在未来我国农业产业化的实践中，需要政府部门和农业企业能够真正做到立足本地、关注市场、放眼全球，吸取国内外发达地区的成功经验，积极引进新理念、新技术、新方法，完善利益分配机制，优化市场环境，提高农民素质，拓宽投资渠道，为我国农业产业化经营的可持续发展奠定良好基础。

# 第七章 城乡统筹下农业产业与
# 乡村旅游的融合发展

产业融合是当今社会经济发展的一个重大趋势，纵观国内外各产业发展历程，我们不难发现，一个产业在不断寻求与其他产业之间的融合发展中，能够不断地成长、壮大。同样，农业产业与乡村旅游的发展也需要选择适当的路径，实现二者的融合提升。城乡统筹的实行，使农业产业与乡村旅游的融合发展显得必要并且成为可能。

## 第一节 产业融合与模糊的产业边界

以信息技术为代表的科技进步推动了产业之间的融合发展，产业之间的技术、产品和业务相互渗透和交叉，改变了企业生产的成本结构和投资的特征，[①]一种产品往往是多个产业生产成果的结晶，原有的产业界限日益模糊化。

这种产业之间的融合发展与模糊的产业边界是社会生产力进步的必然结果，可以说，产业融合的程度是判断一个国家经济发展强度、发达程度的重要标志。产业融合带来的积极作用主要体现在三个方面：一是增长产业链条，增加产业边际效益；二是有效调整产业结构；三是促进新兴产业、边缘化产业的诞生。在下一节的内容中，我们将结合农业产业和乡村旅游的产业融合发展对这三大积极作用做详细的说明，此处先不赘述。

自 20 世纪 70 年代开始，产业融合发展到今天，其具体形式大致有六种。

（1）第一产业与第二、三产业的融合。随着农业产业化进程的加快，农业与工业、服务业加速融合，这其中更多地表现为二、三产业向第一产业的渗透。

（2）第一、二、三产业的相互融合。农业产业实现集约化生产以后，还可以进行农产品深加工，农产品深加工本身又能够和现代服务业结合起来变成旅游

---

① 马健. 产业融合识别的理论探讨. 社会科学辑刊, 2005 (03)

产品,所以第一、二、三产业在融合互动。

(3)第一、二、三产业与现代服务业的融合。作为第三产业的一部分,现代服务业对三次产业的渗透,加深了产业之间融合发展的程度和速度,它与旅游业配套以后,交叉融合形成新的业态,如商务旅游、会展旅游、医疗旅游等。

(4)第一、二、三产业与文化创意产业的融合。文化和创意并不能直接创造经济价值,只有通过与其他产业的融合,将其商品化和市场化,才能实现产品的高附加值和高端化,如依托乡村、工厂形成的艺术社区、艺术家聚落等。

(5)第一、二、三产业与现代科技的融合。产业自身的发展需要现代科技的介入,同时,现代科技的进步也为产业之间的融合提供了技术支撑和动力,二者相辅相成。

(6)第一、二、三产业与信息产业的融合。信息业对我国国民经济发展有很强的感应度和带动度,[①] 在相当长的时期内,信息技术都将在产业融合的进程中扮演最为重要的角色。

在经济全球化、高新技术迅速发展的大背景下,产业自身要做大做强就必须寻求同其他产业之间的融合发展。值得说明的是,产业融合并不意味着产业的所有生产都会融合,融合只发生于不同产业在技术、产品、业务等方面所形成的交集部分。在这一部分,产业之间没有明确的界限,交集越多,产业融合的程度越深,产业边界也就越模糊,也就是说,在产业融合的过程中,各产业相互交集的部分模糊了产业边界。但就每一个产业而言,产业自身的边界仍然是清晰的。

# 第二节　农业产业化与乡村旅游的融合提升

在当今产业融合发展的大趋势下,土地流转政策的实施,使得农业产业化和乡村旅游的融合发展不仅必要而且可能。农业产业化和乡村旅游的融合发展是指农业产业化发展和乡村旅游的发展相互渗透,在产业链上相互延伸整合,产业结构上优化升级,形成新的产品和业态,实现产业价值增值。

## 一、研究现状

我国的农业产业化和乡村旅游历经了二十多年的发展历程,成效显著,然而问题颇多。一是农业产业化尚需深入发展,二是农业与旅游业的高度融合尚需时日,尽管论著甚丰,但就二者产业融合发展问题而言,论者寥寥。

---

① 黄建富. 信息化改造传统产业:中国发展新经济的战略选择 [J]. 开发研究, 2002 (03)

国内研究文献中，伍慧玲（2007）分析了乡村旅游促进农业产业化的功能，认为大力发展乡村旅游可以成为农业产业化的新引擎，并进一步提出了发展乡村旅游促进农业产业化的对策。廖业扬（2008）和肖艳等（2009）分别提出旅游生态农业产业化模式和生态旅游模式，以提高农业产业化程度和加快产业化进程。孙志浩（2009）认为乡村旅游可作为一种有效的农业产业化经营新模式。赵承华（2011）从技术进步、需求数量及结构变化、供给结构变化三个方面分析了乡村旅游如何推动现代农业的发展，并提出了相关政策建议。国外研究文献中，Agnieszka Aleksandra Jaszczak 和 Iwona Poluecha（2009）以波兰 Warmia 和 Mazwry 地区为例，分析了农业与旅游业之间的互助关系，强调田园景观在旅游发展中的重要角色。Vanslembrouck J、Van Huylenbroeck G 和 Van Meense J（2005）阐释了农事活动景观对乡村旅游者的重要价值。

## 二、农业产业化与乡村旅游的融合提升

土地流转政策实行后，土地经营由零散变为集中，土地资源形成连片专业规模经营，资源与生产要素的聚集有利于大资金的投入，使得农业产业化更好地向规模化和集约化方向发展。农业的集约化为乡村旅游发展提供了科技支撑、产业景观支撑，增加了现代农业的休闲体验内容。二者的融合互动发展，又能相互提升，产生"1 + 1 > 2"的双赢效果。

1. 增长产业链条，增加产业边际效益

产业融合的过程中，产业链经过整合，能更大限度地发挥产业边际效益。以葡萄酒闻名于世的法国西南部城市波尔多（Bordeaux）正是整合出一条贯通一、二、三产业的完整产业链条，从葡萄的产业化种植，到精湛的葡萄酒加工技术，再到以葡萄种植、葡萄酒加工工艺、品尝、葡萄园体验、葡萄酒养生和葡萄酒庄园住宿为特色的系列乡村度假旅游产品，实现了产业之间的良性互动和可持续发展。

2. 有效调整产业结构

融合互动带来与其他产业竞争合作关系的改变，不同产业在土地、资金、技术、人才、市场等方面各展所长、各取所需，有效地提高资源利用率，产业结构在这种融合互动中得以调整和优化。

3. 促进新兴产业、边缘化产业的诞生

不同产业之间的交叉、衍生，通过产业技术融合推动新兴产业的形成和发展，形成产业结构调整中新的增长极和新的主导产业。[①] 农业产业化与乡村旅游的融合发展必然使得新的产业业态应运而生，这是新的市场需求的产物，因而具

---

① 吴海瑾. 产业融合、产业创新与经济发展方式转变. 科技与经济，2009（1）

有蓬勃的生命力。

**4. 农业产业化贡献乡村田园景观，为乡村旅游提供景观背景和产业基础**

乡村旅游的发展主要是以乡村田园景观和村落所构成的乡村意象为核心吸引物，农业的规模化和集约化经营有利于土地相对集中，成规模地种植农作物，易于产生景观的视觉冲击力。通过片区内特色产业的聚集，强化乡村不同的农业景观，营造差异化旅游氛围，如种植大面积的花卉、稻田和苗木、果林等，形成独具震撼力的田园大地景观，使景观既具规模化又具有多样性。乡村旅游的发展需要农业产业的支撑，农业没形成产业规模，乡村旅游就没有发展的基础。当然，现在的联产承包责任制下的一家一户的生产形态，也颇具乡村意境，只不过这种生产经营形式由于限制了农业集约化发展，今后将被逐步取代。

**5. 农业产业化便于形成乡村旅游的规模化，发挥集聚效应**

农业产业化所带来的集聚效益能够促进乡村旅游的规模化发展。主要表现在：农业产业化吸引资金、信息及人力等资源流向乡村，乡村旅游获取规模化经营所需要的生产要素的成本大大降低；农业产业化能够为乡村旅游就近提供新鲜原料，为乡村旅游规模化开发提供坚实的物资保障；农业产业化经营所带来的农村投资环境、基础设施条件改善，吸引大量乡村旅游企业聚集，解决单户经营所带来的环境和管理问题；农业产业化调整乡村地区产业结构，丰富了乡村业态，为乡村旅游规模化开发所需的商业、餐饮、住宿等配套服务奠定了基础；农业产业化促进乡村旅游六大要素的产业聚集，形成"食住行游娱购"一条龙的产业体系。

**6. 乡村旅游进一步拉长农业产业链，促进农业产业化发展**

乡村旅游在进一步拉长农业产业链方面的优势主要从以下三个方面体现：

（1）乡村旅游促使农产品就地销售，提高农产品附加值。乡村旅游的六大要素——"食住行游娱购"，每一项都与农业有着密切关系。农村地区发展乡村旅游产业后，乡村旅游投资、旅游人气带动、市场品牌提升等积极影响能够推动本地农业产业化发展，大规模游客进入所带来的巨大消费需求能够解决农业产品就地销售问题，刺激乡村手工业、制造业、商贸业的发展，提高农产品附加值，拉长农业产业链。

（2）乡村旅游提高土地附加值，提高农业边际效益。通过乡村地区宅基地流转，富余建设用地可用于乡村旅游开发，用于建设商业、金融、餐饮、住宿等服务设施，农村地区建设用地粗放经营的情况将得到缓解。同时，在大宗土地用于规模化生产的情况下，乡村旅游开发能够合理利用农业产业化中不便开发的小块土地，用于乡村休闲、田园度假、科研科普等服务业的发展，并适时引进其他产业业态，丰富农村产业体系，着力发展农业衍生品，提高土地附加值，提高农业边际效应。

（3）乡村旅游推进农村的一、二、三产业融合发展，优化农村地区产业结构。乡村旅游的产业融合性，体现在它能够通过旅游产业链紧密串联一、二、三产业的主要部门，如农产品生产、农产品加工、建筑、交通、商业、金融、电信、餐饮等，实现部门之间的无缝衔接。

7. 乡村旅游促进农业直接进入服务贸易领域

农业作为国家的基础产业，在农业产业化经营中，农业的涵盖范围从单纯的农产品生产扩展到产前、产中、产后的一条龙体系，并涉及服务贸易领域，但仅局限于单一的农产品产供销体系。乡村旅游产业引入乡村地区后，农业的部分部门将会直接参与乡村旅游的服务贸易生产，如高科技农业基地、农产品加工企业、花卉苗木基地等，在进行农业生产的同时，可开发成旅游点，为乡村旅游提供服务，成为乡村旅游游客进行消费的重要场所，致使农产品和农业生产与服务贸易直接对接。

8. 农业产业化与乡村旅游的融合发展促进乡村的全面进步

农业产业化与乡村旅游的融合发展，有利于乡村经济的健康发展和社会的全面进步：

（1）实现农民就地就业，提高农民创业意识，促进农村劳动力素质全面提升。农业产业与乡村旅游业均是劳动密集型产业类型，劳动力需求量大、涵盖层次多、进入门槛低。只要经过简单的技能培训，农民可就地转化为产业工人，进入农业企业的种养殖、深加工、贸易销售、后勤服务等部门工作。同时，农村居民可以利用"多对一"的土地流转策略，将宅基地、耕地、林地等进行整合，参与到乡村旅游开发中，实现居民自主创业。

（2）转变经济增长观念，解放生产力，促进乡村经济持续健康发展。农业的生产力包括土地、资本和劳动力，农业产业化经营将土地与资本结合，使土地资本升值，劳动力素质得到极大提高，生产力得到解放并得到大发展。农业产业化经营与乡村旅游产业的发展，使乡村地区原有的土地与资源的粗放经营情况得到改变，有利于农业生产要素得到市场化的合理配置，有利于在更大范围和更高层次上优化农业产业结构，促进乡村经济持续健康发展。

（3）改善乡村环境，优化社区居住条件，促使社区居民参与乡村旅游开发，促进乡村社会事业全面进步。乡村旅游业和农业产业化都需要乡村社区拥有良好的生产生活环境，同时又能吸引社会资金投入社区环境和基础设施的治理中，通过居民教育、政策引导、自我督促等手段，促进乡村社会事业的全面进步。

农民作为我国最庞大的人群，长期以来一直处于较为弱势的地位，农业产业化和乡村旅游融合发展要充分尊重农民的主体地位，切实保障农民利益，积极探索符合当地社区实际情况的社区参与旅游开发模式，通过社区居民参与旅游，保障农民持续增产、增收，可以彻底改变农村生产生活面貌，促进乡村社会事业全面进步。

## 三、乡村旅游与新农村建设

乡村旅游的开展涉及农村社会的各个方面：①发展乡村旅游可以优化农业产业结构，完善农业服务体系，从而提高综合生产能力，促进现代农业的发展。②乡村旅游发展必然会在保护的基础上对乡村生态环境景观等进行改造，完善农村基础设施的建设，极大改善农村面貌。③乡村旅游的发展为广大农村地区与现代化城市架起了一座桥梁，同时也加速了乡村文化与城市文化之间的沟通交流，不断推动农村文化体制的改革；加快农村土地流转，推动土地制度改革等。④发展乡村旅游会改变农民的生产生活方式，农民由单一的农业生产转变为在旅游接待的同时进行现代农业的生产，农民在旅游接待的过程中不断学习专项技能，提高文化素质，增强市场意识，逐步发展为新型农民。⑤乡村旅游的发展、农业产业结构的调整、农村基础设施的改善以及农村改革的深化等最终都会落实到农民收入的增加和新农村建设这一落脚点上。

同时，现代农业的发展、农村面貌的改善、农村体制的改革、农民收入的增加等也会对乡村旅游的发展产生积极的反作用。乡村旅游与新农村建设的互动关系如图 7-1 所示。

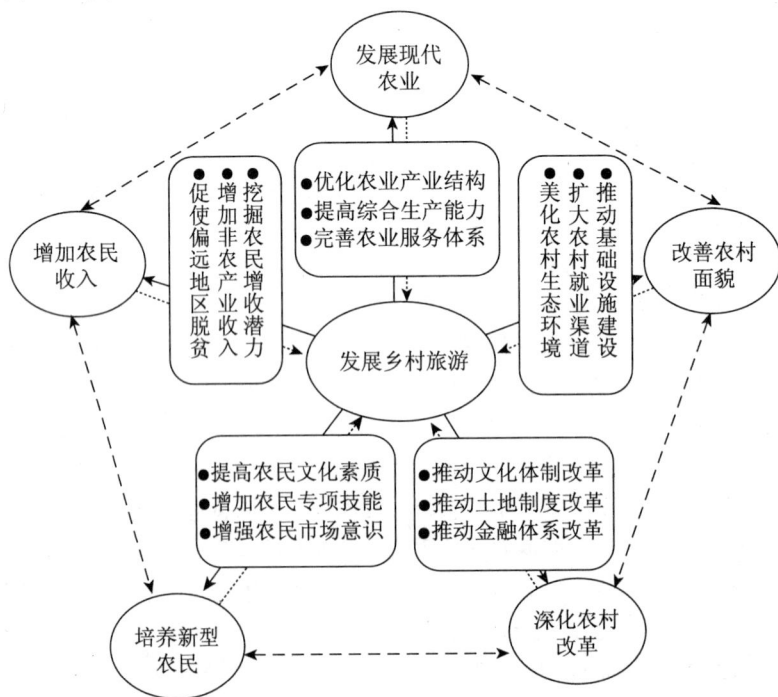

**图7-1 乡村旅游与建设新农村互动模型**

# 第三节　农业产业与乡村旅游
# 融合发展的运营模式

农业产业与乡村旅游融合发展，在实践中总结出了多种运营的模式，这些模式的运行，都是以农业产业的发展为基础的。比如，有机农业的发展及其与乡村旅游融合，将是未来发展的一个方向。

我国有机农业兴起于 20 世纪 80 年代。一方面，生态农业的发展为其奠定了理论基础；[①] 另一方面，发达国家频繁发生的动物流行病，增强了消费者的环境和食物安全意识，刺激了有机食品的需求量，促使我国有机农业的生产和出口，以增加农民收入和促进我国经济的发展。21 世纪初，随着我国居民生活水平的提高，健康意识的增强，真正意义上的有机食品才开始出现。

## 一、有机农业的概念（The Concept of Organic Agriculture）

联合国食品法典委员会与粮食组织（FAO）和世界卫生组织（WHO）认为：有机农业的基础是避免使用合成肥料和农药。由于环境污染的普遍存在，有机农业的做法不能保证产品完全没有残留，但其主要目标是使土壤、植物、动物和人这些相互依存的群体的健康和生产力达到最优化。有机农业考虑的是因地制宜的建立一个符合区域性条件的系统，要尽量利用耕作、生物和机械的方法，而不是采用合成材料达到农业生态系统内部所特定的机能。[②]《有机食品生产、加工、标识及销售准则》为各国有机农业提供了参考性标准，各国则依据本国国情和特点制定相关标准。

国际有机运动联盟（IFOAM）对有机农业的定义是：有机农业是一种保持了土壤、生态系统和人类健康的生产系统，它依托生态过程、生物多样性和自然循环来适应当地环境，而不进行有副作用的投入。有机农业将传统、创新和科学相结合，从而造福于共享环境，促进公平关系，提高生活质量。[③]

---

① 马世铭，J. Sauerborn. 世界有机农业发展的历史回顾与发展动态［J］. 中国农业科学，2004，37（10）

② GL32 – 1999，Rev. 1 – 2001. 有机食品生产、加工、标识及销售准则［S］. 联合国食品法典委员会与粮食组织（FAO）和世界卫生组织（WHO），2010：4

③ 国际有机运动联盟：http://www.ifoam.org/growing_ organic/definitions/doa/index.html

美国农业部（USDA）国家有机标准委员会（NOSB）认为：有机农业是一种生态生产管理系统，它可以促进和加强生物多样性，生物循环和土壤生物活性。有机农业是基于最少量的非农事投入和通过管理手段来恢复、保持和加强生态和谐。有机农业的基本目标是使土壤、植物、动物、人类这些相互依存度的共同体的健康和生产力达到最优化。

我国对有机农业的定义是：遵照一定的有机农业生产标准，在生产中不采用基因工程获得的生物及其产物，不使用化学合成的农药、化肥、生长调节剂、饲料添加剂等物质，遵循自然规律和生态学原理，协调种植业和养殖业的平衡，采用一系列可持续发展的农业技术以维持持续稳定的农业生产体系的一种农业生产方式。①

此外，在欧盟有机农业法规中，有机（organic）、生物（biological）、生物动力（biodynamic）和生态（ecological）农业都被视为有机农业（Organic Agriculture）。②

综上，各国对有机农业的名称或做法虽各不相同，但其核心内容共同强调了：通过畜禽粪肥、绿肥等生物措施保持土壤肥力；禁止使用化肥、农药等人工合成的化学产品；采用物理、生物的自然调控机制来控制病虫害。这与我国传统农业在土壤耕作、种植制度、土壤肥料病虫害防治方面有着相似之处。③

值得强调的是，有机农业并不等于绿色农业。绿色农业是指充分运用先进科学技术、先进工业装备和先进管理理念，以促进农产品安全、生态安全、资源安全和提高农业综合经济效益的协调统一为目标，以倡导农产品标准化为手段，推动人类社会和经济全面、协调、可持续发展的农业发展模式。④其中，绿色农业的持续性强调，在合理使用工业投入品的前提下，注意利用植物、动物和微生物之间的生物系统中能量的自然转移，重视资源的合理利用和保护，并维持良好的生态环境。⑤其合理使用工业投入与有机农业禁止使用人工化学合成品相矛盾，因此，不能将两者等同于同一概念。

① GB/T19630-2005，有机产品国家标准［S］．中华人民共和国国家质量监督检验检疫总局，中国国家标准化管理委员会，2005

② 马世铭，J. Sauerborn. 世界有机农业发展的历史回顾与发展动态［J］．中国农业科学，2004，37（10）

③ 席运官．有机农业与中国传统农业的比较［J］．农村生态环境，1997（3）

④ ⑤ 陈辉．绿色农业［J］．绿色论坛·先农论坛，2007

## 二、农业产业运营模式

农业产业经营从本质上说是多元参与主体形成的经济利益共同体。[①] 我国农业产业化需要解决的是引导小农户与大市场的接轨问题，因此，首要解决的是采用什么样的组织形式，将分散的农户经营转变为社会化大生产并与市场接轨的问题。[②] 现阶段，最具代表性的运营模式有以下几种：

### 1. 公司运营模式

公司运营模式是发展现代农业的体制基础。该模式能促进我国农村现行的生产力和生产关系的大变革，使生产力得到大发展，土地、资本、技术、劳动力和市场等要素配置更趋现代化。该模式首先要解决的问题是土地大批流转，从分散农户的土地经营流转到公司手中，使土地转化为资本；公司再根据市场需求投入大量资金，有针对性地发展市场所需的种植、养殖业。同时，现代科技和信息技术在农业生产中深入而广泛地运用，现有先进技术和管理水平的专家及管理团队进入农业，农民经过技术培训转化为产业工人，既未失去土地，还有工资收入和社会保障，使得农民增产增收，利益得到保障。因此，这一模式的发展，促使中国农业走向规模化、集约化、现代化和国际化，并能参与国际竞争，是中国农业发展的希望所在。

四川省广安区 2008 年 11 月在观塘镇为投资公司流转土地 5200 亩，建立广安现代农业园区，当年公司投入 5400 余万元，2010 年园区总产值达 2.8 亿元，实现农民人均纯收入 10020 元，比上年增加了 3738 元。在园区带动下，广安区 2010 年 8 月被农业部确认为全国首批 50 个国家级现代农业示范区之一。该园区辐射带动 12 个乡镇，面积达 19.4 万亩的现代农业产业区发展。

园区对农业产业的发展进行了规划，建设了蔬菜制种基地，种苗繁育基地、出口创汇基地、农超对接基地、休闲观光基地、新品种试验展示基地。引入现代科技，搭建现代农业的孵化器和试验平台，突出低碳循环经济发展特色，引导农业广泛采取绿色环保的生产模式，使用沼气等燃料减少二氧化碳排放量。启动了产业工人培训机制，广泛培训新型农民，按照工作能力和技术水平不同，将农业产业工人分为五个星级实行企业化管理，实行按量定岗，按岗计酬，高薪酬，将农民工培育为现代产业工人。

### 2. 公司 + 协会 + 农户模式

这是一个较为新颖的农业产业发展模式，最大限度地整合了农业产业链上的各利益相关体，公司是龙头企业，起到投资引领，市场营销，技术提升，农民培

---

①　王先锋. 关于我国农业产业化经营模式及运行机制的分析 [J]. 南京社会科学，2011（1）

②　孙丽军，杜晓堂. 主导产业与专业协会的结合：我国农业产业户静音模式的选择 [J]. 生产力研究，2003（3）

训的带动作用；协会作为中介组织，整合供应商、销售商、运输商、科技服务单位等部门和其他专合组织，成为龙头企业和农户合作的纽带。这一模式构成了科工贸、产供销各利益相关者的集合体，是农业产业在走向现代化过程中体制的创新。

四川广安市广安区观塘镇新村社建立了这一模式，通过规划，完善了农村新村建设，加强了基础设施建设和公共服务设施建设，由龙头企业引导，种植海椒400亩，花椒700亩，养殖泥鳅350亩。龙头企业在泥鳅养殖基地水面复盘种植空心菜，空心菜迅速繁殖的叶片为泥鳅提供遮凉，加快了泥鳅生长速度，并很好地净化了水质，同时泥鳅粪为空心菜生长提供充足的水分养料，协会的各组织、各单位有分工协作，并联合周边产业园区，形成完整的产业链。

对广安市农业产业园区的评述：广安农业产业园区经过几年的建设，农业产业已形成规模，产业集约化初步形成，居于全国前列，村落得到治理，现代农业得到大发展，农民持续增收，农民社会福利得到了保障。农村基础设施和公共服务设施得到根本改善。但其规划建设没有做到一、三产业融合发展，现代农业发展和乡村旅游发展没有有效融合。换言之，在规划建设之初，没有考虑到旅游要素和旅游功能与农业发展的有效整合，出现了几大弊端：

（1）现有农业产业格局难以转化为旅游产品，农业景观化和体验参与的量不足，缺乏乡村旅游的核心吸引物。

（2）旅游功能几乎没有，现有的建设主要是农业产业空间，亟须从生产空间向服务空间升级转化。

（3）村落和乡村意象在农民新村建中遭到严重破坏，过度地追求统一规划、统一风格、统一施工队伍、统一打造基础设施，使原有的乡村特色的川东民居消失殆尽，农民住进了大柴盆式的联排别墅，居住质量提高了，但乡土建筑和乡村村落特色消失了，这是中国式农村建设中的最大弊端，它直接导致了乡村文化的毁灭，罪莫大焉。这样的乡村建设，从根本上缺乏旅游吸引力，这只是农民生活空间，亟须村落从农民生活空间向旅游服务空间转化，使农民生活空间、游客休闲空间和公共空间相互融合。

（4）应完善旅游产品，发展体验式休闲农业，规划建设体验农业旅游产品，完善旅游功能和旅游要素的合理配置。否则，乡村旅游难以发展。

3. 公司＋农户模式

"公司＋农户"是最早兴起的农业产业化的形式之一，[①] 由公司确定每种产品的需求量，再根据平均单产确定种植面积，并与农户签订合同，农户根据订单生产并交货。这种模式以公司集团为主导，以农产品加工、销售为龙头，采用合

---

① 王先锋. 关于我国农业产业化经营模式及运行机制的分析 [J]. 南京社会科学, 2011 (1)

同、契约等方式与农户有机联合，进行一体化经营，形成"风险共担、利益共享"的经济共同体。

由于这种模式对龙头企业的依赖性很强，收购价方面农民往往处于劣势，很难形成互惠互利。泰国"伙伴式"订单农业类似于这种模式，其成功推广，也为此模式提供了一定的借鉴意义：首先，企业要拥有强大的资金支持和高效经营模式，使企业与农民直接对接，减少中间商，降低成本。其次，分散的农户组织成立农户团体，体制内部保证公平、透明，对外确保农产品的收购价格。最后，企业与农户要建立基本的信任，遵守口头或书面的一切形式上的承诺、合同。①

4. 新型合作社模式

此模式是以农户自愿互利的前提下，在农业市场销售和共享技术信息的基础上，以农户家庭经营为主，以专业大户和技术能手为骨干，以科技推广和经营服务为手段，按照"民办、民管、民受益"的原则组建而成，实行资金、技术、生产、供销、加工等互相合作和服务的经济组织。②

这种模式能够较好地发挥组织引导、协调功能，将分散的小户农民组织起来，同大市场抗衡，以保护农民利益。这种农民专业合作社作为广大农民联合自组性组织，组织农民共同进入社会化大市场，将市场关系内部化，形成合作机制，有效地调节和实现成员之间的合法权益，合理分享市场交易利益，比其他组织更为直接，更为农民所依赖。③但由于缺乏企业的参与和引领，往往很难把握市场需求，抗风险能力较差。

5. 社区支持农业（CSA：Community Supported Agriculture）

社区支援农业这项计划最早可以追溯到20世纪60年代，欧洲社区妇女团体走进农民，建立生产者和消费者的直接合作发展关系。④20世纪70年代，CSA的概念起源于瑞士，并在日本得到初步发展。⑤1984年1月，这一概念由瑞士人Jan VanderTuin 带入美国。目前，这一模式在欧洲、北美、欧洲、亚洲都得到了一定程度的发展。

根据美国农业部（USDA）对社区支持农业的定义是：社区支持农业是由一些个体组成的社区，这些个体必须保证支持农场运行，使其成为法律或者意识上的社区农场。同时，种植者和消费者要相互支持，共同承担食品生产风险和利益。农场或种植园的成员或股东要承诺提前预算农场运行成本和农民薪水。作为回报，农场在作物种植期间获得的所有利润，他们可以获得其中一部分。成员同

---

① 苏艳芳，于胜涛．泰国"伙伴式"订单农业模式［J］．中国农民合作社，2011（4）

② 龚鹏．我国农业产业化经营的有效组织模式［J］．四川农业科技，2005（9）

③ 王先锋．关于我国农业产业化经营模式及运行机制的分析［J］．南京社会科学，2011（1）

④ Katherine L. Adam. Community Supported Agriculture：A Publication of ATTRA － National Sustainable Agriculture Information Service. 1 － 800 － 346 － 9140. www. attra. ncat. org

⑤ 社区支持农业，http：//www. efarm. com. cn/info_ open. asp? id ＝274&classid ＝5

样也承担风险，包括由于天气和虫害导致的歉收。①

社区支持农业的目标是支持可持续发展的农业系统，为农民提供农产品的直接网点，并确保公平的补偿。社区支持农业有两种方式：一种是在种植季节之初，农民去联系当地的消费者，在蔬菜和水果收获时，农民将消费者预订的份额运送到一定的地点；一种是消费者组成一个集体，去联系相应的农场。② 目前，在美国和日本第一种方式更为常见。

社区支持农业模式与订单农业不同。社区支持农业强调的是一种永续理念，消费者能更多地了解他们的食物从何而来，③是消费者和农民的直接接触。而订单农业则是消费者通过公司集团这样的中间商同农民达成的一种互信关系。

社区支持农业模式在我国很多地方已开始实施，并取得了一定成果。笔者结合对四川成都郫县安龙村全家河坝高××家的走访，来探讨这一模式在乡村旅游中的应用与发展。

## 案例

### 郫县安龙村全家河坝有机蔬菜采摘体验点的调查

全家河坝是成都市保护林盘，④位于流经成都市区的锦江上游，成为有机农业发展的示范点。

第一，有机农业的种植背景。成都锦江经过 10 余年综合治理，点源污染问题得到全面控制。经过长期调查发现，其水质污染 60% 来自上游农村。在此背景下，2005 年底，由成都河流研究会⑤实施的"成都府南河上游安龙村可持续发展示范项目"开始在安龙村启动。

高××家是最先参加试点的农户之一，并且是几家农户的带头人。据高家老人介绍，他年轻的时候，就了解到台湾地区曾经有这种农业发展模式。几十年前，国内外就有专家到此实行过有机农业种植，但是几个月或者一两年后农作物就不生长了。现在看来可能和沼气（现在新修的沼气池内壁的砖等硬件质量更好）、肥料有关系。2005 年底，成都河流研究会找到他的时候，家里也正好有钱可以负担，他就欣然同意，愿意发展有机农业。李××老人说，这样做一方面是保护了河流，另一方面蔬菜吃得也放心、安心。

---

① Katherine L. Adam. Community Supported Agriculture：A Publication of ATTRA – National Sustainable Agriculture Information Service. 1 – 800 – 346 – 9140. www. attra. ncat. org

②③ 石嫣. 美国社区支援农业模式 ［J］. 标本财富史记：41

④ 林盘是成都平原上农村聚落独有的空间环境形态，即每家人有独立院落和院落周边的围合院落的林地，院落前有都江堰自流灌溉渠，周边是田园，成都人将这一人与自然和谐共生的居住空间称为林盘。

⑤ 成都城市河流研究会（ Chengdu Urban Rivers Association，CURA）是一个由成都市民政局批准成立的民间环保组织。

从 2005 年底到现在，有机农业的种植，一直依靠的是非政府组织（NGO）的帮助：开始几年，资金方面得到了世界环保组织和成都河流研究会的支持，现在完全是自负盈亏。有时前来参观的组织机构也会给予一定支持，用以发展有机农业种植。

目前，全家在种植经营上，已形成分工：高××、李××负责农业种植；高家大女儿负责生产种植，指导雇用的阿姨按季节种植作物，种植的部分产品主要针对外国人销售，例如香料等；高家大儿子负责菜品运输，开拓市场；高家二儿子负责给家里和旅游者做饭。

第二，经营方式。农民与消费者保持联系，共同定价，参与配送的销售模式。

蔬菜配送。一周两次（周二、周五）进城送菜到小区门口，主要是针对成都三环以内，不提供酒店、饭店等配送服务。目前，所有蔬菜 6 元/斤以上。

城市农夫。每 10 平方米土地，150 元/年（明年可能要涨价）的租金，现在已经有 2 亩地来做城市农夫体验田。周末，城市居民会来此地在他们租种的土地上耕作。

餐饮。游客或城市农夫来此吃饭，15 元/人，客随主便，农家饭为素食。

考察实习接待。一般是学校组织学生来此体验农耕，并且住宿。

主要的收入来源是城市农夫和餐饮接待方面。种了八亩水稻，加上这里气候湿润，杂草生长快，需要请阿姨帮忙，40 元/天×6 人＝240 元/天，生产成本提高，因此种菜、卖菜的收入基本是持平状态，主要依靠城市农夫和餐饮接待作为收入来源。

6 户人家为一个固定的团队向客户配送蔬菜，蔬菜外包装上会有标签写明蔬菜是由哪一户提供，出了问题，可以直接联系农户退换等。

农户每年组织两次客户（主要是订购蔬菜的城里人，不包括城市农夫）来农地里考察，一方面是让客户看到粮食、蔬菜的种植过程，品尝新米等，让他们在体验中，多提意见多交流；另一方面是客户可以提前预订米、菜、油等食品。以前都是免费邀请客户来参加，每次的接待费用大概是 2000 元，今年开始客户自己负担费用。由于国内认证费用较高，且多为定期送检检测，长久下去难以获得客户认同。通过这种面对面交流的方式，建立客户和农户之间的互信。

农户和客户每年都会坐在一起就菜价问题达成协议，共同定价。一般来说，农家提供种植成本，客户根据成本和市场菜价来和农户商榷。大家的共同目的都是使有机农业和农事体验能够有能力持续发展下去。

城市农夫种田的种子开始是由农家出，随着现在规模的壮大，农家一般会要求城市农夫尽量自己买种。一方面是降低成本，另一方面是选种的范围更广，城市农夫通过自己的购买后能更加珍惜种子和粮食。农家免费供应肥料和耕种工具，城市农夫自行到沼气池里挑取肥料。田地一旦租出，农户并不帮助打理或者提供代管服务。

新盖了几间接待住宿客房，但是这些客房主要是给市委党校、学校的活动提供的。游客、城市农夫离城都很近，因此不在此处过夜。午饭时间，离成都近的城市农夫也会选择回家吃饭。

第三，经营理念。比起企业化经营来讲，农民自己经营，无论从资金还是规模化方面都存在很大的劣势。

李××说："自古就没有通过种地发财的农民。我们一开始选择种有机农业，也是为了保护环境，让大家吃的放心。我们农民的要求不高，不是一定非要住豪华大房子才行，只要图着心里安心、开心就行。果树是省力，可以赚钱，但是国家粮食都靠进口了，粮食危机来了怎么办？我们只想为社会做点力所能及的事情。"

高××说："我父母经常教育我们，不要要求自己非要做到什么地步。是农民就安安心心地种地。最初支持我们发展有机农业的都是有信仰的工薪阶级，现在我们比原来的经营状况好了，就有人向我们建议把城市农夫做成高端市场，可是这样做了，以前支持我们的人会怎么想？人的欲望是无限的，如果我们发展了乡村客栈或者住宿，考虑了利润就不能安心种田，违背了我们的初衷。况且，从现有情况看，土地也已经饱和。我们的土地早就流转了，签了17年的合同，就有开发商高价要求租我们的土地，但是我们还是没有这么做。目前，我们的有机蔬菜品牌在成都还不出名，有中间商联系我们，要求我们种菜他们卖菜，我们也没有答应，我们得保护安龙村的名声。"

农户说：最关心的并不是能赚多少钱，而是自己不施化肥农药的土地不会板结，蔬菜长势也一年比一年好。

（1）有机农业与社区支持农业模式。我国国土面积广阔，但是人均耕地面积很少，因此，目前有机农业只能是中小范围的种植，并不能取代现代农业。有机农业占耕地比例最高的国家几乎都在欧洲，欧盟平均为3.0%。[①] 日本有机栽培的面积是其他栽培方式面积的1/3~1/2。[②] 所以，在我国有机农业的发展具有一定的空间潜力。笔者在调查过程中也提到了，农民自营弊端是在一定程度上无法与其他经营模式在经济实力和经营规模上相抗衡，因而，社区支持农业这一模式适应了农民中小规模的自营形式。

日本19世纪七八十年代实行的"产销合作"的经营模式，其最大的特征就是重视直销，形成有机产品生产者和消费者"面对面相互信赖关系"。随着有机农业的发展，到19世纪末，日本经营模式开始转向大规模的专业配送，相应的

---

① 马世铭，J. Sauerborn. 世界有机农业发展的历史回顾与发展动态 [J]．中国农业科学，2004，37 (10)

② 方志权，焦必方．日本有机农业的发展与启示 [J]．现代日本经济，2002 (2)

认证机构开始出现，由此也产生了相应的问题：由生产者决定价格到由商贩决定价格；认证机构不完善，假冒或者偷换概念的有机农产品出现。①

日本有机农业的发展，为我国目前有机农业的发展提供了一定的借鉴。我国目前已有相应的有机农业或有机食品的认证机构，但其标准和认证体系仍与国际普遍执行的标准有一定差距。②同时，有机认证费用较高，认证度大多不能被消费者认可，因此像安龙村这样真正从事有机农业的农户宁愿采取和消费者面对面的交流，靠口碑来进行宣传，采取相互监督的方式，也不愿意采用高额费用去做认证。此外，中间商参与其中，随着市场需求的扩大，加上我国认证机构的不完善性，很难保证有机产品进入市场时还能保证其真实性。无论是认证还是中间商的介入，都会无形中提高了有机农业的成本价格，使国内消费者对其望而却步。

因此，社区支持农业模式倡导的本地生产、新鲜消费，强调生产者和消费者面对面交流，共同承担风险，采用订单销售、参与配送或者设立直销网点，这是未来有机农业可持续发展的方向。

（2）社区支持农业与乡村旅游的发展。通过对安龙村全家河坝的调查，其旅游发展存在以下弊端：

第一，农业产业链尚未形成。目前种植的都是蔬菜，受季节和有机性制约，农产品种植单一，消费者经常一连几周收到的都是同样的菜品，旧的菜还没吃完，新的菜又到了，这样容易造成蔬菜的浪费。同时，农业与旅游业的联动效应并未真正形成，城市农夫只是单纯性的种田后就返回城市。

第二，基本没有进行市场宣传。新闻媒体对此处的有机农业等也进行过报道，然而农户本身未对市场进行宣传。调查中，发现城市农夫多是通过朋友相互介绍而来，不清楚互联网和媒体有相关报道。

第三，政府参与较少。NGO 组织因地制宜指导当地有机农业的发展起到重要作用。"成都府南河上游安龙村可持续发展示范项目"在政策上得到了政府的支持，然而，环保厕所、家庭污水处理系统、沼气池等得到了 NGO 组织在技术和资金上的支持，最终形成了施农家肥、人工除草除虫的种植模式。

第四，有机农业种植农户逐渐减少。从 2005 年开始的 10 家左右减少到了现在的 6 家。其主要的原因是有机农业种植需要投入大量人力劳动，种植辛苦但收成极低。例如，采用农药化肥种植的小麦一亩地的收益是八九百元，但是有机小麦一亩地的收益只有三百元。同时，有机农业需要对土壤进行改良，这期间至少需要三年的时间，农民格外辛苦，要保证杂草刚出苗就要拔掉，防止其种子落在地里，而这期间的农产品又不能达到有机的标准，价格自然受到了影响。

基于以上问题，社区支持农业与乡村旅游的融合发展需要考虑以下几方面：

---

① ② 马世铭，J. Sauerborn. 世界有机农业发展的历史回顾与发展动态［J］. 中国农业科学，2004，37（10）

　　首先，政府与非政府组织广泛参与，科研机构积极加入。政府除了在政策上给予支持外，鼓励科研机构参与其中，研制有机农业和食品的严格标准，完善认证机制，同时，加强有机农业的硬件环保设施的研发和应用。非政府组织通过技术支持、市场推广、一定的经济支持调动生产者的积极性。此外，通过借鉴日本的成功经验，政府可根据国情，对从事专业有机农业的农户进行无息贷款；对堆肥设施、有机农产品设施进行补贴等。①

　　其次，农业产业链与乡村旅游发展融合发展，走精品路线。安龙村的有机农业种植，目前采用的是单一的种植模式，而日本农业近年来采用了一种新的农业生产模式"湿地稻田养鱼、鸭复合生态系统"或许有一定的启发性。即：插秧后将鸭子赶进稻田，一方面鸭子吃了稻田的虫子和杂草，其排泄物成为肥料；另一方面它们在稻田的土床上搅动，刺激了秧苗根部生长。秋天将鸭子赶到粮仓喂养和产蛋，到一定时候拿到市场销售。这种混合模式主要运用于小规模农场，使农业生产在不增加额外的成本下，生产自给自足的食物。② 安龙村可以借鉴这类混合模式，一方面解决目前菜品单一困境，提高收入；另一方面可以利用农业景观发展乡村观光旅游，真实展现农业生产，使城市居民参与其中深度体验乡间生活。城市农夫在体验农事的同时，也对农耕文化有了充分直观的了解体验。同时，林盘、古村落和乡村意向得到较为完好的保留，成为吸引旅游者的核心吸引物。

　　安龙村旁边就是中国农家乐的发源地——农科村。为了保证安龙村环境质量和土壤的最小污染度，其餐饮和住宿可以和农科村联手共同发展，即依托农科村强大的农家乐基地，在餐饮配套方面采用安龙村的有机农产品，使游客在休闲中最大限度地亲近自然、感受自然，同时成为安龙村农产品销售的途径之一。通过旅游者的实际品尝，引领旅游者来到安龙村参与农事的深度体验或订购蔬菜等。将两个村子的旅游和产业优势相整合，使游客吃住在农科村，游玩体验在安龙村，达到共赢。

　　笔者在调查中就城市农夫体验成本做了简单的估算，所以，社区支持农业模式下的乡村旅游发展只能是走精品中高端路线。以现行一辆低档捷达车计算，往返成都的油费和过路费成本是70元左右，一个月按两次往返计算，一年车费的成本至少是1680元，加上城市农夫体验田150元/年，一年10平方米的土地至少需要1830元。这里省去了城市农夫在这里用午餐或者购买蔬菜的成本。因此，此模式下的乡村旅游的发展趋势就是中等收入或者中等收入以上的关注健康、绿色和注重生活质量的群体的选择，达到"城市反哺农村"。

　　社区支持农业就是在确保农业可持续发展的情况下，建立农户和消费者的信赖，使之共同分享利益和承担风险。将社区支持农业与乡村旅游相结合，促进了第一产业和第三产业的融合发展。

---

① 方志权，焦必方. 日本有机农业的发展与启示 [J]. 现代日本经济，2002 (2)
② 日本新农业模式为未来指路 [J]. 环球农业，2009 (10)

下篇　"原乡规划"理论指导下的乡村
旅游规划原理与方法

# 第八章 "原乡规划"理论

　　旅游规划决定着规划对象未来的发展方向、运营模式等问题。在旅游业迅猛发展的今天，客观地看，已然出现了很多弊端，探寻根源，我们不免会想到可能是最初的旅游规划弊病直接导致了现在呈现出来的一些问题。此时，我们是否应该回过头来深究一下我们的规划思路合理与否、所遵循的原则科学与否、所依据的方法正确与否呢？

　　道家以天人合一的思想理念在中国思想史上独树一帜，其理念讲求天、地、人和谐相处，人应该与周边环境进行有机融合，成为天、地、人组合起来的一个部分，崇尚自然与和谐。而旅游，从某种意义上说便是一种将人与周边环境衔接起来的活动，故我们可以借用道家天人合一理念，以旅游规划为手段，将人与自然更好地融为一体，从而达到天人合一、万类一统的理想境界。

　　基于此，本章借鉴道家传统文化精髓，将现今的旅游规划理念返璞归真，尊重原生态与自然，推崇天、地、人一体化融合，遂引出"原乡规划"理论。

## 第一节 "原乡规划"理论的基本内容

　　"原乡规划"理论是杨振之教授提出的，是基于前期多位学者的研究成果，吸取了众多学界的理论精华，"原乡规划"的原理是指在规划中保持景区、乡村的本色，或者在城市规划中加入自然、乡村本色的成分，做到人地和谐，天人合一。

### 一、"原乡"的词义解释

　　"原乡"是早年的台湾客家人对于大陆故乡的称呼，原意是指一个宗系之本乡，换言之，原乡是指祖先未迁移前所居住的地方。对个人而言，家乡是目前居住的地方，故乡是曾经居住过的地方，原乡是祖先居住过的地方。从字面意义来看，"原"字意思为"最初的、开始的"，"本来"，"起源、根本、根由"。《礼记·孔子闲居》中有"必达于礼乐之原"。《史记·货殖列传》有"原小则鲜"。

《易·系辞》有"原始要终"。师古注曰:"原,谓寻其本也"。同时,"原"是"源"的古字,是水源,水流起头的地方,如《说文》有"原,水泉本也",《孟子》有"原泉混混"。"原"小篆字体为"㟢",像泉水从山崖里涌出来,从厂(hǎn),像山崖石穴形,从泉。"乡"字甲骨文为"卿",像二人对食形,本义是用酒食款待别人,可有"乡村"、"自己生长的地方或祖籍"两种解释。本文将"原乡"一词引入乡村旅游规划,其意义可解释为"原生乡村","原色乡村"和"原真乡村"。

## 二、原乡规划的理论源泉

原乡规划理论的提出,是基于我们对中国工业化、城市化进程中,以大城市和大力开发为指导思想来引导规划所产生的担忧,尤其是新农村建设和城乡统筹过程中,大量的村落被毁,村民集中上楼居住所表现出来的新农村的城市化运动,离"原乡"的本意越来越远,这样的规划在毁掉城市后又将毁掉美丽的乡村,我们将为此付出惨痛的代价。于是,"原乡规划"的理论应运而生。

### 1. 老庄哲学思想

老庄思想是影响中国文化发展的重大学说,在中国文化中占有重要地位。老子最重要的思想是把"道"作为最高范畴,用以观察和认识世界。在老子的哲学中,"道"表示宇宙之原状态,它在天地形成之前已经存在,即所谓"有物混成,先天地生";"道"还表示世界的本源,认为天地万物都从"道"产生出来,即所谓的"道生一,一生二,二生三,三生万物"。老子强调"道法自然",他认为宇宙万物都是自然而然地演进和发展的,是"无为自化"的,强调"无为而无不为",一切规律最终都起源于并归结于自然。庄子思想与老子一脉相承而又有所发展,其思想的核心仍然是尊崇自然、自由,同样把"道"作为自己哲学体系的最高范畴,自然无为是最高标准,他认为人应体认自然之道,顺应自然之则,用以消除物我之间的对立,达到人与自然的契合,使人的精神获得绝对自由。①

原乡规划借鉴老庄哲学顺应自然的"无为自化"思想,强调在规划过程中以"无为"作为最高境界,尊重自然,尊重景观本色,尊重乡村本色,尊重自然规律,以实现自然境域下人们生活与生产的原真性,以"道法自然"、"天人合一"为规划的最高境界,规划理念和方法强调"因应自然",强调人与自然的和谐,主张以自然为本,以居民为本,以游客为本,主张保持好原住民的生活本性,主张为游客提供本色的自然体验和生活体验,原乡规划的目的,是通过规划使人们获得精神自由。

---

① 程裕祯. 中国文化要略 [M]. 北京:外语教学与研究出版社,2003

我们所强调的"无为",并非严格的"乡村博物馆"式的保护模式,而是尽量以自然原生性为根本,不去限制原住民与自然的共生行为,也不去以人工方式刻意进行保护规划,而是强调"自然而然",限制人的过度开发行为,控制建设规模,即建设规模以不损害"原乡"境域为原则。

实际上,原乡规划既是规划的哲学和理念,也是规划的方法,同时又是一门艺术。它源自中国的老庄哲学。表达了通过规划对人的生活方式和生活态度的关怀,对人面对自然的态度,对原住民的生活的态度,是原乡规划理论的精髓。

原乡规划的理念与方法来源于乡村,是规划者对乡村和乡村规划的感悟,是旅游规划与乡村旅游规划的根本性理论原则与方法,它不同于从城市规划角度出发提出的"反规划"。

### 2. 符号化旅游理论

符号化旅游理论认为,旅游符号系统的表意功能、传递功能、开放性与"自生性"可以用来表现人生,传达人们对自然与文化的理解,以引起人们在情感、心理和精神上的共鸣。旅游符号迎合了人们情感和精神的需要,其力量是理性的语言永远都无法比拟的。旅游的过程是一种符号化的过程,人们通过旅游,与客观世界互动,形成了内涵丰富的广义旅游符号系统。旅游之所以具有强烈的吸引力和号召力,很大程度上在于旅游本身的符号意义。符号化旅游,是对旅游文化的创造过程。在旅游文化的创造过程中,旅游者必然把自己塑造成"文化旅游者",而不是文化的旁观者。只有旅游者参与旅游地社区的文化创造,才能真正促使旅游地社区居民对自身文化的觉醒,以促使社区居民对自己文化的创造,社区居民就不会乐于敷衍旅游者,只对文化的表象进行肤浅展示。[①]

杨振之(2006)认为,符号化旅游的过程,也是规划、策划师运用符号,展现和演绎原生文化,并实现与游客的认知互动的过程。旅游体验和旅游开发不能仅仅停留在旅游的"符号化"阶段,不能让旅游者只停留在"符号化"的"前台",很多旅游者也不会仅仅满足于"前台",他们也希望走进"后台"。符号化旅游要求旅游活动从只满足于表演性的"前台"体验到一种深层的、对具有丰富内涵的"后台"文化的追问和互动中去。在旅游规划中也必须有这样一个空间,能让游客深入了解原生文化的内涵,因为游客可能长时间停留,或去"深入调查"。只有让旅游者以适当的方式走进"后台",才能真正实现与旅游地原生文化的互动。只有这样,才能实现旅游地社区居民对自身文化的觉醒与创造。"前台"与"后台"是两种类型的文化展示空间,"前台"是符号化旅游的"实验区","后台"是原生文化"核心区",旅游者在这两类空间中会有区别明显的

---

① 杨振之,邹积艺.旅游的"符号化"与符号化旅游[J].旅游学刊,2006,21(5)

两类体验方式、参与方式和游览方式，① 这对旅游经营者和当地居民来说也会有不同的效益。

原乡规划将"符号化旅游"理论引入进来，是因为它代表了旅游的发展方向，那就是游客的真实体验和回归。符号化旅游理论提倡让游客真正参与到乡村生活中，体验真实的乡村文化，而不是仅仅停留在"舞台化前台"的表象（这也是必须存在的部分），只不过游客体验、参与的旅游形式与之前不同，它让游客能够以一种悠然悠闲的心态回归到原真性的乡村，达到精神上的自由。

当然，真实的回归体验是乡村旅游的较高层次，并非所有参与乡村旅游活动的游客都能够达到此种状态，大多数游客在"前台"完成"符号化"体验之后已经达到心理满足，而不会需要更深层次的心理体验。

## 三、原乡规划含义解析

原乡规划是规划者寻找"自然之道"的过程。它包括以下几个核心内容：

### 1. 尊重自然，尊重环境，尊重地域文化

自然、环境特征是一个区域的自然性格。它会对生活习俗、建筑、空间等产生深远的影响，而地域文化是一个区域的文化性格，直接影响着文化传承和这个区域的文化魅力。原乡规划提倡遵循"自然之道"并"因应自然"，人与自然的关系是和谐共处的，是物我相融，而非西方规划思想中物我对立。物我对立的规划思想直接导致了对大自然的改造，如改造地形地貌，移山填海等做法就是这一规划思想的直接产物。原乡规划要求尊重地形地貌，比如山水环境与城市融为一体，城市天际线与城市山水形成城市的山水轮廓。城市也要融入自然和乡村本色的成分。

原乡规划注重对地域文化的保护、传承和挖掘，力图通过规划反映唤醒当地居民的文化意识，并在开发建设和区域发展中，使当地居民产生文化自觉。所以，原乡规划旨在积极主动地担负起文化传承的历史使命。在现实规划中，我们往往犯这样的错误：或对当地文化不做深入的挖掘，或毫无依据地植入外地文化，或大张旗鼓地改造当地文化，或干脆毁掉当地文化。这些做法都有悖于规划师的历史使命。比如成都市红砂村的"五朵金花"景区，其乡村旅游的发展闻名全国，在市场、产品上做得很成功，但在规划建设中当地文化却遭到了摧毁。

"五朵金花"在开发前80%以上的原住居民是客家人，从清初以来就保持着养花、种花的传统，基本上保留了客家民居"二堂屋"式建筑。但在乡村旅游景区的规划建设中，对民居进行了全面的翻新、改造和新建，客家民居的山乡环

---

① 杨振之. 前台、帷幕、后台——民族文化保护与旅游开发的新模式探索 [J]. 民族研究，2006 (2)

境荡然无存，而粗暴简单地以川西民居加以改造，植入了新的川西民俗，使其文化特色缺失，不然，其文化吸引力会更大，地域的文化性格会更鲜明。

2. 规划的最高目标是实现"天人合一"，规划应以自然为本，以居民为本，以游客为本

"天人合一"是中国传统哲学的理念。人类到了后工业时代，蓦然发现，其实人类追求的最佳生存状态依然是"天人合一"。西方思想界和规划界至19世纪末期，也越来越明白这个道理，此时的老庄哲学对西方思想界已产生了深远的影响，随着中华文化的复兴和中国逐渐成为世界经济强国，这一思想将对世界产生越来越深入的影响。

"天人合一"追求的是人与自然的和谐相融，其中既包含人地关系的和谐，更包含着人与人关系的和谐。所以原乡规划在提倡以自然为本的同时，更提倡以居民为本，以游客为本，以原住民的生活本性为本，体现了人与人的相互尊重，人与人的和谐相处。也就是说，只有"人人合一"了，才能实现"天人合一"。人人和谐，人人合一，体现了人类对多元文化的尊重，体现了"我者"与"他者"之间的相互尊重。原乡规划要求规划师站在"他者"的角度，使规划摆脱强权者和权威人士的强力控制。

19世纪末期，欧美在完成了工业化进程之后，城市特别是一个个工业城市的迅猛发展，人与自然，人与人高度对立，造成了人们心中的不安。此时，一批有识之士开始反思工业化为城市和人们的生活所带来的种种弊端，纷纷提出人与自然和谐的规划理念，英国的埃比尼泽·霍华德（Ebenezer Howard）就是一个典型代表。他在1898年出版了《明日：一条通往真正改革的和平道路》一书，1902年再版改名为《明日的田园城市》，① 提出了我们至今仍奉为圭臬的"田园城市"（花园城市）的伟大构想，主张城市应该被田园、花园所簇拥，城市应该由被置于由田园包围的一个个小城镇所组成，每个小城市都是自足的，没有高楼大厦，人与自然和谐。法国现代建筑大师勒·柯布西耶（Le Corbusier）虽然认为由于城市的人口密集和用地的高容积率，田园城市只是梦想，但他所提出的"梦想之城"，将城市构想为城市核心区建成摩天大楼，占城市用地的5%，而其他95%的用地为城市绿地，使整个城市是一个公园，② 仍然是希望构建一个人与自然和谐的城市。这两个大师的规划思想，在20世纪20年代以后深深影响了全球的规划界和建筑学界。我们已看出了一个这样的思想轨迹，即西方的规划思想正在寻找古典哲学的支持，正在寻找一条人地关系回归的路径。

原乡规划要求规划师站在"他者"的立场来规划，尽量少地站在自我的立场来规划被规划者，充分地体现对地域文化和当地社区文化的尊重。这应该是规

---

① 埃比尼泽·霍华德. 明日的田园城市［M］. 北京：商务印书馆，2000
② 勒·柯布西耶. 明日之城市［M］. 李浩译. 北京：中国建筑工业出版社，2009

划理念的重大创新，它迫使规划师转变角色和立场，从遵循政府、投资者的观点，从遵循自我和专家的视角，转变为遵循原住民的观点和生活本性，这样的文化人类学视角，将为我们这个社会寻找更新的和谐之路。

3. 规划为了什么？原乡规划理论认为，规划是为了生活，为了美好的生活，为了高品质的生活

原乡规划要求一切回归本真，回归自然，回归质朴。它要求规划师们的规划思想尽可能从原始出发点去思考问题，去追问你如此规划的目的究竟是什么？如此，我们就可去掉很多的繁文缛节，去掉很多华而不实的东西，去掉很多故弄玄虚的概念。如城市社区的规划，如何才能更好地适合邻里之间的沟通交流，适合小孩子们成群结队地玩耍，适合老人们晨练、聊天？度假城镇如何才能具有更好的夜生活的集聚热闹的消费空间，有更多的与原住民沟通的空间及同时具备私密生活的空间？如何更多一点的城镇的廉价超市和大排档，更多一点的户外游憩空间和游憩活动，而不是整天在五星级酒店里面消费？

总之，我们规划的出发点是为了构建一种美好的生活，为人们的生活提供方便。城市规划的功能布局要从考虑节约人们的生活成本出发，尽可能提出方便的生活服务；旅游度假地的规划也是站在游客的立场，尽可能规划多样的生活体验，多元的文化产品，浪漫的异样生活。这就是原乡规划的目的——从本真出发，从真实性出发，回归原乡。

4. 限制过度开发，控制建设规模，乡村保持"原乡"意境，城市的发展规模受到严格控制

城市是人口聚集区，应以高容积率集聚发展，在有限的用地上，向高空和地下立体拓展，形成地上地下相融共生的庞大的城市体系。城市应立足于通过对旧城区的再造来激活城市的活力，而不是立足于扩张新城区来人为造出城市的繁华。如我国的许多新城区建设，修了宽阔的公路、广场，政府大楼整个搬迁，以此力图激活新城区，可是新城区就是没有人气，社区没有形成，商家难以为继，即使夜晚以霓虹灯将街区照得流光溢彩，仍没有人气。而老城区、老街区虽然街道较破旧，可人头攒动，商气很旺，这就是典型的城市规划建设以政治为本，而没有以生活为本的结果，城市扩大了，似乎更现代了，但却缺少生机活力。

西方发达国家已进入了后工业时代，它们早已完成了城市化和现代化使命，这些国家的人们在工作之余更多地在思考如何更好地生活、更好地休闲，尽管他们还是要去面对工作。我们虽然才进入工业化时代，但却面临着全球的后工业时代的需求，并且要站在后工业时代的特性上来规划我们的城市和乡村，我们要生产，但更要高质量的生活。这就是笔者提出"原乡规划"理论的全部目的。

基于这样的认识，在乡村旅游规划中引入"原乡规划"，更是"原乡规划"天然的试验场。

我们可以给乡村旅游的原乡规划作一个简单的定义,乡村旅游的原乡规划即是以保护乡村原生态景观环境、本色的生产生活方式、原真性民俗文化为基础,以村庄聚落的原有布局为本底,以最少的人工干预和谐处理人与环境、人与人之间的关系,以中国传统乡村的布局理念为主导,统筹安排、科学规划旅游要素的乡村旅游规划方法。原乡规划要求将规划痕迹自然化,追求"无痕式规划",通过营造最纯真的乡村氛围达到乡村旅游的高级形式——回归乡村的要求,在乡村旅游开发的同时,实现乡村原真性的保护。

## 第二节 "原乡规划"理论指导下的乡村旅游规划

城乡统筹是新时期政府实现城乡经济社会协调发展的重要举措,是快速推进国家"以城带乡、以工促农"战略的重要途径。"城乡统筹发展"思想的提出,是一个理论创新,是对城乡一体化理论的发展,必须从新的角度,新的高度来认识和研究。统筹城乡发展在未来很长一段时间内,将成为国家解决"三农"问题,推动农村发展的主要手段。这一方面将会促进乡村建设、促进乡村旅游的发展,另一方面对乡村旅游产品的转型升级,对乡村旅游赖以生存的乡村景观、乡村意象、乡村遗产在城乡一体化过程中的保护与开发,提出了新的挑战。

乡村旅游规划,在新时期新背景下面临着更高要求。在"城乡统筹"发展的大背景下,乡村旅游规划和开发面临着新要求、新机遇,如何保护乡村生态文化景观,如何完善城乡一体的土地利用规划管理体系,防止城镇化过程中农村土地被滥用,如何实现乡村旅游的健康发展,是我们必须从乡村旅游规划开发初期就应得到重点关注的问题。

### 一、乡村景观、乡村意象与乡村旅游

乡村景观与乡村意象是乡村旅游规划的重要内容。乡村景观是具有特定景观行为、形态和内涵的一种景观类型,是聚落形态由分散的农舍到能够提供生产和生活服务功能的集镇所代表的地区,是土地利用粗放,人口密度较小,具有明显田园特征的地区,乡村景观首先表现为一种格局,是不同文化时期人类对自然环境干扰的记录,最主要的表象是反映现阶段人类对自然环境的干扰,而历史记录则成为乡村景观遗产,成为景观中最有历史价值的内容。[①] 乡村景观主要由乡村聚落形态、乡村建筑和乡村环境所构成。

---

① Douglas David. Countryside planning [M] . Andrew W. Gilg, 1978

乡村意象就是由这些可见的实物直接给人们留下的表面印象。① 乡村景观是具象的乡村事物实体，乡村意象是抽象的乡村符号，是乡村景观、乡村氛围和乡村环境映像于人脑，给人留下的特殊印象，乡村意象的涵盖范围大于乡村景观。

近年来，乡村旅游满足了城市居民回归自然、返璞归真的旅游需求，日益彰显出强大的吸引力和生命力。乡村保持了完好的生态环境和文化传统，拥有优美的田园风光，村庄与自然环境构成一种和谐关系和有机整体，这种景观意象在人们的心目中根深蒂固，并逐渐成为城市居民逃离现实生活，放松身心压力，体验农家乐趣的主要心理动因。因此，乡村景观和乡村意象构筑了乡村旅游的核心竞争力，是乡村旅游区别于其他旅游产品的主要标志。原乡规划要求在乡村旅游开发过程中有效利用乡村原生景观，严格保护有价值的景观景点，并通过合理的人工修饰、修复和完善乡村景观系统，形成真实的乡村景观意象。

## 二、原乡规划下的乡村景观规划

乡村生态环境、农事活动和乡土文化是乡村旅游资源，也是乡村景观构成要素。乡村景观的改善实际是对旅游资源的优化。② 乡村景观是乡村的名片，是乡村旅游开发依托的重要资源，乡村旅游规划的关键，就是对乡村景观的保护与利用。

乡村景观规划的精髓是"原乡"，即通过景观设计、风貌控制与建筑保护，维护乡村地区的原乡风味，并在此基础上整治优化社区环境，营造良好的生活生产和旅游氛围。乡村景观规划的根本要求是可持续性，应始终关注"人—景—地"的和谐，具体来讲，应从以下几方面着重考虑：

1. 保持乡村原有的建筑特色与布局方式

乡村地区特有的建筑风格、建筑选材和建筑布局方式，是与乡村的自然生态系统紧密融合的，它体现着中国传统建筑设计与规划布局的朴素思想，适应乡村生产生活的需要，能够从每一个细节上体现人与自然之间的和谐关系。乡村旅游景观规划应尽量遵循村庄现有布局，在村庄聚落的内部分区之上合理规划布局项目，同时保护村庄建筑特色，不去破坏、异化现有建筑景观，这是乡村景观能够保持地方性特色，继承和发扬乡村文化传统的必然要求，也是乡村景观规划能够切实保护乡村遗产的关键。确需进行土地整理和土地流转的，在村落集中居住时，也要保留村落本色，尽量保持每家每户院落空间。

2. 以效法自然为基本规划准则，摒弃城市规划套路

乡村景观规划本身含有人工影响的意义，但应把人工因素降低到最低。乡村

---

① 熊凯. 乡村意象与乡村旅游开发刍议 [J]. 地域研究与开发, 1999, 18 (3)
② 肖胜和. 乡村旅游规划中乡村景观规划实践 [J]. 云南地理环境研究, 2007, 19 (6)

景观，特别是乡村聚落景观与乡村田园景观，拥有非常强烈的历史传承性和自然塑造性，这些景观意象扎根于人们的头脑中，是根深蒂固的——乡村就应该是这样的乡村。在乡村景观规划过程中，效法自然是基本的规划准则，以城市规划的相关思想为开发理念对乡村景观进行规划设计，将无可避免造成乡村景观原有的自然性与个性化消磨殆尽，极易造成乡村景观的异化和变质。原乡规划的乡村景观规划，要求规划者以平淡的艺术手法对乡村景观进行维护和整治，规划者应以顺应自然的心态对乡村景观进行凝视和思考，以自然选材、自然选型和自然设计，化有形规划于无形，才可创造出既符合旅游发展需求，又符合项目地历史文脉，还能圆满契合游客心中印象的乡村景观与乡村意象。

3. 重视乡村文化在乡村景观中的表达

原乡规划所要求的"效法自然"中的自然，并非完全的自然生态，而是包括以乡村文化为主体的人文生态。其中乡村文化包括乡村物质文化、乡村制度文化和乡村精神文化，[①] 是乡村景观文化内核的主要构成部分。乡村人文生态是在乡村居民建筑村落和田园景观背景下，所形成的乡村生活方式、生产方式与民俗文化的和谐的乡村环境系统。它们是乡村景观的独有表达方式，乡村旅游规划应彰显这些元素。

## 三、原乡规划下的乡村意象规划

近年来，乡村旅游满足了城市居民回归自然、返璞归真的需求，日益彰显出强大的吸引力和生命力。乡村保持了完好的生态环境和文化传统，拥有优美的田园风光，村庄与自然构成一种和谐关系和有机整体，乡村逐渐成为城市居民逃离现实生活，放松身心压力，体验农家乐趣的主要目的地。

乡村旅游资源的主体是乡村景观与乡村遗产，二者在游客头脑中的主观认知构成了乡村意象的最初形态。乡村意象是乡村旅游这一旅游产品区别于其他产品的主要标志之一，构筑了乡村旅游的核心竞争力，因此在乡村旅游规划中应受到重视。

1. 不应以牺牲乡村意象作为乡村发展的代价

在我国乡村，追求风貌"洋化"、追求现代是乡村的通病，在一些城市近郊的发达地区，除了以旅游业作为支柱产业的乡村之外，很多乡村已经失去了其自身很多原生态的资源与环境，变成了城市的"卫星村"，伴随而来的是乡村的环境恶化、交通拥挤、治安混乱等"城市病"的涌现，乡村在发展的同时，越来越失去其乡村性。

在乡村现代化的过程中，乡村建设不可一味地模仿城市，把"洋、新、奇"

---

① 张善峰. 乡村文化在乡村旅游规划中的表达 [J]. 上海农业学报, 2008, 24 (2)

作为农村发展的标准，而应着力保护乡村独特的地方文化遗产、鲜明的民族特色和优美的田园风光。乡村发展不应以牺牲乡村意象为代价，如果乡村变为城镇，农民的生活方式全部变成市民的生活方式，其后果不堪设想。乡村地区的环境与风貌不仅关系到乡村本身，更与其周边的生态系统紧密相连，乡村环境的恶化可能间接导致周边大片区域生态损失，产生巨大的连带作用。

原乡规划关注乡村的发展，支持乡村基础设施和服务设施的现代化，支持居民生活水平的持续提升，但要求发展的前提是不应牺牲乡村意象，无论是否将本地定位为以旅游产业作为支柱产业的村落，还是以农业其他产业为龙头的乡村，这一点都是最基本的要求。

2. 强调重视乡村意象的保护

乡村意象是一个完整的立体结构体系，包括乡村聚落、建筑空间、社会状态和文化风俗。从心理学的角度看，由具有浓郁特色的乡村景观作为底色的乡村意象是激发城市游客进行乡村旅游活动的根本动因，游客在乡村内进行游憩活动所体验到的乡村文化，使游客产生似曾相识的"回归感"，维持并强化了乡村意象的"可印象性"和"可识别性"（熊凯，1999）。

原乡规划强调乡村旅游的开发必须在景观设计和项目布局的同时强调保持原真性的乡村风光，深入挖掘乡村文化，并对社区居民进行民族文化与乡村景观保护的主题教育。在对外宣传时突出与城市环境截然不同的差异性图景，减少经济发展对乡村意象造成的不可逆转的破坏，实现城乡经济社会与乡村旅游共同发展的美好愿景。

（1）树立鲜明的乡村意象。鲜明的乡村意象是乡村旅游得以持续开展的原因所在。突出特色，塑造"家园"，保持"原乡"风貌，唤起游客心中"归田园居"的情节。

（2）开展乡村景观规划。"旅游开发，规划先行"同样适用于乡村景观的规划设计，乡村景观规划是乡村旅游发展过程中，避免乡村"城市化"，避免乡村意象的破坏甚至消失，实现乡村经济、社会和生态环境三大效益协调发展的关键所在。在旅游开发前政府和开发商应对项目建设进行认真严谨的可行性分析，充分评估项目开发对乡村景观和生态环境可能造成的负面影响，制定科学合理的乡村旅游发展规划，正确引导乡村的建设与发展。

（3）实施合理的城乡功能分区。合理的城乡功能分区是全面统筹城乡经济社会发展的重要途径。城市、城郊与远郊乡村的土地利用方式迥异，交通可达性和地价也各不相同，这就为城乡依据资源特点、交通条件以及历史传统等优势因素划分出不同的产业聚集区奠定了基础。同时，不同的产业分区易形成特色鲜明的城市形象和乡村意象，努力在城乡之间形成"城市，城郊，乡村"三级功能分区，呈现各功能区完整连片、功能完备、特色鲜明的意象，在郊区形成独特的乡村意象展示组团,有利于依托特色产业开发乡村旅游。

3. 实施科学的乡村意象再造,打造现代乡村核心软实力

现阶段的中国乡村正处于传统乡村景观向现代乡村景观转变的过渡阶段。对乡村意象的严格保护并不是要求对乡村景观的全盘保留,而是需要适当对其进行"选择性"再造。例如对一些落后的生产生活习惯,特别是迷信风俗活动,要进行严格控制,对破旧的房屋建筑、文物古迹要进行及时修葺,对当地居民要加强宣传教育,提高其对民族民俗文化和旅游资源的保护意识。

乡村意象的再造,主要体现在对居民住宅、生活设施、基础设施等硬件实体和村风民风、风俗传统等软件资源的优化,努力营造"乡风文明,村容整洁,环境优美,特色浓郁"的现代乡村意象,为乡村的可持续发展,特别是乡村旅游的可持续发展提供强大的资源支持。在城市化进程日渐加速的今天,如何最大限度地协调好经济发展与乡村生态环境保护的关系,实现乡村生活的现代化与乡村景观的原生化共同发展,是原乡规划关注的重点,更是乡村旅游开发过程中不容忽视的问题,应得到各方密切关注和妥善解决。

## 四、城乡统筹下的城郊乡村旅游地转型升级

城郊乡村旅游地是我国乡村旅游目的地构成的主体,是我国起源最早、发展最快、形态最丰富的乡村旅游目的地,并构成了大都市周边极具特色的环城休闲游憩带的主要组成部分。在我国城乡统筹发展下,城郊型乡村旅游地相比景区依托型乡村旅游地,所面对的情况更为复杂,城市化对乡村遗产带来的冲击更为剧烈,受土地与社区问题困扰更为严重,特别是对于一些准备进行或已经开发乡村旅游的地区,如何在城乡统筹发展中借势借力,实现本地乡村旅游产业的起步或腾飞,是我们应该关注的问题。

1. 城郊乡村旅游地的特点

由于城郊型乡村旅游地一般处于大城市近郊,区位条件和发展历史决定了它与一般乡村相比有明显特色,这些特点也是在城乡统筹背景下,运用原乡规划进行转型升级的必要条件。主要体现在以下几个方面:

(1) 便捷性。城郊乡村旅游地位于城市边缘,处于城市经济辐射范围内,区位条件良好,基础设施建设较为完善,道路交通方便快捷,这为乡村旅游地的快速持续发展提供了得天独厚的地利条件。

(2) 特色性。城郊乡村旅游地一般都依托乡村原有的景观意象和传统农业产业,开展乡村观光、休闲度假等旅游活动。由于各个村落在历史传统、风俗习惯、资源优势等方面各有差异,因此展现给城市游客的乡村景观与文化内涵也不尽相同。

(3) 规模化。城郊乡村旅游地的一大特点就是组团整体印象的统一性与内

部风格的差异性。这种组团化发展模式既能够利用规模化优势，加深游客对本区域的总体印象，又可避免内部重复建设形成恶性竞争。例如成都市双流县东山生态农业观光带、成都市"五朵金花"乡村旅游景区等，较为明显地体现了这一特征。

2. 新机遇：城乡统筹下的城郊乡村旅游地

城乡统筹的实施，对于城郊型乡村旅游地来说，是一个历史性机遇。城市带动乡村发展的机制，能够急速加快城乡之间资金、信息、技术与人才的交流，为城郊型乡村旅游地的开发建设带来更多能量，带来更大的市场空间。

（1）社区环境改善。统筹城乡社会发展是城乡统筹政策的重要关注点之一。城市近郊的社会发展相对滞后于城市，社区环境和居民生活受城市的负面影响较大。在城乡统筹发展新理念的指导下，部分产业向郊区转移，城市功能不断分化，城郊乡村的社区环境将会得到重视和保护。当地政府对改善社区环境的投入为城郊乡村旅游地的可持续发展奠定了环境基础。

（2）政策资金倾斜。乡村旅游对改善农村地区落后面貌、提高农民生活水平的积极作用毋庸置疑。城乡统筹要求统筹城乡经济发展，改变现有的城乡二元经济结构。各级政府在制定产业政策时会更多考虑倾向于"惠农"，以税收、土地等优惠政策吸引社会资金流向农村，流向旅游业等新兴产业，这为有条件的乡村开发旅游业扫清了资金障碍。

（3）消费偏好转移。良好的可进入性是城郊乡村旅游地的重要特征，城市游客不必舟车劳顿即可方便到达，降低了时间和物质成本。同时，随着国家假日制度的改革，城市居民短时间近距离的休闲旅游活动将会进一步得到刺激；居民可支配收入的持续增加，旅游消费偏好从观光旅游逐渐过渡到休闲度假与体验旅游，这为城郊乡村旅游地的快速发展提供了市场契机。

3. 新挑战：城郊乡村旅游地的定位

对于新开发或初开发的乡村旅游地，在开发初期能否对产品与市场进行准确定位决定着其未来命运。准确的定位能够有效减少人财物的浪费，避免重复建设盲目开发，为旅游地可持续发展指明方向，是旅游地规划开发前期工作的重心所在。

城郊乡村旅游地的定位主要包括目标定位、产品定位、市场定位、形象定位和功能定位等几个方面。各乡村旅游地应根据自身资源基础、现有产业优势、客源市场特征、技术资金实力和政治经济环境等综合考虑、统筹安排，对项目地的开发定位力求客观准确。

相对而言，旅游地的产品和市场定位最为关键。城郊乡村旅游产品与其他类型旅游产品相比具有大众、休闲化、购买重复化、消费层次多与便捷化的特征，其吸引力在于良好的原生态环境、丰富的休闲项目和完善的设施设备。

上述特征在城郊乡村旅游地具有一定的普遍性。针对游客需求逐渐由观光向休闲度假转变，城郊乡村旅游地应更多关注市民休闲度假方面的产品诉求，发挥自身优势，开发休闲度假旅游产品。城郊乡村旅游地能否准确认识自身优势与市场趋势，准确把握定性定位，是乡村旅游地面临的一大挑战，须谨慎应对。

4. 新方向：城郊乡村旅游地的转型

生命周期理论同样适用于城郊乡村旅游地。由于旅游地"老形象已模糊不清、环境破坏严重、旅游产品结构不合理、市场不规范、服务质量差等"，旅游地逐渐进入衰落期。处于衰落期的旅游地需要通过一系列的专业运作摆脱困境，延长生命周期。杨振之（2003）认为，"一个旅游地的生命周期是可以进行人为的控制和调整的"。城郊乡村旅游地的转型即是延长其生命周期的重要方式之一。

乡村旅游地的转型需要通过客源市场调查、旅游地调查、居民访谈、专家咨询等途径详细了解旅游地发展出现停滞甚至倒退的原因，针对存在问题进行重点整治。对于旅游地产品供给与客源市场需求之间出现的错位，应及时对项目地进行诊断，根据形势重新进行产品定位，明确旅游地产品特色与主题形象，充分挖掘旅游地的资源特质，实现乡村旅游地的成功转型。

## 案例

# 城乡统筹背景下乡村旅游开发的土地流转与产业升级
## ——以成都市"翠湖梨乡"乡村旅游景区为例

2007 年 6 月，国家发改委正式批准成渝两市为"国家统筹城乡综合配套改革试验区"。成都是我国乡村旅游发源地，近郊旅游发展较快，但是在城乡统筹发展中，具有独特地位和作用的乡村旅游也面临诸多难题，既存在机遇，又面临挑战。2007 年 10 月，成都来也旅游策划管理有限公司编写了《双流县翠湖梨乡旅游景区总体规划》（以下简称《总规》），对城乡统筹背景下乡村旅游开发中的土地流转与整理、农业产业结构调整、居民调控等方面作出了积极的尝试，取得了良好的实践效果。

### 一、案例背景及评析

"翠湖梨乡"拥有成都地区最大的万亩梨园和多个农业产业基地，这为发展乡村旅游创造了重要条件。每年"梨花节"的举办，吸引了不少游客慕名而来。但与很多类似旅游目的地一样，随着梨花的凋谢，大林镇的游客数量可从一天接待数万人骤减到寥寥无几，旅游旺季仅能持续一个月左右。"梨花节"在象征着大林镇乡村旅游形象的同时，成为其唯一被外界认知的旅游产品，这一现状限制了大林镇的旅游发展。

通过详细调研大林镇旅游资源和周边市场，我们在对大林镇乡村旅游进行重新规划时，主要从以下几方面对大林镇的乡村旅游业进行了思考：

（1）如何整合旅游资源，解决现有资源开发单一的问题？

（2）面对成都周边乡村旅游的激烈竞争，大林乡村旅游应如何谋求自己的发展空间？

（3）大林乡村旅游如何结合城乡统筹实验区新政策，探索新的旅游发展模式？

（4）大林乡村旅游开发所带来的利益如何在政府、企业、居民之间分配，才能保证农民的根本利益，达到统筹城乡发展的最终目的？

**二、城乡统筹与"翠湖梨乡"乡村旅游开发**

对"翠湖梨乡"进行旅游开发的基础分析，尤其是翠湖梨乡的外部分析和内部分析，是规划开发思路形成的基础工作。

1. 开发优势

主要体现在资源、区位、政策上的优势。"翠湖梨乡"距成都市仅半小时车程，拥有得天独厚的区位优势，在这样一个区位条件下，大林镇的生态环境和梨业资源具有了较强的开发潜力，未来有条件成为城南重点乡村旅游休闲区。更为值得关注的是，在成都成为城乡统筹实验区后，双流县已成为城乡统筹的重点试验区，这为"翠湖梨乡"景区取得政策优势、探索新的发展模式等方面提供了历史机遇。

2. 开发"瓶颈"

虽然拥有较好的开发环境，"翠湖梨乡"在大成都范围内缺乏垄断性的旅游资源成为其乡村旅游开发的软肋。一方面，观光资源不足，缺乏具备直接拉动性的精品资源，总体资源丰度不高，不宜开发单纯的观光旅游产品。另一方面，大林镇属于龙泉山脉深浅丘结合地带，地貌景观与龙泉驿地区类似，林木、水系与田园风光在成都平原具有普遍性，旅游资源同质化严重，较难开发出"人无我有"的品牌观光产品。

3. 开发思路

在整个景区规划及项目策划中，我们紧紧把握统筹城乡的发展方向，在旅游产品项目开发、土地流转整理中充分考虑农业、农村、农民问题，尽最大可能将在第二、第三产业中易被边缘化的农民群体纳入旅游业，使农民变为旅游从业者和乡村旅游开发的直接受益者，从而达到乡村旅游与城乡统筹之间互动互助的目的。

同时，为了满足旅游业发展的需要，原本落后于城市的基础设施将得到提高，道路、水、电、管、网系统得到整治，居民生活环境也得到了相应的改善；农民参与旅游业培训，整体素质得到提高，整个乡村风貌得到改善，旅游业的发展吸引了很多城里人来到农村，城乡形成互动，城乡差距通过旅游业发展明显缩小。

那么，在大林翠湖梨乡景区打造的过程中，乡村旅游规划与城乡统筹的关系具体体现在哪些地方呢？

（1）在产品设计中，充分利用大林镇现有资源，挖掘乡村资源潜力，使游客在游览过程中充分接触自然，体验乡村风情。依此原则，梨园的梨子、种植区的水果蔬菜、养殖区的家禽家畜都将走向旅游市场，农产品可就地转化为旅游商品，农业直接与旅游业挂钩，农民也不再是日出而作日落而息的传统农民，从而在保持乡村聚落风貌的前提下，完成农村现代化。

（2）在规划过程中，我们确定应深度挖掘大林梨乡文化，深入挖掘梨文化与梨产品，如将历史中与梨有关的故事情景再现，让游客参与到其中，切身体验故事情景中的乐趣，并且开发多个游客参与性项目活动，丰富游客游乐活动，让游客在游览过程中得到最大的享受。

（3）在规划中，充分考虑和平衡地方政府、社区居民、投资者和旅游者之间的利益关系，以实现区域经济、社会、环境和谐发展的目标。发展乡村旅游的最终目的是带动地方经济发展、提高政府税收和农民收入。社区参与乡村旅游发展解决了很大部分农村劳动力的就业问题，符合统筹城乡发展的政策要求。社区参与乡村旅游开发，农民不再仅仅参与农业生产，而参与到旅游业发展之中，农民将成为新型社区居民，而不再是传统意义上的农民。

（4）为满足旅游业发展需要，大林镇各种硬件、软件设施都将得到极大提高，社区环境将得到治理，农村与城市之间在软件和硬件上的差距进一步缩小。通过倡导文明用语、文明行为和由政府或者旅游管理公司对参与旅游的农民提供培训，农民素质得到极大提高。随着景区发展，大林"梨花节"的规模及影响力均随着产业发展而不断扩大，这将为大林镇带来吸引社会投资的机会，促进大林镇基础设施建设。

（5）在大林镇发展乡村度假将吸引众多高端人士消费，原本低廉的土地随着旅游人气的聚集也会升值。随着旅游业的发展，城乡之间在基础设施与生活水平方面的差别将逐渐缩小。

**三、发展的突破口**

在对"翠湖梨乡"进行资源的开发优势、开发"瓶颈"分析及得出总体思路的基础上，综合考虑自身特色、居民利益及政策环境等诸多因素，找到以下几个发展的突破口：

1. 挖掘特色——提升乡村旅游竞争力

针对大林镇乡村旅游开发现状，我们采取"分"和"家"的发展战略。"分"的战略，即通过区域分工、市场细分、服务分级，充分挖掘资源和区位潜力，打造特色产品，形成有机联系的乡村旅游产品体系。另外，我们还为大林乡村旅游设计了三个"家"的形象，即农民成为旅游者的家人、农家是旅游者的第二个家、农田是旅游者的家园。

与此同时，大林镇丰富的原生态乡村要素是构建"翠湖梨乡"文化背景和景观背景不可或缺的珍贵资源，是景区能够发展成为城南生活的文化延伸区的重要因素，这为重新规划和布局大林镇乡村旅游产业找到了突破口。

2. 居民参与——保障农民切身利益

城乡统筹的意义是通过城市对农村的辐射和带动效应，充分发挥"工业反哺农业、城市带动乡村"发展战略，建立以工促农、以城带乡的长效机制，促进城乡协调发展，通过城市和农村的互动逐步解决"三农"问题。

为保证土地流转后当地农民的根本利益，我们在《总规》中特别提出了运营模式建议，即以"政府＋旅游运营商＋农民"的模式进行项目运作，实现"政府搭台、企业唱戏、农民参与、三方获利"的运营目标。

在统一规划指导下，政府主要执行监督和行政管理等宏观职能，而景区的内部管理、营销及其招商等工作，主要由旅游运营商负责，这样有利于实现政企分开和管理优化。景区内有可能吸引社会投资的项目，由旅游运营商负责选择投资商，并在旅游运营商的统一管理下从事经营活动。

此外，为保证农民的根本利益，由政府组织投资者与农民签订土地租赁或土地入股合同，在运营中政府成立景区管理机构，根据投资模式确定管理权限，并对景区建设提出要求与指导。把社区居民作为乡村旅游发展主体进入规划、开发等重大事宜的决策执行体系中，是城乡统筹制度下乡村旅游可持续发展的一个重要内容和评判依据。这样将保证利益相关者都能参与到项目运营中，形成"技术资源（投资商提供）＋劳动力（农民）＋政策支持（政府）"的合作模式，有利于更新和升级农业生产结构，推进农业产业化进程。

3. 审时度势——充分把握城乡统筹实验区政策

充分把握和利用城乡统筹实验区政策是"翠湖梨乡"创新发展模式的前提。城乡统筹政策的出台，为"翠湖梨乡"乡村旅游开发注入了新鲜气息，也为其土地流转和产业升级提供了大胆创新的机会。通过土地整理和土地流转实现集约化开发，是大林镇农业走向现代化的根本。审时度势，抓住机会，在保证当地农民利益的条件下，对开发模式、土地整理、居民调控等方面的推进思路进行大胆创新，是"翠湖梨乡"乡村旅游开发的重要突破口。

**四、大林镇乡村旅游规划的基本理念**

鉴于大林镇的旅游资源基础及其自身特色，在旅游开发与规划过程中，以下四项基本理念得到较好的突出和实际应用。

1. 项目集中、区域分散

"翠湖梨乡"乡村旅游区规划遵循"项目集中、区域分散"理念。大空间尺度下，景区形成以玉皇街为核心的乡村游乐体验和企业商务度假片区、以大林镇为基础的城南民俗文化展示体验片区、以乡村果园和乡村田园为底色的梨园春色观光和绿色畜禽养殖片区、以五台溶洞为中心的未来发展空间等四个相对分散板块；小空间尺度下，景区各个板块内项目集中设置，形成特色鲜明、主题突出的项目组团，以便资金使用相对集中，尽快启动各个板块的旅游发展。

2. 成片开发、动态发展

"翠湖梨乡"乡村旅游区采用动态发展模式，成片开发、循序渐进，各个功能结构之间形成既紧密联系又相互独立的体系。根据规划对象的地域分布、空间关系及内在联系，"翠湖梨乡"乡村旅游区的规划结构划分为"一轴两心十大景片"。各组成部分在结构、功能上互相耦合，联动发展。

3. 四维共融、五位一体

项目开发以政府为引导，以企业为主导，注重社区与游客的参与，营造和谐的旅游体验环境；塑造景片概念，组团式发展，以点带面、以区带片，形成集参观游览、民俗体验、科教科普、休闲娱乐、餐饮购物等功能于一体的综合型乡村旅游目的地。

4. 因地制宜、文化体验

在"翠湖梨乡"乡村旅游区规划、设计、开发过程中，我们力求特色化、主题化、创新化。大林镇特有的梨文化和汉代建筑是区别于周边乡村旅游的重要文化符号，如何深度挖掘梨文化与汉代建筑文化并将其发挥到极致，是我们在规划过程中一直思考的问题。

**五、城乡统筹与居民社会调控**

乡村旅游的开发不可避免地会涉及当地居民的搬迁以及就业问题。在城乡统筹背景下进行居民社会调控，我们要思考以下三个问题：

1. 如何进行居民调控才能使"三大效益"最大化

为使三方效益达到最大化，我们在规划时主要突出科学预测、合理转向的原则。具体方法有严格限定各类常住人口规模，建立适合旅游景区特点的社会运转机制；建立合理的居民点和居民点系统；引导淘汰型产业的劳力合理转向。

根据实际情况，我们将"翠湖梨乡"的农民居住区划定为三种类型：无居民区、居民衰减区和居民控制区。在无居民区，禁止常住人口落户；在衰减区，分阶段地逐步减少常住人口数量；在控制区合理定出居民数量的控制指标，严格限制人口增长。

2. 土地流转后的用途

土地流转的目的是进一步整合现有耕地、增加用地类型，以满足未来旅游项目的开展和农业产业化经营，并可增加景观效果和丰富游览内容。《总规》中，增加的用地类型包括农业产业化用地、游赏用地、游娱文体用地、游览设施用地、购物商贸用地、管理机构用地等。对于项目地而言，土地流转的最终目的在于奠定农业产业化基础，实现乡村旅游的规模化开发。

以双流县石庙村、黄堰村土地整理为例，整理前后的土地利用类型及其面积如表8-1所示。

表8-1 规划整理前后土地利用分类统计（单位：亩）

| 土地利用现状分类统计 | | | 规划整理后的土地利用分类统计 | | |
|---|---|---|---|---|---|
| 耕地 | 水田 | 4337.20 | 耕地 | 水田 | 6076.10 |
| | 旱地 | 1403.90 | | 旱地 | 1696.76 |
| | 小计 | 5741.10 | | 小计 | 7772.86 |
| 园地 | | 421.50 | 园地 | | 421.50 |
| 林地 | | 1231.60 | 林地 | | 1250.85 |
| 牧草地 | | 0.00 | 牧草地 | | 0.00 |
| 居民点及工矿用地 | | 1206.90 | 居民点及工矿用地 | | 532.66 |
| 交通用地 | | 172.10 | 交通用地 | | 191.51 |
| 水域 | | 700.80 | 水域 | | 705.77 |
| 未利用地 | | 2736.10 | 未利用地 | | 1334.95 |
| 小计 | | 12210.10 | 小计 | | 12210.10 |

表8-2 土地整理中的迁建内容

| 迁建内容 | 搬迁农户 | 194 户 | 搬迁人口 | 758 人 |
|---|---|---|---|---|
| | 拆迁房屋面积 | 627.83 亩 | | |
| | 拆迁瓦房 82 间面积 163067.48 平方米 | 拆迁楼房 23 间面积 42953.55 平方米 | 拆迁草房 89 间面积 212534.40 平方米 | |
| | 新建中心村 | 44.82 亩 | 新建农民聚居点 | 23.37 亩 |

在总面积12210.1亩的范围内，通过合并地块、平整土地、整改道路工程及项目区内零星未利用土地的适度开发等措施，流转整理出654.83亩建设用地（其中宅基地559.64亩），净增耕地面积2031.76亩，净增耕地占整理区总面积的16.64%。土地整理后，土地的合法使用得到确认，土地的利用结构也更趋合理。以前完全分散的居住形式变成了几个集中的村落，中心村落在相对集中的条件下，既实现了新农村的建设需要，也为乡村旅游服务的集中发展提供了条件。同时，流转出的部分土地可以用作商业开发用地，增加土地的价值和当地农民的

经济收入。

具体来看,在大林镇乡村旅游规划中,我们将十大景片根据土地用途和流转方式的不同,划分为三个部分:

(1) 企业商务度假区 + 翠湖水上娱乐中心 + 自驾车营地。企业商务度假区为企业投资区以及高档休闲度假别墅区,为一次性资金投入,是资金需求量最大的地区;自驾车营地为游客提供休憩、娱乐场所,经营方式采用租赁的方式。本部分景片区域内居民需要搬迁,根据占补平衡原则,进行居民安置。土地整理采取"征收 + 拍卖"的模式,根据获得的用地指标,政府出面对此块用地进行征收,将其转化为国有土地,以此对外公开招标,在符合《总规》的情况下,进行开发。

(2) 玉皇风情街 + 高科技农业示范区 + 绿色畜禽养殖区 + 梨园春色观光区。玉皇风情街本来就为村民聚居地,只需对现有房屋进行整改;高科技农业示范区及绿色畜禽养殖区由镇政府招商兴办乡镇企业,村集体经济组织以建设用地土地使用权入股与外来投资者一起发展现代农业;梨园春色观光区以梨树种植为主,且已成气候,结合《总规》建议对此区域村民只做小部分调整,对大多数已经形成的农家保持不变,政府投资对农家进行改造,发展农家乐,与大林镇总体风格相适应。

(3) 养生文化体验区。区内修建敬老院开展养生项目,居民需要搬迁,依据占补平衡原则,进行安置。土地整理采取"征收 + BOT"的模式进行公开招标。

基于农业产业化发展的需要,"翠湖梨乡"的耕地被大面积整合,以便进行产业化种植,所涉及居民集中迁往玉皇街、石庙、黄堰等几个居民聚居点,其他规划区内所涉及居民可控制性保留,参与旅游服务活动。出于景观建设和为游客提供公共集散休闲点的需要,玉皇街被规划为汉代风格一条街,同时充当旅游集散地,居民聚居于此,提供餐饮住宿等旅游服务;石庙区作为梨花节主会场,居民将聚居于此,并参与旅游的经营,带动经济发展,实施城乡一体化建设。

3. 产业如何升级

促进农业产业化经营、优化农业产业结构是乡村旅游规划的重要目标之一,也是解决"三农"问题的重要途径。在《总规》中,我们以农业产业优化升级为宗旨,对大林镇产业结构和劳力发展方向进行了适当的调整,主要体现在以下两个方面:

(1) 依托大林镇的建设,增加第三产业的比例和内容。在对项目地居民社会调控规划过程中,我们将当地现有经营的服务业进行统一规范整治,并严格按照规划主题改造内外环境、提升服务水平;在营造协调的环境氛围前提下,增加旅游接待设施。借助旅游发展的契机,大力加强第三产业,增加农村就业岗位,从根本上解决"务农无地、上班无岗、低保无份"的"三无"农民现象。

（2）利用产业优势，优化产业结构。大林镇目前以梨产业为主，结构较单一，以梨花节带动旅游业，面临着旅游季节性的弊端。2006 年，大林农民人均年收入为 2230 元/人，其中梨收入为 1430 元/人，收入普遍较低，需要发展一些附加值较高产业，提高农民收入。在景观上，只栽种梨树太过于单一，从外观、色彩、色调上都缺乏美感，需要搭配种植不同季相、色彩不同的经济、景观植物。从消费者角度考虑，单一的梨产品不能满足游客多样化的需求。因此，基于大林镇产业发展的现状及发展需求，大林镇的产业不需要做大的调整，而应保持现有梨产业的龙头地位，局部进行调整和优化，配套种植一些具经济价值的景观植物。

预期目标是通过产业调整，使大林镇旅游形象更鲜明突出，产品更丰富，消费者选择更多，农民收入更高更稳定，确保农民一年四季有收入，旅游业一年四季有生意，大林镇一年四季有景观。

采取的保障措施是在产业化调整过程中，《总规》提出进行规模化经济作物种植，以优化环境景观和拓宽农民收入渠道。为保证开发初期农民资金能够得到顺利周转，需要政府出面给予财政补偿并引导农民种植，提高农民的积极性；企业或投资商也需为自己的"员工"——农民提供教育与培训，在技术上给予指导，使农民进行科学种植，提高产出效益。

# 第九章　乡村旅游规划的
# 程序与内容

乡村旅游规划是一个有序、有度、有控的项目管理工程，其规划路径有着一整套严格的技术程序，需要规划者按照相关要求进行编制工作。本章既是介绍乡村旅游规划的编制程序和主要内容，也是笔者在遵循国家相关标准的基础上，结合乡村旅游规划编制的实践，对乡村旅游规划的内容与程序流程的概括总结。

## 第一节　乡村旅游规划的技术路径

乡村旅游规划作为乡村旅游地旅游业开发发展的蓝图，具有极强的计划性和前瞻性。规划工作本身有很强的组织性，并遵循一定的工作程序和流程，只有合理统筹才能避免混乱，实现规划思路与规划项目的连续性、一致性、科学性，才能按时保质完成规划任务，提供一套合理可行的规划方案。

国内外很多学者已经就旅游规划及乡村旅游规划的程序作过探讨和研究，乡村旅游规划的技术路径，实际上就是告诉规划者和管理者乡村旅游规划有哪些步骤，在某个步骤中的某个时间人们应该做什么事情，结合乡村旅游的规划实践对技术路径进行重新设计，使之能够更清晰地反映乡村旅游规划编制的程序（见图9-1）。

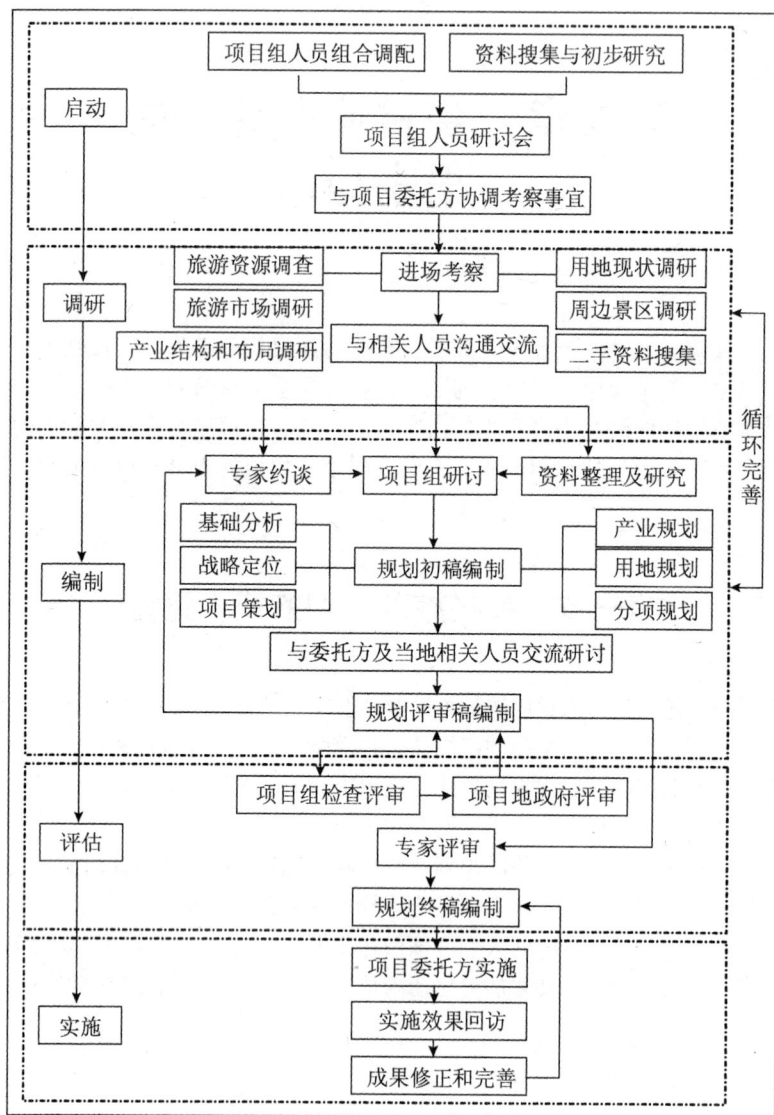

**图 9-1　乡村旅游规划的程序与技术路径**

# 第二节 乡村旅游规划的内容

乡村旅游涉及种植业、养殖业、手工业、服务业等多个产业,内容丰富,关系错综复杂,乡村旅游的规划本身就是一个系统工程。因此有必要通过构建乡村旅游规划的内容体系,理清乡村旅游规划的主要内容,以使乡村旅游规划的核心和重点清晰明了。

乡村旅游规划是一个统称名词,实际上它包括了乡村旅游地总体规划、概念性规划、景观规划、控制性详细规划、修建性详细规划等多个细分内容。由于篇幅所限,仅将乡村旅游总体规划作为模板和对象进行重点介绍。

## 一、乡村旅游规划应解决的几个问题

乡村旅游规划的编制目的是促进乡村旅游的可持续发展,通过对乡村旅游地资源条件、市场条件的综合分析,客观评价旅游地发展潜力,明确旅游地发展方向,并依此进行乡村旅游地的形象定位、市场定位、产品定位和功能定位。科学的乡村旅游规划是乡村旅游可持续发展的重要保障,任何一个地区要发展乡村旅游,均应先编制乡村旅游规划。总体上看,乡村旅游规划在编制和实施过程中,应着重解决以下几个问题。

1. 解决乡村旅游发展的农业产业背景问题

乡村旅游的发展离不开产业背景,一是产业要形成规模,二是产业背景要形成景观,三是为发展乡村旅游要对产业结构进行调整,这些都是规划的重要内容。

2. 解决乡村旅游地的定位问题

科学、合理、准确的定位能够确保乡村旅游走上正确的发展轨道。规划者应客观分析乡村旅游地所处的区位环境和市场环境,以及乡村旅游资源特色和乡村产业背景,依此对乡村旅游地的未来发展进行形象定位、产品定位、市场定位、功能定位等,明确乡村旅游地的发展方向。定位应从宏观上明确旅游地的开发方向,定位错误就会导致旅游地整体开发失败。通过乡村旅游规划的编制解决旅游地的定位问题,是规划的重点内容之一。

3. 解决乡村旅游地的产品策划和项目设计问题

既符合市场需求,又契合乡村旅游地资源优势和产业基础的旅游产品,能够产生强大的市场吸引力,极大地促进乡村旅游地发展,成为决定乡村旅游地发展前景的重要因素。因此乡村旅游规划的编制者,应充分重视旅游地的产品策划与项目设计问题,以资源、产业、市场为基础,立足本地,放眼全国乃至全球,以新视野、新理念、新手法设计项目和产品，避免闭门造车，更不能因循守旧、重复建设。

### 4. 解决乡村旅游地的基础设施建设问题

相对城市，由于乡村经济社会发展的滞后，基础设施建设一般较薄弱，如个别乡村由于道路交通的不通畅，导致丰富的乡村旅游资源得不到充分开发和利用，农民守着聚宝盆却依然收入微薄，生活贫困，乡村旅游地的基础设施建设成为限制乡村旅游发展的最重要"瓶颈"。通过编制乡村旅游规划，思考如何解决乡村旅游地的基础设施建设问题，是规划者不得不面对的问题。作为规划方，应充分重视对基础设施规划的编制，对道路、服务设施、供水供电等研究出切实合理、可行的规划方案，而不是敷衍了事，才能最终保障乡村旅游规划的实施，保障乡村旅游地的可持续发展。

### 5. 解决乡村旅游地的土地利用问题

土地是保障我国13亿人口最基本生存需要的重要资源，是乡村的重要资源。乡村旅游规划虽然不是土地规划，但是由于乡村旅游的开发涉及农业、旅游业、工业等多个产业，更与农民切身利益息息相关，因此乡村旅游规划必然包含土地利用协调的相关内容，且这部分往往成为乡村旅游规划的重点和难点。乡村旅游规划应着重解决基本农田的保护、一般农田的调整利用、耕地和集体建设用地的流转和土地整理等问题，保证国家规定的18亿亩基本农田面积不变，协调好本地区粮食生产和经济作物生产的关系，在尊重本地区农民的意愿下，根据乡村旅游发展的需要，有效调整农村建设用地利用方式和利用结构，解决现在和未来一段时间内乡村旅游地开发可能遇到的土地问题。

### 6. 解决乡村旅游地的开发保障问题

乡村旅游地的开发保障主要包括资金来源的解决途径、市场营销方式、居民社会调控方式、旅游附属产品的设计开发、项目开发时序、防灾体系的规划设计、旅游人才培养与引进等。这些方面都是乡村旅游规划的后期工作，有的规划者不重视这些问题，认为这些都是套路，是无关紧要的事情，但实践经验告诉我们，忽视这些问题的规划将导致乡村旅游地的规划成为纸上谈兵，致使前期工作根本得不到实施或不能实施。因此，乡村旅游规划的编制者应充分重视旅游地的开发保障问题，从思想层次上和规划制定中，将这些问题提到一定高度，组织相关人员做好这方面的工作。

### 7. 解决农民的就业、社会保障、生产方式和居住方式问题

在乡村旅游发展中，农民的居住方式不能做大的调整。那种将各村落农民集中居住在中心村，甚至让农民上楼房居住的做法，是彻底改造了村落景观和农民生产、生活方式的愚笨做法，后患无穷。在规划中，最多是适当集中，保持"大分散、小聚居"的格局，使农民不失去土地，依托自身占有资源发展旅游业。

## 二、乡村旅游规划的内容体系

乡村旅游规划是一种专项规划，其内容和技术路径与旅游规划基本相同，只是根据乡村实际作出部分调整。如图9-2所示。

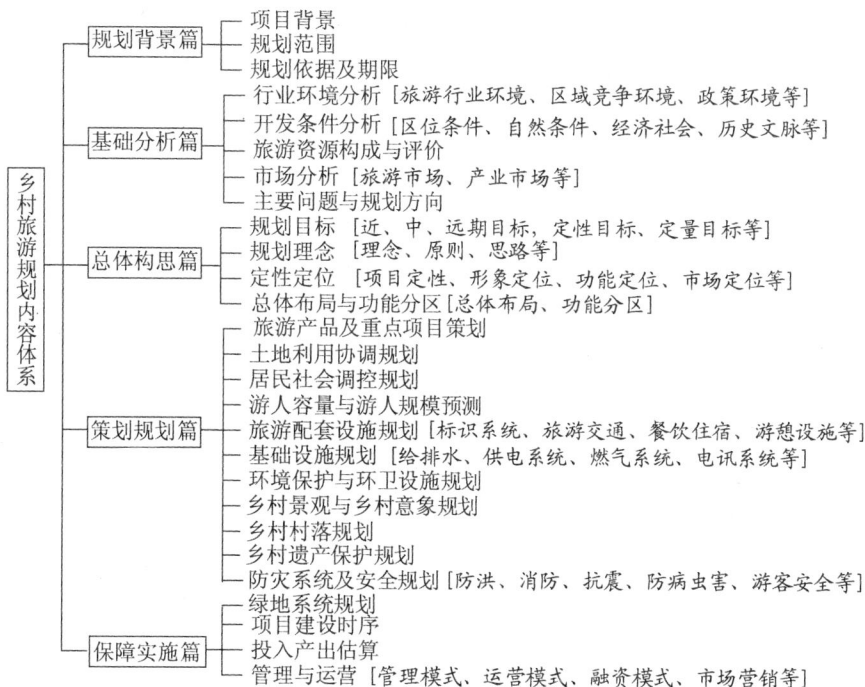

**图9-2　乡村旅游规划内容体系**

本体系是基于乡村旅游发展（总体）规划和详细规划编制的结构和内容整理而成的，符合旅游规划通则所规定的编制要求，并根据乡村的特殊性做了细化和深化，涵盖了乡村旅游规划编制的主要方面。

乡村旅游规划以规划背景和基础分析为编制依据，亮点在总体构思，重点在策划规划，关键在保障实施。需要说明的是，本体系只是乡村旅游规划所应包含的一般内容，在实践操作过程中，还应根据实际情况，在相关规范标准的要求下进行适当调整，以更适合本地区乡村旅游开发的实际情况。

除此之外，乡村旅游地的控制性详细规划，还应根据相关规范要求，规定区内建设用地的各项控制指标，划定所规划范围内各类不同性质用地的界线，规定建筑高度、建筑密度、容积率、绿地率等控制指标，并根据各类用地的性质增加其他必要的控制指标，如交通出入口方位、停车泊位、建筑后退红线、建筑间距等，各地块的建筑体量、尺度、色彩、风格等，确定各级道路的红线位置、控制点坐标和标高等。

## 三、乡村旅游规划的内容详解

乡村旅游规划的内容体系为我们清晰地展示了乡村旅游规划所涵盖的主要方面。作为一个复杂的规划任务，乡村旅游规划面对着乡村地区特殊的自然地理条件、区位条件、资源条件和市场竞争环境，规划的编制和实施更涉及政府部门、开发商和当地居民等众多利益群体，更涉及土地流转、土地整理、农业产业、农民就业和社会稳定等复杂问题，其编制任务与其他类型的旅游规划相比更为繁重。

### 1. 规划背景篇

规划背景是对项目情况做一总述，解释项目编制缘由，介绍项目委托方、编制方的基本情况，确定项目规划范围，根据编制过程中涉及的法律法规列举编制依据，确定近中远期规划的起始年限，使规划成果使用者对本次规划有一个概况性了解。

### 2. 基础分析篇

基础分析是规划编制中各项工作得以顺利开展的保障。科学、客观、翔实的基础资料整理和分析，能够为规划的后续工作打下坚实基础，是项目与产品能够落实到规划地块的关键。乡村旅游规划的基础分析主要由以下部分组成：

（1）行业环境分析。主要从区域角度出发，对乡村旅游地所处的旅游市场环境、区域旅游竞争环境、政策环境、经济环境等方面作系统分析，了解本项目所面对的宏观环境，分析对比本项目的优劣势，寻找发展的突破口。

（2）开发条件分析。主要从项目地自身出发，对乡村旅游地的区位条件、自然条件、经济社会基础、历史民俗资源、场地条件等方面进行分析总结，对项目地的开发条件作一分析梳理，总结项目地资源条件的优劣势，为后期项目策划等奠定基础。

（3）旅游资源构成与评价。规划者根据前期实地调研和资料文献的整理分析，按照国家相关标准规范，对乡村地区的资源类型、资源品级进行分类评分，对乡村旅游资源和乡村景观进行综合评价。

（4）市场分析。主要包括旅游需求分析、旅游供给分析、产业市场分析等，规划者应结合市场调研数据，深入了解游客需求，找准市场空白点，为后期的项目策划和产品设计提供市场支撑。

根据以上分析，确定乡村旅游地现有的产品设计、规划布局、村庄建设、产业结构等方面存在的问题，明确未来本地区规划的主要方向。

3. 总体构思篇

总体构思部分是整个规划工作的核心和难点，是最能体现规划者思想和能力的部分。项目地的总体构思要求规划者从乡村旅游地的实际出发，归纳总结前期的研究成果，以宏观视角统筹考虑规划区的发展战略。这是一个创新性极强的抽象思维过程。总体构思部分主要包括的内容有如下几方面：

（1）规划目标。包括时间上的近中远期目标，内容上的定性目标和定量目标等。规划者应根据乡村旅游地的实际情况，合理确定本地区的发展目标，切忌好高骛远，不切实际。

（2）规划理念。包括项目开发应遵循的理念、原则，以及规划工作的总体思路等。

（3）定性定位。包括项目开发的性质、项目地的性质、乡村旅游地的形象定位、功能定位和市场定位等。明确农业产业升级的方向，产业结构调整的方向。

（4）总体布局及功能分区。确定规划区的总体布局、规划的空间结构和功能区划。

4. 策划规划篇

策划规划部分是乡村旅游规划编制的主体，这一部分基于总体构思的战略理念，详细阐述了规划者的规划思想和规划方法，是落实乡村旅游规划内容的唯一途径。这一部分包含的内容较多，主要包括如下几点：

（1）旅游产品及重点项目策划。本部分主要根据乡村旅游地的资源、产业、市场等开发基础，提出项目地的产品设计思路，构建休闲、观光、度假产品体系，完成重点项目的设计构想。

（2）土地利用协调规划。本部分主要对规划区内的土地利用进行统筹安排，合理确定建设用地面积和布局，完善土地利用制度，对敏感地块的用地指标进行控制，明确乡村未来的用地发展方向。

（3）居民社会调控规划。乡村地区是当地农民世代居住的地方，是其重要的生产生活空间，居民社会调控是乡村旅游规划工作的重点和难点。规划者应根据乡村实际情况和项目开发需要，因地制宜确定规划区内的居民搬迁、土地整理等，科学有序地组织社区居民的空间转换和搬迁流动，尽量保留乡村聚落景观。

（4）旅游容量与游人规模预测。旅游容量分为旅游心理容量、旅游资源容量和旅游环境容量三种类型。规划中一般采取旅游环境容量控制，但由于乡村地区的特殊性，乡村旅游规划宜将旅游心理容量与旅游环境容量一起作为衡量标准，确定本地区旅游活动量极限值，并在此基础上，根据乡村旅游地已有的游人基数，按照一定的增长率，预测规划期内可能达到的游人规模，为乡村旅游区旅游服务设施的规划建设提供依据。

（5）基础设施规划。包括给排水、供电系统、道路系统、燃气系统、电讯系统等方面的规划设计。基础设施规划要求各项指标能够满足乡村原著居民和未来旅游发展后的游客需求，规划方法和规划程序应严格按照国家相关标准规范进行。

（6）环境保护与环卫设施规划。本部分规划是通过对乡村环境的保护和培育，实现乡村整治。规划的主要内容包括明确保护目标，合理规划垃圾收集、污水处理、公共厕所等环卫设施，落实大气环境质量、水环境质量、固体废弃物、噪声等各类污染源控制指标，采取有效措施控制污染源。

（7）乡村遗产保护及风貌控制规划。乡村遗产保护规划主要对乡村地区具有保护价值的建筑、构筑物、服饰、景观等物质实体和民歌、舞蹈、手工艺、传说等非物质体制订保护计划，实施保护措施。乡村旅游规划应重视编制风貌控制规划，通过建筑风貌的协调规划，保护乡村景观和特色建筑，维护乡村意象，充分展示乡村的历史风貌和文化底蕴，统一建筑风格，突出整体性，避免杂乱无章。

乡村遗产要保护面临资金困境、传统工艺传承受到威胁、农民的积极性受挫等问题，这些都为乡村遗产的保护增加了难度。通过发展乡村旅游可以调动农民的遗产保护积极性。发展乡村旅游对遗产保护的影响实际上是通过经济杠杆作用促使农民保护好乡村遗产，促使其传承传统工艺，并且使乡村遗产最终走向产业化发展的道路。

（8）绿地系统规划。绿地系统规划主要是对乡村地区的植物生态系统进行规划。在绿地系统规划中，植物配置上应多采用乡土树种，手法上避免修剪整齐的西式园林风格，坚决避免城市园林绿地的规划手法，而应力求打造自然随意、注重总体、色彩成片、单树成景的绿地景观，为乡村旅游活动的开展提供良好的绿色环境。

（9）防灾系统及安全规划。针对乡村地区可能遇到的各类灾害进行防护措施规划，主要包括抗震规划、防洪规划、消防规划、防病虫害规划、游客安全规划等多个方面。

（10）道路交通及游线组织规划。道路交通规划主要对乡村旅游地的道路交通体系进行梳理，规划建设进出便利、体系完善的道路系统。道路系统一般由车行道（包括汽车、自行车、马车、牛车等）、游步道、停车场等三部分组成，滨水乡村还有码头设施，共同连接乡村旅游区内部的各个功能区、各个景点。游线组织规划是将旅游区内各景点以游客游览线路的方式串联起来，规划游客流向，以便更好地调节游客情绪、布局服务设施。

5. 保障实施篇

任何规划项目都以能最终落实实施为目的，保障实施的主要内容即是为了确保规划的顺利实施而制订的一系列措施，主要包括项目建设时序规划、投入产出分析、管理与运营三个部分。

（1）项目建设时序规划。乡村旅游地的建设应从本地实际出发，避免一拥而上、盲目无序，导致开发失败对乡村遗产造成不可逆转的破坏。项目建设时序规划即是对项目开发建设的时间维度进行控制，循序渐进，量力而行，科学统筹安排资金、人力、物力，达到集约化、可控化、有序化建设。项目建设时序规划是对项目的宏观进程进行把握，同时规划者还可通过更进一步的近期建设规划、中远期建设规划，对乡村旅游地的项目开发进度和开发力度进行更详细的规划控制。

（2）投入产出分析。投入产出分析是对乡村旅游规划所涉及的基础设施建设、旅游配套设施建设、市场营销宣传费用、项目建设费用等进行投资估算，对规划期内的旅游产出进行收入估算，制定投资计划，进行经济效益评估的过程。科学客观的投入产出分析，能够为投资者和乡村管理者提供决策依据，为项目地的投融资提供技术支持，保障项目地开发的顺利进行。

（3）管理与运营。本部分的规划是为乡村旅游的开发、发展提供组织支持与后勤保障。主要包括乡村旅游社区的组织形式、管理模式、项目投融资模式、市场营销与宣传等方面的规划。

以上是乡村旅游规划应包含的一般内容的简要介绍。由于乡村旅游地在资源、市场、开发基础等方面各不相同，因此编制内容也会有所差别，比如有些乡村旅游规划还涉及旅游商品开发规划、节事活动策划、旅游人力资源开发规划等众多方面，这些规划细项对于个别乡村来说是必需的，但并不是所有规划都要求涵盖这些内容。

# 案例

## 案例一 美国加州乡村旅游战略规划①

### 一、背景简介

2007 年，加州旅行和旅游委员会（以下简称旅委会）编制了内容详尽的 5 年战略营销计划和年度工作计划，用以指导该组织完成既定任务："推动加州旅游成为世界最优旅游目的地之一，从而提升本州的旅游相关收益和旅游从业人数"。

这份 5 年战略营销计划用来帮助旅委会在 2007～2013 年间管理 150 万美元的年度预算。该计划的 5 个核心战略如下：

---

① 选自"Strategic Planning of California Rural Tourism（2007－2013）"、"Strategic Marketing Planning（2007－2013）"，齐镭译。

（1）保持本地主要市场的游客人数和消费总量；

（2）在国内市场开发新的游客群体；

（3）扩大营销和季节覆盖率，以驱动经年不断的游客到访；

（4）深度挖掘主要国际市场的潜力；

（5）开发提升营销到达率和影响率的技术平台。

乡村旅游被明确为支撑本地营销效果的关键项目——第一战略。旅委会在战略营销计划中确认了下列乡村旅游项目目标：

（1）提升8个乡村旅游营销地区的认知度；

（2）作为催化剂促进旅游业经营者和地区营销组织间的合作关系；

（3）帮促开发出完全整合的地区营销计划，其中包括完整连续的方法路径。

作为达成这些目标所作出的努力之一，旅委会委托进行了乡村旅游战略规划，该规划包含3个关键要素：乡村旅游、加州欢迎中心、加州文化和遗产旅游委员会。

**二、规划方法**

在编制战略规划的过程中，规划单位（战略营销集团）实施了多步骤规划方法以求开发出"真正完整全面"的乡村旅游战略规划，并与加州旅委会编制的《战略营销规划（2007～2013）》相衔接。战略规划路径如图9-3所示。

| 数据/信息收集 | 战略规划编制 | 战略规划实施 | 战略规划评估和完善 | 战略规划目标最大化 |

**图9-3 乡村战略规划路径**

1. 数据/信息收集

为了全面认知现状，规划单位在加州旅委会研究部门的协助下收集信息，包括相关的直接和间接信息。2007年8月1日，作为乡村旅游计划的代表行动，加州欢迎中心和加州文遗委员会举行会晤，并共同决定投身于乡村旅游战略规划中。

2. 战略规划编制

紧随信息采集阶段之后，规划单位通过分析数据，开发出具有核心竞争力的战略，以保证能够转化拓展为具可操作性和可评测性的战略规划。规划单位开发出的战略，将使加州旅委会接触和影响现有的以及潜在的细分游客人群。

3. 战略规划实施

在加州旅委会评审通过战略规划后，规划单位将致力于来自规划中战略要素的实施，包括行动步骤与核心战略，尽最大努力支持乡村旅游并使其效益最大化。

4. 战略规划评估和完善

在实施核心竞争战略和品牌推广计划的基础上，规划单位和游客组织合作进行战略行动的评估工作。

5. 战略规划目标最大化

核心团队将对所有行动进行持续监控，以确保战略规划目标的完成。核心团队每年都将对未来行动进行概要重述、复检和计划。

**三、规划内容**

战略规划分为七个部分，分别是现状分析、乡村旅游产品体验、规划目标和目的、营销策略、行动计划、加州文化和遗产旅游委员会、加州欢迎中心。

1. 现状分析

本部分对加州乡村旅游业的规模和范围、加州的目标市场、目标细分市场及市场特征等作了详细分析。

2. 乡村旅游产品体验

加州乡村旅游涵盖众多农村社区，每个社区都拥有独特而丰富的资源。游客到此寻求安静、放松、灵感、休闲、教育和娱乐。想要了解乡村旅游的吸引力，最重要的是评价其主要旅游资源，以及将影响其未来旅游营销成果潜力的优势、劣势、机遇和威胁。

本部分主要分为两部分：一是旅游资源的分析和评价，主要从旅游资源分类和乡村旅游需求动机出发，对加州乡村旅游资源做一分析。二是对加州乡村旅游的优势、劣势、机遇、威胁做了 SWOT 分析。

3. 乡村旅游目标和目的

为了推动促进加州乡村旅游，加州旅委会在 2007～2008 年度工作方案和 2007～2013 年战略营销规划中建立了一系列目标、目的和评估方法。

（1）加州旅委会乡村旅游计划年度工作方案。

计划目标。推动加州乡村地区发展；推动和促进本地合作关系；研究可行的乡村旅游公司合作模式；整合公共和商业网站以优化合作；促进乡村旅游客流量和停留时间的提升；发展和维持计划进行，以保证能与即使最小的利益相关者的合作；支持所有的加州欢迎中心并保持信息同步。

成果评测。通过同时提高地区内公私利益相关者的关联度和收益获取乡村地区间协同营销合作关系的提升；通过引入交互式链接和全面提供现有及相关内容实现加州旅游门户网站访问流量的提高；全方位的提升，包括品牌认知度，与已评估业务间的沟通交流、报价产品销售、游客指南广告和推广、利益相关者参与、免费/低价旅行支持以及媒体信息。

（2）加州旅委会 2007～2013 年战略营销规划。

乡村旅游计划的目的。扮演催化剂的角色，发展利益相关者与不断提升的营销预算间的合作关系；通过将加州/地区品牌整合到协同营销战略之中的合作方式来促进整体地区营销计划的开发。

目的达成手段。加州旅委会成员和承包商参加地区性会晤和会谈，以推进彼此对国内和国际杠杆性合作的努力和成果；提供种子基金以刺激利益相关者之间的合作；为参与协同营销战役提供工具，并为全体通用来收集图片和数据。

完成的评估标准。提升地区营销组织会员数量；提升协同营销计划参与程度；加州旅委会担保项目和自发计划所涉及的地区乡村资产的有形性。

8 个乡村地区。Shasta 瀑布奇境；加州沙漠旅行者联合会；北部海岸旅游联合会；内陆帝国；金色乡村；高大山脊；中部海岸；中部山谷。

4. 营销策略

加州旅委会编制了下述营销策略来对应规划内容第 3 点所列的目标、目的和评估标准，每项策略均有相应行动计划。

（1）品牌建设/乡村旅游重新定位。加州乡村地区需要建立品牌认知，这有助于目的地提升其在确定的目标细分市场中的知名度。品牌是客户感知和区分目的地的途径。从效率出发，品牌应将加州能够提供的所有功能性（休闲和活动）与情感性（愉悦、文化和私密）统一到一个高度概括的形象（图像与定位表述）中以在客户心目中建立起不可磨灭的印象。

（2）调查研究。加州旅委会已通过宏观手段促进观光访问。出于对资金使用效率和最高层次机遇的强调，那些重要目标细分市场将被明确界定并进行靶向调查研究。有赖于加州旅委会的调研资源与人员能力，资金将被精确靶向用于能够产出最大成果的初始行动。

（3）产品开发。通过提供技术支持、促进和推动以及经济分析来支持乡村旅游基础设施的开发。开发出令游客难忘的产品。

（4）先进技术。开发专门的技术策略为建立乡村品牌和推动游客来访提供最佳支持，包括与加州旅委会在线策略的整合，使全州范围内的在线工作协同一致。

（5）合作伙伴/文化遗产/加州欢迎中心。使乡村旅游营销成果最大化的关键在于对建立和深入影响与加州欢迎中心及加州文化/遗产部门间潜在的合作关系。这两类组织为游客提供增值服务，包括提供向导和建立对乡村旅游地及历史/文化活动的认知——成功地将它们与其他旅游地区分开来。

（6）资金。明确具有创造性的方法为乡村旅游提供资金支持，以求将现有营销工作成果最大化和深入化。

（7）战略联盟。这些乡村旅游计划营销策略将参照加州旅委会总体上的核心战略,通过结盟方式开发编制。乡村旅游计划旨在从更深层次推动加州旅游业发展,同时长期致力于实现加州总体目标。乡村旅游策略和加州旅委会的工作相互支持、相互促进。

(8)行动计划。针对上述乡村旅游策略,加州旅委会都确定有特别行动计划,它们被设计用来保证每项策略的实施。

5. 行动计划

行动计划主要从品牌建设/乡村旅游重新定位和推广加州乡村地区现有集散场所、活动、文化遗产地和休闲设施以提升乡村地区游客量两个方面入手,采用调查研究、产品开发、先进技术、合作伙伴、文化遗产、加州欢迎中心、资金等手段,分为近期(0~18个月)、远期(19~36个月),进行了行动计划的详细安排。

6. 加州文化与遗产委员会

加州文化与遗产委员会在对很多不同方面内容加以整合以发展加州文化与遗产旅游的工作中扮演着主要角色,其中包括遗产保护、旅游开发、经济发展、手工艺品、本地居民、私人企业、当选官员和公有土地管理者等。这些工作的目标在于提供真实且高品质的全方位体验和经历,这些体验和经历来源于独特的土著文化、历史、文化景观、对场所和手工艺品的认知,以及特定场所或遗产地的农业和其他乡村产业。人们到加州旅行以探寻感受这些场所,而它们的独特性则来自历史、生机勃勃的景观和加州丰富的多元融合文化。

本部分对加州的文化遗产旅游做了简要介绍,并对加州开发文化遗产旅游的优势、劣势、机遇、威胁做了 SWOT 分析,提出了加州开发文化遗产旅游的战略导向(包括核心目标、核心战略等方面)。

7. 加州欢迎中心

加州欢迎中心(CWC)是遍及全州的官方欢迎中心网络。在州内几乎所有地区,CWC 为旅游者提供信息、资源和物质担保以鼓励他们延长停留时间。CWC 在所有方面为加州旅行业担当专属助理的角色。

参议员比尔一篇写于 1983 年的文章为在 1994 年建立加州欢迎中心网络铺平了道路。每个 CWC 都是独立运作的,并向加州政府上交 5000 美元的年费。现在共有 13 家 CWC,其分布如图 9-4 所示。

图9-4 CWC 分布

## 案例二 通过乡村旅游发展文化产业
—— 中国绵竹年画村乡村旅游景区总规思路及修建性详细规划

四川绵竹年画起源于宋代，与天津杨柳青、山东潍坊、江苏桃花坞一起被誉为"中国年画四大家"，并于2006年被列入首批国家非物质文化遗产名录。绵竹年画以彩绘见长，具有浓厚的民族特点和鲜明的地方特色。与其他诸家年画不同的是，线板刻印之后，全靠人工彩绘，从不套色制作，经过不同艺人的手笔，呈现出不同的风格，同一个艺人绘制不同的画幅也会产生不同的趣味，这也正是绵竹年画的绝妙之处。

绵竹年画在明末清初已进入繁盛时期，在乾隆、嘉庆年间，全县有大小年画作坊300多家，年画专业人员1000余人，年产年画1200多万付（对）。然而，在社会经济的变迁中，绵竹年画逐渐衰落，大多数村民都选择务农或外出打工为生，从事年画制作者寥寥无几。

2008年"5·12"汶川特大地震的发生使绵竹各项事业遭受严重毁损，年画村也未能幸免于难，大量年画资料、制画工具、雕版及商品被破坏。震后，绵竹市以杨振之教授及其团队编制的《中国绵竹年画村乡村旅游景区修建性详细规划》作为绵竹年画村灾后重建的指导性规划，在江苏省的援建下，年画村发生着翻天覆地的新变化。

白墙黑瓦，小桥流水，炊烟人家，还有白墙上一幅幅绚丽多彩、喜庆祥和的年画，如今的绵竹年画村已经不再是曾经那个贫穷落后的村落，而是成了一座散发着浓郁民俗风情和乡村生活气息的年画艺术馆。

成功创建了国家 AAAA 级旅游景区的年画村，已有农家乐 40 余处，可同时接待游客 4000 余人，[①] 仅 2011 年"五一"期间，就接待游客 25000 余人，全村人均纯收入从震前的不足 4000 元增至 2010 年的 8616 元。[②] 更有一批年画作坊、年画展示销售中心、年画培训教室、老艺人工作教室、年画传习所等经营着年画，产业红红火火地发展。作为灾后重建、新农村建设和乡村旅游发展的示范性工程，绵竹年画村得到了社会各界的高度评价与媒体的争相报道，国务院总理温家宝、全国政协主席贾庆林、中央政治局常委李长春等党和国家领导人都先后对年画村进行了详细考察，2011 年，绵竹年画村规划获得"2011 年人居典范规划设计金奖"。

年画村的成功与科学合理的规划工作是分不开的，特别是在非物质文化遗产的保护与传承方面，《中国绵竹年画村乡村旅游景区修建性详细规划》确有可圈可点之处。

根据《中华人民共和国非物质文化遗产法》的规定，非物质文化遗产"是指各族人民世代相传并视为其文化遗产组成部分的各种传统文化表现形式，以及与传统文化表现形式相关的实物和场所。包括：传统口头文学以及作为其载体的语言；传统美术、书法、音乐、舞蹈、戏剧、曲艺和杂技；传统技艺、医药和历法；传统礼仪、节庆等民俗；传统体育和游艺；其他非物质文化遗产"。非物质文化遗产是人类历史所积淀下来的吉光片羽，是一个民族在长期的发展进程中最独一无二的思想、精神和文化的凝结。非物质文化遗产的保护和传承，不仅是每一代人义不容辞的责任和义务，更是曾强文化软实力的必要之举。

随着旧有的生活模式被逐渐取代，依附其上的文化形式也将慢慢地消亡。"在中国，每分钟都可能有一位老艺人、一门手艺或一首民歌消失"，一方面非物质文化遗产保护的紧迫性不言而喻，另一方面非物质文化遗产的保护较之物质文化遗产的保护更加复杂和艰巨：一是传承人的培养问题。物质文化遗产只要不丢失不损坏就可以长期存在，非物质文化则是依托于人的存在而得以延续和发扬，人在则在，人亡则亡。保护人和观念，要比保护物质更困难。二是保护的完整性问题。文化遗产是累积的遗产，它既是历史的积淀，也是今天的现实和未来

---

① 四川灾后重建网，http://zhcj.newssc.org/system/2011/05/19/013175146.shtml
② 新浪新闻，http://news.sina.com.cn/o/2011-05-12/135022452220.shtml

发展的源泉。对于以代代相传的方式来传承的非物质文化遗产，则更加难以完整地保存下来，如何恰当处理保护和发展的矛盾，是令我们感到两难的问题。三是传承人的个体利益问题。每个人都有追求美好生活的权利，以非物质文化遗产保护的名义牺牲传承人的个体利益是不道德的，如何保障非物质文化遗产传承人的个体利益是我们应该妥善处理的重要问题。

《中国绵竹年画村乡村旅游景区修建性详细规划》从以下几个方面解决了这些问题：

（1）以传承人的保护为核心。该规划设计了老艺人作坊作为陈兴才老艺人的工作室，让游客可以亲身感受中国民间绝技的制作工艺，同时这里也是年画村的一个主要旅游特色商品购物点。今年93岁高龄的陈兴才老人是绵竹南派年画的第八代传人，他的儿子、儿媳、孙媳，以及孙子陈钢——绵竹南派年画第九代传人都参与到年画作坊的经营中，2010年陈家年画收入超过10万元，盖了新房还买了汽车。此外，还有年画艺术村、年画艺术家部落和年画传习所等进行年画艺术的交流与培训，既能培养年画艺术的传承人，又能增添年画村的景观和艺术氛围，还能提高年画村的人气，带动特色餐饮、娱乐等项目的发展。

（2）绵竹年画的产业化发展。该规划设计了年画商业区和年画交易市场作为年画创作销售基地，并提供相应的市场配套服务，形成强大的年画产业园，力争打造国内最专业、最具影响力的年画交易市场。根据消费者的喜好创造性地开发一些年画村形象纪念品、文化产品系列、旅游日用品等系列产品。保护是非物质文化遗产项目产业化运作的目的，但也必须考虑相应的市场回报，否则产业化运作将难以为继。因此，要在科学保护的前提下进行合理的开发利用，让历史的遗产造福当今的社会，融入现代人的生活。

（3）全社会参与保护。该规划设计了年画湖、年画艺术廊、年画博物馆和年画广场等作为游客欣赏年画艺术和休闲的空间，以实现对游客年画艺术的传播和整体景观价值的提升。文化遗产是大众的，最终也必须依靠大众来保护，年画村让人们走近绵竹年画，了解绵竹年画，热爱绵竹年画，并保护绵竹年画。

# 附件

## 附件一 绵竹年画村总体规划思路纲要

### 一、规划范围

范围界定：东以德阿路为界，西以成青路为界，北以江苏工业区为界、西南以射水河为界，东南以成绵高速复线为界。

涉及行政村：射箭台村、大乘村、金星村、桂兰村。

规划面积：7.02平方公里。

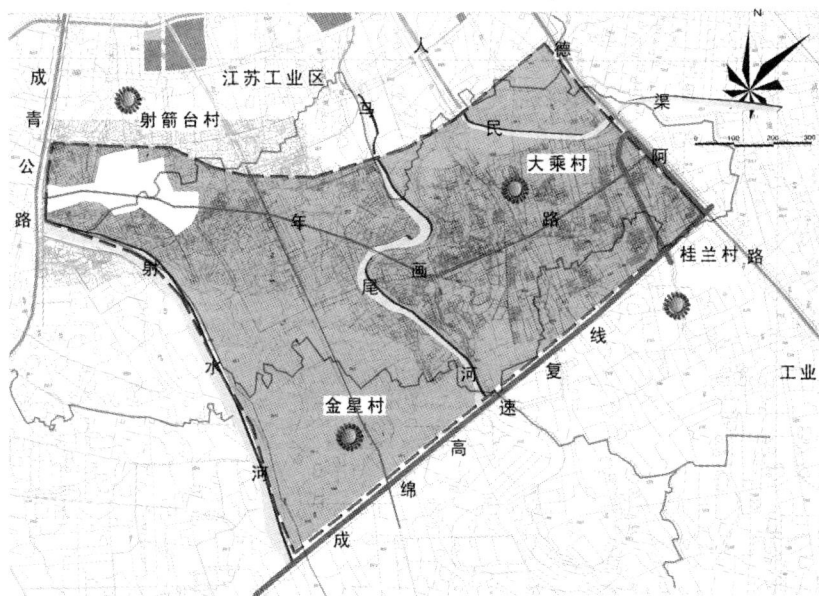

图9-5 绵竹年画村总体规划范围图

### 二、宏观发展战略

在分析绵竹年画村现状、区位、资源、产业发展、市场发展等因素的基础上，我们总结出其宏观发展战略：

1. 同城化时代下的年画村——年画村旅游即将步入同城化时代

"十二五"期间，成都经济区将加速构建以成都为中心的成德绵乐同城化战略，首先将实现的成德同城化。随着成绵乐"城际铁路"、成德绵高速路复线的建设，德阳将步入半小时经济圈。2011年是德阳融入成都经济圈的开端之年，也标志着绵竹年画村正式步入同城化时代，将获得前所未有的发展机遇。

2. 龙门山旅游主体功能区下的年画村——年画村有望成为龙门山生态旅游功能区的外拓区

国家主体功能区规划将国土空间划分为优化开发、重点开发、限制开发和禁止开发四大功能区域。在生态脆弱和自然灾害危险性大的地区严格控制工业化城镇化的政策下，龙门山生态旅游功能区适时而生，龙门山开创了我国建设旅游主体功能区的先河。

目前，龙门山生态旅游功能区已进入启动建设阶段，年画村作为龙门山的山前地区，随着成都经济区一体化的推进，具有成为龙门山生态旅游功能区的外拓区的机遇。

3. 成都经济区一体化的年画村——年画村有望成为成都经济区成德旅游合作区

2010年以来，成都经济区区域合作已进入实质性阶段，成都经济区的旅游业发展，必将要突破行政区划的局限，走区域旅游一体化的道路，形成主题互补、功能互补、产品互补的旅游产业区格局。

### 三、总体定位

1. 主题定位

中国绵竹年画村乡村旅游示范区。

2. 发展目标

打造三大国际品牌。

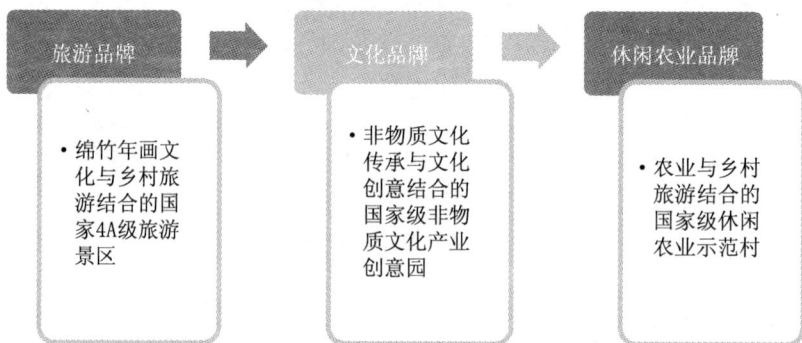

| 旅游品牌 | 文化品牌 | 休闲农业品牌 |
|---|---|---|
| ·绵竹年画文化与乡村旅游结合的国家4A级旅游景区 | ·非物质文化传承与文化创意结合的国家级非物质文化产业创意园 | ·农业与乡村旅游结合的国家级休闲农业示范村 |

3. 形象定位

中国绵竹年画村——中国最美乡村艺术村。

4. 功能定位

年画体验——以绵竹年画为核心，汇集各地年画，形成年画文化创意产业园区及其他非物质文化和民俗民间文化传承基地。

农业休闲——以观光农业为载体，打造乡村休闲娱乐项目，成为以成都为中心的环城游憩带上重要农业休闲景区。

乡村度假——以乡村景观为依托,以乡村度假为主题,打造国家级乡村度假旅游品牌,形成成都城市群商务会议及市民休闲度假基地。

年画村与孝德新城的功能关系:年画村与孝德新城相距4公里,通过德阿路连接,交通便捷。孝德新城是年画村未来发展的多功能综合配套服务区,包括大型节庆、会议会展,综合配套服务。

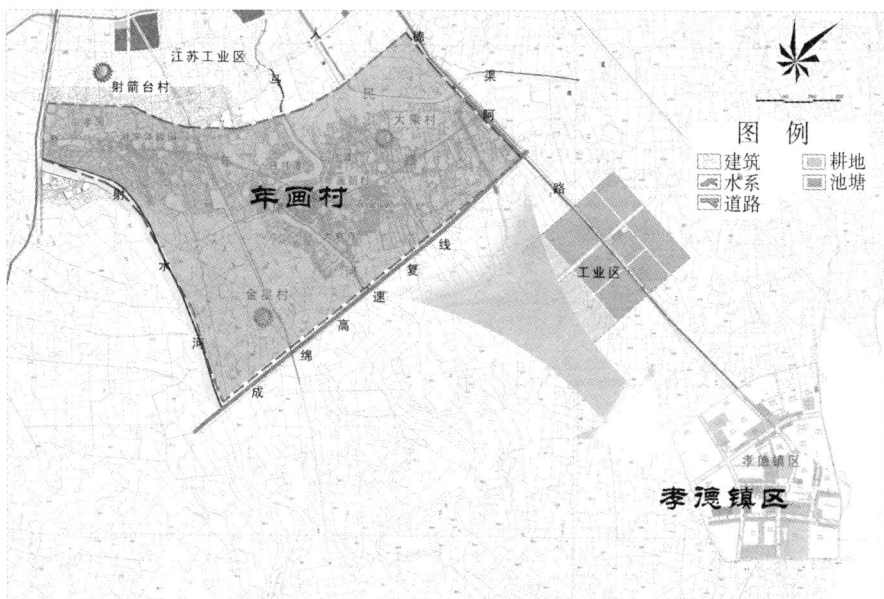

图9-6 年画村与孝德新城的功能关系图

5. 产业定位

由旅游业、年画文化产业、有机农业、旅游地产业四大产业组成可持续的、可循环的近郊乡村产业生态链,实现农村产业结构调整升级和土地资源效益最大化。

6. 产品定位

以年画文化为特色的乡村休闲旅游区。

7. 市场定位

(1)按客源地划分。基础市场——成都经济区游客;主力市场——成渝两地城市群游客;机会市场——到四川来旅游的外地游客。

(2)按游客特征划分。按游客特征分类见表9-1。

表 9-1　按游客特征分类

| 按年龄划分 | 中年游客为主，以青少年、老年为辅 |
| --- | --- |
| 按收入划分 | 中等收入游客为主，以中等收入偏上为辅 |
| 按购买时间划分 | 以双休日、节假日游客为主，带薪假游客为辅 |
| 按购买方式划分 | 团队型、家庭型、伙伴型游客为主，以商务会议型游客为辅 |
| 按停留时间划分 | 停留 1~2 日的游客为主 |
| 按旅游目的划分 | 以乡村观光、休闲度假游客为主，娱乐运动、会议会展为辅 |

**四、规划思路**

1. 开发理念——进行"五化"升级、打造 4A 级旅游景区

| 文化资本化 | ·将绵竹年画文化资源转化成文化资本，打造绵竹年画文化产业创意园区，以文化产业带动乡村产业长级。 |
| --- | --- |
| 土地集约化 | ·将农业的土地资源转化为土地资本，从粗放型的土地利用方式转化为高效集约化利用。 |
| 产业立体化 | ·从现在单一型农村产业结构发展成为立体化的城乡综合产业区。 |
| 乡村景区化 | ·从现在景观与功能比较单一的自然村庄发展成为国家 4A 级乡村旅游景区。 |
| 社区参与化 | ·社区高度参与的联合经营、与当地村民形成利益共同体，解决三农问题，农民增收问题。 |

2. 总体思路

（1）以旅游业为核心引擎，促进旅游、文化、农业互动发展。以旅游业的市场需求为导向，将年画文化、忠孝文化、农业产业、乡村风光有机整合，构建文化灵魂、乡村环境、农业产业三位一体乡村产品体系，打造中国绵竹年画文化与四季花果交相辉映的乡村旅游区。

（2）以年画和忠孝文化为核心资源，推进文化资源向文化资本转化。通过对绵竹年画和忠孝文化等重要文化的保护与传承，充分挖掘年画文化和忠孝文化的内涵魅力，引进文化新业态，打造文化新空间，演绎文化创意新产业，延伸文化产业链，实现文化资源向文化资本的转化。

（3）以乡村田园为景观环境，提升乡村观光休闲度假品质。将农业产业打造和乡村风貌整治有机结合，形成四季优美的乡村田园和林盘村落景观，依托良好的自然环境和独特的文化氛围，演绎时尚主题农庄休闲方式，构建高品质的乡村旅游和休闲度假产品。

3. 功能分区——三区两核一带一轴

（1）三区。三区为：年画文化创意园区、现代农业示范园区、乡村滨水休

闲度假区。

（2）两核。两核为：年画与忠孝文化休闲体验区、乡村休闲娱乐服务区。

（3）一轴。一轴为：中国年画景观轴。

（4）一带。一带为：乡村湿地休闲带。

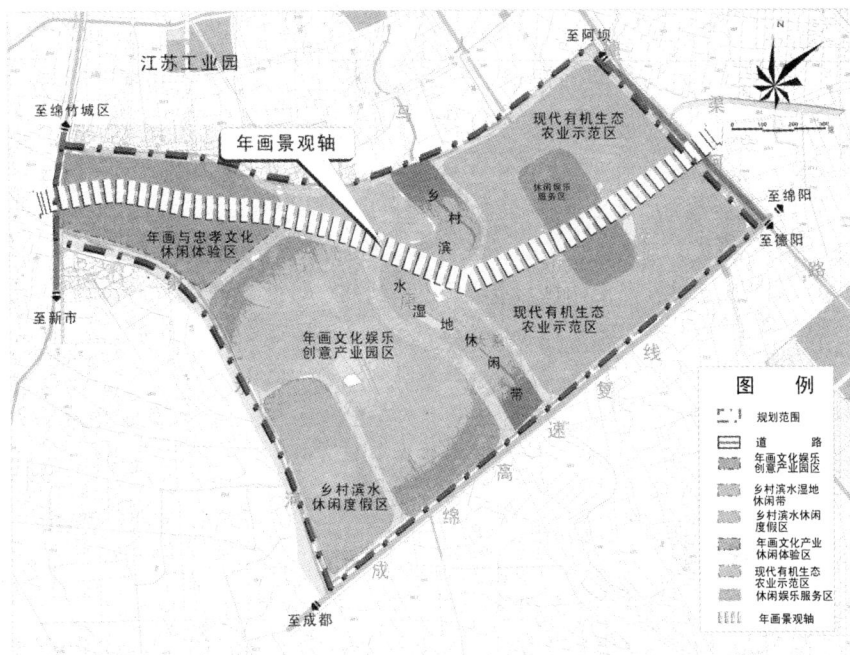

图9-7　绵竹年画村总体规划功能分区图

## 五、"三农"保障政策

### 1. 解决途径

"三农"问题是我国目前城镇化进程中面临的最重要的问题，也是未来年画村扩容升级必须解决的问题。"三农"问题的关键是解决好"农地"、"农业"和"农民"问题，最终实现农民收入增加、农民生活改善、农居环境提升。

（1）农地问题解决策略——土地流转。未来农民将全部集中居住，同时将行政配套、生活配套、公共基础设施等集中规划，从而最大限度地合理利用资源。通过流转得以重新利用的宅基地、农业用地将可以为农民获得更大的收益。

（2）农业问题解决策略——产业升级转型。按照土地利用规划，在不改变土地性质，保障用地指标的基础上，对规划范围内进行空间管理和产业规划。其中，产业规划将以农业产业为基础、文化产业为核心、旅游业为重点，进一步带动旅游地产和其他相关产业的发展。

（3）农民问题解决策略——角色转换。通过规划，乡村的面貌焕然一新，农民的生产生活方式重新构建，当地居民的角色随之转变，由原来靠土地吃饭的传统"农民"，转变为"新农民"——他们居住在生活配套完善的社区，拥有社区养老和医疗保险，在高科技农业园区、文化产业园区、旅游企业、景区等从事相关工作，靠出租或转让土地使用权每年获得高额分红等，从而完成角色的转变。

2. 保障措施

（1）农地保障。保障耕地，在进行土地流转和进行实地旅游开发的过程中，保证基本农田的性质不发生改变，保证不占用基本农田的指标。

（2）就业保障。保障就业渠道，在进行旅游项目或地产项目开发时，要优先解决当地居民，特别是占用其土地使用权的农民的就业问题；保证就业质量，对当地居民就业进行免费的就业指导和职业技能培训，成立工会组织和就业咨询机构，为当地居民提供免费的就业咨询和指导。同时通过将职业技术学校与就业单位直接挂钩，对当地居民进行专业技能培训，进一步保障就业途径。

（3）生活保障。为当地居民建立由社区统筹的养老保险、失业保险、医疗保险等，保障当地居民的医疗、就业及子女受教育问题。

## 附件二　中国绵竹年画村乡村旅游景区修建性详细规划（部分）

### 一、规划范围

绵竹年画村主要由石墙村和射箭台村部分用地构成，包括入口综合接待服务区、年画民俗文化体验区、乡村田园风光区、年画商业交易区等板块。本次详细规划范围东距德阿快通2.5公里，南距射水河200米，西接成青路，北距人民渠1公里，规划面积约为450亩。

### 二、总体布局与功能分区

根据年画村今后的发展趋势、客源市场需求、产品结构和用地类型等条件，绵竹年画村总体结构布局及功能分区为"一心两翼四区"。其中"一心"是指依托现有的村庄发展的绵竹年画体验游览中心；"两翼"是围绕中心东西发展的乡村旅游发展翼与年画产业发展翼两个片区；"四区"分别为入口综合接待服务区、年画民俗文化游览体验区、乡村田园风光区和年画商业交易区等4个功能区。

### 三、各片区重点建设项目详细规划

绵竹年画村详细规划见图9-8。

1. 入口综合接待服务区

年画遗产廊道

趣味田园

荷塘花色

翠堤烟柳

田园人家

生态停车场

综合接待办公楼

入口山门牌坊（见图9-9）

2. 年画民俗文化游览体验区

年画艺术廊

年画博物馆（见图9-10）

年画湖（见图9-11）

年画广场

老艺人作坊

年画艺术村（见图9-12）

年画艺术家部落

3. 乡村田园风光区

根据本项目基本农田保护原则，在年画民俗文化体验区外围北部可根据资源现状，对田园风光进行整治梳理，添加一些乡村景观小品在内，规划建设成具有典型乡村特色的田园风光区。

4. 年画商业交易区

年画商业区

年画交易市场

# 第十章　乡村旅游产业的转型升级

产业结构失调是"十二五"时期我国旅游业发展面临的主要问题之一。[1] 目前，我国的乡村旅游产业也普遍存在着产业结构失调的问题，突出表现在产业功能单一、产业链短、产业间合作少、融合程度低等方面，亟须转变发展方式，优化产业结构，以提高乡村旅游的总体竞争能力。

## 第一节　乡村旅游产业结构优化升级

乡村旅游产业的转型升级归根结底是乡村旅游产业结构的优化升级问题，不可否认，产业结构的优化调整已成为一个地区乡村旅游业发展的重中之重，它是实现旅游经济增长方式从粗放型转向集约型升级、从低附加值转向高附加值升级的重要手段。不论是出于乡村旅游市场需求变化的外在驱使，还是乡村旅游自身可持续发展的内在要求，乡村旅游只有进行产业上的转型升级才能优化产业结构，实现上高度、可持续的跨越式发展。

我国学者关于乡村旅游产业转型升级的理论研究方面，吴必虎、伍佳（2007）在分析国内乡村旅游发展形势和国外部分发达地区经验的基础上，从产品、营销和市场拓展三方面提出针对我国目前乡村旅游产业的升级建议和设想。王婉飞、单文君（2008）在描述中国乡村旅游发展现状的基础上，以浙江省德清县乡村旅游为例，总结其乡村旅游类型和经营模式，得出要实现乡村旅游可持续发展必须从产品、模式、营销三方面进行产业提升。徐福英、刘涛（2010）认为我国乡村旅游在产业层面转型升级主要体现在产业功能的转型与升级、产业结构的转型、产业链的本地化和纵深化、产业运作方式的转变四个方面。以上学者虽然都对于乡村旅游产业转型与升级提出了独到的见解，但还缺乏充分的阐释和具有指导性的思考总结。

---

[1] 王志发. 把旅游业培育成战略支柱产业. 中国经济网·经济日报，http://views.ce.cn/view/society/201009/29/t20100929_21857180_2.shtml

## 一、我国乡村旅游的产业发展阶段

国内已有不少学者对我国乡村旅游产业发展阶段进行了划分。冯红英（2007）认为经济发展水平是划分乡村旅游发展阶段的重要依据，将乡村旅游的发展大致划分为初始阶段、迅速发展阶段和成熟阶段，并总结了各个阶段的不同特征。盘晓愚（2009）将乡村旅游的发展分成初创、产业形成、全面发展三个阶段。姜财辉、陈永昶（2006）指出乡村旅游正常的发展阶段是从乡村观光旅游到乡村休闲旅游再到乡村度假旅游，乡村度假旅游是乡村旅游发展的高级阶段。郭焕成、韩非（2010）认为乡村旅游在中国先后经历了早期兴起阶段、初期发展阶段和规范经营阶段，从最初的资源特色主导、农业产业主导和政府扶持主导过渡到了现今的市场主导。王云才、许春霞、郭焕成（2005）指出我国乡村旅游从开发模式上以农业观光和农家乐为主体，乡村旅游不仅仍处在低水平开发阶段，未来的乡村旅游将具有田园风光观光、休闲度假、自然生态和民俗文化专项旅游的综合功能。

已有的乡村旅游发展阶段的划分方式，主要是以乡村旅游产业规模和经济发展水平为依据。我国的乡村旅游较国外而言，起步晚，发展程度低，参考乡村旅游发达国家经验，从产业发展形态的角度，我们可以将乡村旅游划分为三个阶段：

1. 农家乐阶段，在消费形态上呈现出低消费、短停留的特点

"农家乐"发端于20世纪80年代中期的成都郊区，并逐渐扩散到整个成都平原、四川盆地直至全国，带动了中国最早期的乡村旅游发展。"农家乐"采取的是个体化、小规模经营形式，农民自己在家中当老板，依托农村良好的自然生态环境和朴素的乡风民俗，按照"进农家院、吃农家饭、喝农家酒、饮农家茶、干农家活、住农家屋、享农家乐"为特色的"农家乐"乡村旅游模式为游客提供旅游产品，以满足游客吃饭为主，建有档次较低的住宿设施和行游设施。农家乐阶段的乡村旅游缺乏规划，自然生成，产品形式单一，消费低廉，一定程度上提高了农民的经济收入和生活水平。

2. 观光、休闲农业阶段，在消费形态上呈现出中高消费、可能过夜的特点

此阶段开始于90年代后期，此时的乡村旅游大多进入到景区管理阶段，开始统一规划、统一建设、统一管理、统一营销，乡村环境也得到了整治，基础设施与服务设施得到了有效改善，社会资本开始投资乡村旅游项目，第一产业与第二、三产业开始融合发展，如成都著名的三圣乡红砂村，依托花卉产业发展观光农业和休闲农业，被评为我国农业和旅游业发展的示范性乡镇。

从农家乐阶段到观光农业、休闲农业阶段，乡村旅游获得了三大提升。一是实现了经济功能的提升，发展观光农业和休闲农业促使农业产业走向集约化、规

模化经营，虽然由于土地制度的限制，集约化和规模化水平并不高，但提高了农业生产力水平和农产品附加值；二是实现了农业产业的旅游功能提升，观光农业和休闲农业更加注重农业的旅游功能，如依托农业集约化、规模化生产而发展起来的有机农产品采摘、休闲农场、市民农园等乡村旅游产品；三是提升了乡村体验，观光农业和休闲农业的发展带来农业产业化程度的提高，而农业产业化程度的提高又进一步为乡村旅游提供了环境背景和游客直接参与体验的基地，能够增进游客对乡村田园生活的体验度。

3. 乡村度假阶段，在消费形态上呈现出高消费，较长时间居住的特点

乡村度假游客的停留时间、消费水平和重游率较前两个阶段有很大提高，但较之滨海度假、城市度假等度假方式消费更加低廉。乡村度假对乡村旅游目的地在环境、服务质量、设施水平、度假氛围和舒适程度等方面提出了更多的要求。我国乡村地区面积广大，各地区几千年以来形成了特色各异的田园风光和文化形态，为我国乡村度假的发展提供了资源条件。再者，随着国内居民收入的提高，节假日制度的完善和带薪假期的推行，使乡村度假旅游发展契机良好。

我国目前的乡村旅游总体而言尚处于第一阶段和第二阶段，为了广大农村地区的可持续发展、农民生活水平的提高以及乡村文化保护和传承，应转变思路，积极探索有效途径，实现乡村旅游产业的优化升级。

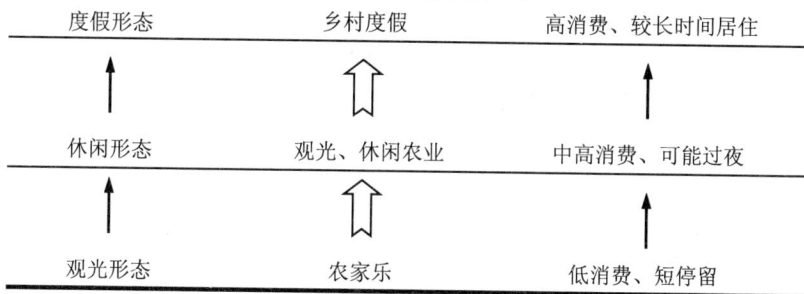

| 度假形态 | 乡村度假 | 高消费、较长时间居住 |
| 休闲形态 | 观光、休闲农业 | 中高消费、可能过夜 |
| 观光形态 | 农家乐 | 低消费、短停留 |

图 10 - 1　乡村旅游产业结构升级模式

# 二、乡村旅游产业结构的优化升级

所谓旅游产业结构（Structure of Tourism Industry）是指旅游产业各部门、各地区以及各种经济成分和经济活动各环节的构成及其相互比例关系。[①] 优化升级旅游产业结构，目的在于保证旅游业的发展与市场需求和生产力发展相适应，进而更加有效地配置资源，保证经济增长和旅游业可持续发展。

---

① 杨振之，陈谨. 论我国旅游业产业结构的优化调整［J］. 云南民族学院学报：哲学社会科学版，2002（9）

乡村旅游的产业转型升级，需要通过乡村旅游产业结构的优化升级来实现，深化与第一、第二产业以及第三产业内其他现代服务业的融合发展，并最终落实到旅游业生产力六要素——吃（旅游餐饮业）、住（旅游宾馆业）、行（旅游交通业）、游（旅游景观业）、购（旅游商品业）、娱（旅游娱乐业）上面来。

1. 以产业融合促进乡村旅游产业结构优化升级

随着我国生产力水平的不断进步，以及科技化、信息化进程的加快，产业融合发展成为了我国经济发展的一大重要趋势，正如本书第七章所论述的那样，产业之间的融合发展能够增长产业链条，增加产业边际效益，有效调整产业结构，以及促进新兴产业、边缘化产业的诞生。

乡村旅游产业结构的优化升级应根据各地区的经济发展水平和产业特色，积极寻求乡村旅游同第一、第二产业以及第三产业中其他现代服务业融合发展的有效方式，以促进乡村旅游产业结构的优化调整，并推动产业创新，更新产业业态，形成集农业产业化发展、农产品深加工、乡村文化创意产业、农业观光、休闲农业、乡村度假于一体的第一、二、三产业的联动发展。

此外，作为产业融合的重要动力，科技和信息的投入也是乡村旅游产业结构优化升级的必要条件，未来旅游业的发展中，科技和信息要素将扮演不可或缺的角色。高科技融入乡村旅游能够减少游客乡村体验活动之外的交通、咨询、购买等环节的消耗，为其提供更加方便快捷的旅游服务和轻松愉快的乡村体验。与信息业融合将推动乡村旅游实现新发展：一是旅游电子商务普及应用加快，旅游和信息向深度融合推进；二是3G等先进技术和移动商务的推广应用，真正实现以人为中心的旅游电子商务应用。① 当然，在这个过程中，必须注意避免现代科技的痕迹对淳朴"原乡"意境的破坏。

2. 乡村旅游六要素的优化调整

从乡村旅游的农家乐阶段到观光、休闲农业阶段，再到乡村度假阶段，不同的产业发展阶段，旅游者乡村旅游体验和消费的侧重点不同，则要素的投入比例不同，对各要素的需求程度也不同。

（1）要素之间合理投入、协调发展。在乡村旅游的农家乐阶段，"吃"的投入比重较大，即乡村旅游餐饮业是六大旅游业要素中满足游客需求最大的部门，其次是"行"和"游"两大要素，有一部分"住、购、娱"产品的供给，但都品位不高。

在乡村旅游发展的观光、休闲农业阶段，"吃"依然是此时乡村旅游产品供给的重要部门，"行、游"要素的投入比例大大提高，为游客提供了更便捷的交通和更加丰富的乡村旅游产品，如水果采摘、民俗展示、乡村牧场等，因此也有

---

① 旅游"十二五"规划对旅游业发展的重大意义．中国政府网，http：//www.cotsa.com/News/T-41978

游客购买一些有机农产品、时令瓜果等,"住、娱"的档次和种类依然十分有限。

在乡村度假阶段,在提升"吃、行、游、购"的产品质量和特色的基础上,"住"和"娱"升级为乡村旅游最主要的要素部门。这时,需要打造种类丰富、特色鲜明的乡村度假居住场所供旅游者较长时间停留、居住,并为其提供田园健身、养生和户外运动、休闲等游娱项目。

(2) 要素内部提升品质、创造体验。旅游餐饮业:旅游餐饮业量大、面广、质低,有特色和文化品位的产品不多。旅游餐饮业与一般餐饮业的不同之处在于,旅游餐饮业不仅要满足旅游者吃饭的生理需要,还要作为其旅游经历的重要内容增加其旅游体验,是一个地区地理、历史、文化的重要载体。因此,旅游餐饮业应在符合相关卫生标准的基础上,着力发掘地方名食,为旅游者烹饪出回味无穷的旅游体验。

旅游宾馆业:目前乡村居住产品种类和层次都较少,难以满足不同爱好、不同消费水平旅游者,特别是乡村度假旅游者较长时间在乡村停留、居住的需求。

交通运输业:我国居民人口多、出游时间集中,旅游交通压力大、费用高,虽然乡村旅游目的地多位于城市近郊,交通通达性的问题相对而言不是很突出,但也应积极完善旅游内、外部交通体系,尤其是注意构建科学、便捷、生态良好、文化性强的慢游体系,增强旅游者的乡村体验。

旅游景观业:我国幅员辽阔,地域差异大,几千年来不同的地理、历史和文化造就了乡村地区不同的地域特色。乡村旅游景观的营造,一方面,要充分尊重并保持乡村传统居住特色和"原乡"意境;另一方面,要积极推动农业产业化发展,促进农业生产力和农民生活水平的提高,并形成特色突出的大地景观。

旅游商品业:乡村旅游除了就地销售蔬菜瓜果、禽肉蛋奶等土特产,还应通过引导资本和民营企业的介入,开发传统手工艺等特色旅游商品。不仅能够起到保护和传承传统民间文化、提升乡村旅游目的地旅游形象的作用,还能增加农民就业和工资性收入,改善农民生活水平。

旅游娱乐业:乡村旅游娱乐应突出娱乐的乡村性,通过提供田园健身、田园养生、户外运动、乡村民俗节事活动等旅游娱乐产品,让旅游者更好地亲近自然,体验淳朴乡风民俗。

# 第二节 以乡村度假引领乡村旅游产业转型升级

欧美发达国家的旅游者最喜欢的旅游方式是度假,其乡村度假旅游产品是在游客旅游需求的基础上,由观光农园等其他乡村旅游产品扩展和延伸而来,如德国的"度假农庄"、意大利的"绿色度假"、日本的"度假农业园"、法国的"乡村度假庄园"、澳大利亚的"休闲牧场"、美国的"度假农庄"及观光牧场等。①
目前，在世界范围内，乡村度假成为仅次于海滨度假的第二大度假产业。②

中国的乡村度假发源于20世纪80年代的广西阳朔，是由一位叫帕特的美国
入境度假游客带动起来的，③发展至今，形成了如北京密云红酒庄园、海南博鳌
分时度假、杭州山沟沟、千岛湖家外家、成都大邑县全域度假等一批乡村度假产
品。从国外乡村旅游发达国家的经验看来，乡村度假是乡村旅游的高端产品，也
是一个国家社会经济发展到一定阶段的必然趋势。我国乡村旅游的发展需要在观
光农业和休闲农业的规划建设中融入度假旅游，以乡村度假引领乡村旅游产业的
转型升级。

## 一、国外乡村度假的发展历程

国外乡村度假与度假旅游类似，起初是以少数极其富有的人物为度假主体
的。④工业革命以后，贵族们虽已经生活在城市，但仍然保留着原有的乡村庄
园。在闲暇时间，他们偕同亲朋一起，回到庄园度假，进行骑马、狩猎、垂钓、
野餐等活动，并举办或参加各种社交活动，因此乡村庄园度假是当时贵族生活方
式的重要内容。⑤"二战"前后，工人的度假意识逐渐觉醒，他们为争取自己的
度假权利作了一系列努力和斗争，并最终取得了更多的度假权利。⑥"二战"以
后，乡村度假逐步走向大众，同时，由于英国等西方发达国家居民生活水平的提
高和自驾车拥有者数量的增加，乡村度假的旅游方式也得到了更快的发展（Vic-
tor T. C. Middle – ton, 1982）。在法国，1954～1955年只有145家乡村住所，到
1980年已经达到28000家，⑦增长了近200倍；在美国，1980年进行的一次全国
居民调查的结果显示，30%的居民知道农庄度假旅游，36%的居民认为在农庄度
假十分吸引人，18%的居民认为会在未来去农庄度假；⑧在英国，有一半以上的
专职农民已经发生了转变，绝大部分投入到与度假旅游相关的活动中，并获得了
每年超过1亿英镑的额外收入；在整个欧洲，有1/4的居民选择乡村作为他们的

---

① 徐清. 我国乡村度假旅游开发研究. 山东师范大学学报（自然科学版），2006（4）

② 唐代剑. 中国乡村度假简论. 商业经济与管理，2006（7）

③ 秦剑峰. 乡村旅游：中国旅游名县的第二次创业 [J]. 当代广西，2004（2）

④ ROBERT CHRISTIE MILL. 度假村管理与运营 [M]. 李正喜译. 大连：大连理工大学出版社，
2002

⑤ 李伟. 论我国乡村旅游的发展取向 [J]. 昆明大学学报，2007，18（2）

⑥ SAMUEL N. Free time in France：A historical and sociological survey [J]. International Social Sci-
ence Journal, 1986, 107

⑦ FRATER JULIA M. Farm tourism in England [J]. Tourism Management, 1983（9）

⑧ PIZAM A, POKELA J. The vacation farm：a new form of tourism destina – tion [M] //HAWKINS D
E, SHAFE E L, ROVELSTAD J M. Tourismmarketing and management. Washington, DC：George Washington
Univer – sity, 1980

度假目的地。① 20 世纪 90 年代初，澳大利亚、德国、法国和英国都有 20000 ~ 30000 座度假农庄。②

很多国家的乡村度假一开始是在政府的推动下发展起来的。1950 年法国政府最先实施了"Gites Ruraux"计划，扶持农民把闲置农屋改建成乡村旅舍，来减缓乡村人口向城市移居的速度。在英国的乡村地区，政府投资把公园和城堡建设成为乡村度假的基础设施，同时给予那些发展乡村度假的农户一定的经济支持。③ 英国在 1988 年成立了农场度假局（Farm Holiday Bureau），它由提供乡村度假的农场家庭组成的全国网络构成，每个会员分属于由当地政府代表的地区委员会。该局最重要的贡献就是每年设计、制作乡村度假指南。④ 美国的乡村旅游手册——"美国乡村度假"（Country Vacations USA）的出炉迎合了美国乡村度假者的特殊需求。⑤

## 二、乡村度假的定义

国外文献涉及乡村度假的概念有：country vacation/holiday（农村度假）、farm vacation/holiday（农场度假）、manor vacation/holiday（庄园度假）和 rural vacation/holiday（乡村度假），它们都属于该研究的范围。国外对乡村度假较典型的定义为度假者花费大量的自由支配时间在农庄、农场或者乡村进行休养、娱乐活动的一种度假行为。⑥ 其主要要素是"只提供早餐的家庭式旅馆"，这些家庭式旅馆都是小规模、传统化经营的。⑦

我国已有的研究中，唐代剑（2006）指出乡村度假即是在乡村度过自己放假或休息的时间。姜财辉、陈永昶认为（2006）乡村度假旅游是依据乡村特有的自然和人文环境而开展的度假旅游活动，是一种高尚综合性旅游消费形式。翟嫒、陈鹏（2011）认为乡村度假是以乡村景观资源（包括自然景观和文化景观）为依托进行的一种休闲度假行为，以农户为经营主体，是乡村旅游发展的更高阶

① RICHARD SHARPLEY. Flagship attractions and sustainable rural tourismdevelopment：The case of the Alnwick Garden [J]. Journal of SustainableTourism, 2007, 15（2）

② STEFANG SSLINGL, Susanne Mattsson. Farm tourism in sweden：struc - ture, growth and characteristics [J]. Scandinavian Journal of Hospitalityand Tourism, 2002, 2（1）

③ ALIZA FLEISCHER, ABRANHAM PIZAM. Rural tourism in Israel [J]. Tourism Management, 1997, 18（6）

④ AVIES E T, GILBERT E T. Planning and marketing of tourism：A case study of the development of farm tourism in Wales [J]. Tourism Management, 1992（3）

⑤ ALIZA FLEISCHER, ABRANHAM PIZAM. Rural tourism in Israel [J]. Tourism Management, 1997, 18（6）

⑥ ALIZA FLEISCHER, ABRANHAM PIZAM. Rural tourism in Israel [J]. Tourism Management, 1997, 18（6）

⑦ ROBINSON G M. Conflict and change in the countryside [M]. London：Bel - haven Press, 1990

段。根据黄远林（2006）的观点，乡村度假是指在乡村地区、以特有的乡村文化和生态环境为基础开展的休闲度假活动。

各项定义的观点集中在：①乡村度假是一种度假旅游行为；②乡村度假是乡村旅游发展的高级阶段；③乡村度假需要在乡村度过较长的闲暇时间；④乡村度假以乡村的自然和人文环境为依托；⑤乡村度假以农户经营为主体。

在借鉴已有定义的基础上，分析国内外乡村度假旅游活动的特征，我们可以得出乡村度假的定义：乡村度假是以在乡村较长时间居住为基本特征，以乡村体验、户外健身运动为核心，依托乡村田园风光的自然生态和乡村民俗文化，享受田园健身、养生的度假旅游方式。

## 三、以乡村度假引领乡村旅游产业转型升级

以乡村度假引领乡村旅游产业的转型升级需要从以下四个层面来解构：

### 1. 以在乡村较长时间居住为基本特征打造乡村度假

休闲度假旅游的消费特点之一就是，以散客和家庭为主要组织方式在一个地方做较长时间的停留，[1] 这就必然对度假地的居住条件提出更高的要求。

法国乡村能够成为法国家庭度假和休闲旅游的主要目的地，其重要的原因之一就是法国乡村度假地可以在令人心旷神怡的田园风光中为旅游者提供种类丰富、舒适便利的乡村居住地。据法国小旅店联合会的统计，近7年来一直采用乡村度假的旅游者占44%，主要采用这种度假方式的旅游者占72%，有15%的旅游者一直到同一个乡村度假。[2] 法国乡村度假地每年接待约3.15亿夜，拥有76715家饭店、55000张度假村床位、237558个露营地住所、41868家可出租乡民居所、1500个徒步旅行住所、21466家B&B房。根据统计，现在德国某些大城市宾馆的入住率不到20%，而乡村旅馆却供不应求，2005年夏天不少人因为预定不到乡村家庭旅馆而干脆取消了度假。[3]

由此可见，乡村度假以乡村居住为基本特征。我国乡村旅游的发展，应注意优化乡村居住设施、美化乡村居住环境、提高乡村居住档次、特色化富有乡野意境的乡村度假氛围，从而使更多的旅游者选择在乡村度过他们的假期。表10-1为法国乡村度假居住形式一览。

---

① 魏小安. 休闲度假的特点及发展趋势. 饭店现代化，2004（11）

② Jackie Clarke, Richard Denmah, Gordon Hickman, JuliusSlovak, Rural Tourism In Roznava Okres: A Slovak Case Study [J]. TourismManagement, 2001,（22）

③ 唐代剑. 中国乡村度假简论. 商业经济与管理，2006（7）

#### 表 10 – 1　法国乡村度假居住形式一览①

| 分类 | 乡村居住形式 | 简介 | 评价 |
|---|---|---|---|
| 依托传统乡土建筑发展的乡村居住 | 庄园及城堡式酒店 Relais & Chateaux | 这类酒店大多数是由昔日的城堡、庄园等改建而成的舒适住所或乡间豪华酒店，以拥有别致的装修和浓厚的古典气色而受到青睐，游客可一尝帝皇式享受，但大多数此类酒店所供应的房间数目并不多。 | 这类乡村居住颇具历史文化的厚重感，消费较高，属于乡村居住的高端产品。这种居住形式，将传统建筑的展示融入现代人的生活，也是一种对传统建筑、传统文化保护和传承。 |
| | 城堡住宿 Chateaux Accueil | 由 70 位私人城堡堡主组成的联合会，为客人提供别具一格的房间或住宿服务。 | |
| | 城堡 & 酒店 Chateaux & Hotelsde France | 包括 534 间城堡、修道院、庄园及由磨坊改建而成的住宿场所，是法国建筑历史文化遗产的组成部分，建筑古雅舒适，可使游客体会到具有法国地方风味的传统特色。 | |
| 乡村主题酒店 | 磨坊酒店 MoulinEtape | 由古老磨坊改建而成风格迥异的一至四星级酒店。 | 各式各样的乡村主题酒店赋予乡村居住以文化性和趣味性，是一种特色化的乡村体验。 |
| | 葡萄园旅舍 GrandesEtapesdes Vignobles | 葡萄园中的特色住宿，品味着上等的葡萄美酒，别有一番风味。 | |
| | 寻幽度假地 Relaisdu Silence | 远离繁嚣的二至四星级酒店，与大自然浑然一体，尽情享受逍遥与宁静。 | |
| 乡间民宿 | 旅馆 Espritde France | 该类旅馆充满地方色彩，房东大多为世代相传的本地居民，为尽表地主之谊，所以待客温和有礼，殷勤热心，乐意向客人介绍当地风情特色。 | 这类乡村居住花费不高，却不失为一种轻松自在的居住选择，也便于与当地居民接触，体验当地风土人情。 |
| | 民宿 Tourismechezlhabitant | 留宿法国民居，法式生活全接触。 | |
| | 农庄旅舍 Bienvenuealaferme | 投宿农庄，品尝农场新鲜食品，细品田园风光，尽情舒展心怀。 | |
| 其他乡村居住 | 乡村度假屋 LogisdeFrance | 此类度假屋拥有数千间度假住所，只有少数位于市区，大多位于法国的农庄或小乡村，可为游客提供典型的法国住宿服务。 | 乡村居住形式应尽量做到种类丰富、品类齐全，才能满足乡村度假旅游者的多样化需求。 |
| | 青年旅舍 Federationsuniesdes AubergesdeJeunesse (F. U. A. J.) | F. U. A. J. 在法国约有 230 间旅舍，分别位于海边、乡村和市中心，除提供住宿服务之外，还可根据需要安排体育及户外活动，以及青少年度假营等。 | |
| | Grandes EtapesFrancaises | 由 10 间风格各异的城堡酒店及四星级旅馆组成，大多设有公园或花园，全部位处历史悠久的旅游区心脏地带。 | |

① 赵焕焱. 全球饭店要情法国. 价值中国网，http：//www. chinavalue. net/ Article/ Archive/2008/3/ 27/106120_ 2. html. 2011. 7. 6

2. 以城乡一体化为引领进行乡村整治

随着工业化、城镇化和农业产业化进程的加快，农村经济在取得长足发展的同时，农村生态环境普遍面临着越来越大的压力，基础设施和公共服务设施投入不足，村庄规划滞后。多数乡村地区人居环境并不理想，道路、供水、供电、燃料、住房等方面的建设程度较低，与城市人居环境差距较大。

虽然乡村度假者的平均消费比一般度假旅游低，但乡村度假者比一般度假者对度假旅游的舒适性标准要求更高。[①] 目前我国大多数乡村地区的综合环境与乡村度假舒适性标准相距较远，需要在统筹城乡发展的基础上，以城乡一体化为引领进行乡村综合环境的整治。乡村整治的核心内容就是，乡村的基础设施和公共服务设施完成了城乡统筹和城乡一体化，达到或接近城市水平。当然，在这个过程中，还要保持好乡村自身的传统文化、民俗文化和乡土文化。

完善基础设施：基础设施的建设对社会经济发展具有"乘数效应"，即能带来几倍于基础设施建设投资额的经济收入。乡村地区的基础设施建设，一是要完善现代化农业基地及农田水利建设等农村生产性基础设施；二是要完善饮水安全、农村沼气、农村道路、农村电力等农村生活性基础设施建设；三是要进行天然林资源保护、防护林体系、种苗工程建设，自然保护区生态保护和建设、湿地保护和建设、退耕还林等生态环境建设；四是要大力发展农村义务教育、农村卫生、农村文化基础设施等农村社会发展基础设施。

完善公共服务设施：乡村地区公共服务设施的构建，以建立"覆盖城乡、布局合理、运作高效、设施完备"的基本公共服务体系，实现城乡基本公共服务均衡化为目标，配套教育科研、医疗卫生、文化体育、商业服务、社区服务等设施，以及旅游服务型设施。在改善和便利农村居民生活的同时，也极大地方便和丰富了乡村度假旅游者在乡村地区的度假生活。

3. 以乡村体验、户外健身运动为核心开展乡村活动

法国学者 Isabelle Frochot 在对乡村旅游者的特征分析中指出，有四个因素影响着乡村度假的选择行为：户外（Outdoors）、乡村性（Rurality）、放松（Relaxation）和运动（Sport）。其中"户外"型乡村度假者有着一定的"运动"型度假者特质，他们更喜欢驾车在乡村范围内自由活动、短途步行、野餐和了解自然。这部分人群以国内度假者居多，并且社会地位比平均水平高，以家庭为主；"乡村性"乡村度假者以老年退休者居多，并且社会地位较低，重复度假的人较多；"放松"型度假者喜爱高尔夫和垂钓，并且很少参与其他活动；"运动"型度假者偏爱长途步行、骑脚踏车兜风、骑马、爬山和钓鱼等活动，这类人较年轻，62% 都是在 44 岁以下，其社会地位及海外度假者的比例

① ISABELLE FROCHOT. A benefit segmentation of tourists in rural areas: a Scottish perspective [J]. Tourism Management, 2005, 26

与平均水平相比略高。①

乡村度假旅游者的动机表明,乡村度假是以乡村体验、户外健身运动为核心,乡村度假旅游的发展需要为旅游者提供深度乡村体验和丰富多彩的户外健身运动,以满足其旅游需求的多样化。

4. 建立依托乡村田园风光的自然生态和乡村民俗文化,享受田园健身、养生的度假旅游方式

现代都市生存压力大、生活空间小、环境污染严重,迫使人们更加向往在乡村平静、田园诗般轻松自由的生活中舒缓压力、愉悦身心,在淳朴的乡村民俗和田园养生中回归自然、回归自我。英国多数城镇居民认为乡村度假是"在令人愉悦的环境中呼吸着新鲜的空气,体验着自然的韵律,并与本地居民和谐生活"的一种"美好的生活";② 乡村度假者认为在乡村进行度假是从商业化的度假地中逃离的一种方式,他们不再寻求酒店标准的住宿,而是寻求在"开放的自然空间"里的度假生活。③

在科学规划和合理开发的前提下,使旅游者在乡村度假中体验乡村民俗文化,享受田园健身、养生,还有利于乡村地区的文化保护和传承,改善乡村环境,实现农民收入多样化,促进乡村的可持续发展。

以乡村度假引领观光农业、休闲农业的发展,进而引领乡村旅游的产业转型升级,是我国乡村旅游发展的重要趋势。乡村度假在我国已露端倪,还需要借鉴国外较成熟的乡村度假研究理论和发展经验,积极探索,大胆实践。

成都市在全国范围内率先制定了关于乡村度假区建设管理的地方性标准,见本章后附件成都市《乡村旅游度假区建设管理标准(试行)》(成都市地方标准 DB510100/T 020—2008),这是我国乡村旅游转型升级过程中的一次有益尝试,其中包含着许多乡村旅游发展的创新之处。

(1)标准中对乡村度假住宿设施规定了规模、等级等方面的建设要求,契合乡村度假"以乡村居住为核心"的特点。如标准中 7.1.1 建设规模、7.2.1 住宿设施等方面的相关规定。

(2)从城乡一体化建设出发,规定了乡村整治的标准。如 4.4 交通条件、7.2.3 交通设施、7.2.4 给排水设施、7.2.5 供电设施、7.2.6 通讯设施、7.2.7 卫生设施、7.2.8 公共安全设施、7.2.9 配套服务设施、7.2.10 辅助设施等方面的建设和管理规定。

(3)对乡村体验、户外健身运动、田园健身养生等方面作出了要求。如 4.1 选

① ISABELLE FROCHOT. A benefit segmentation of tourists in rural areas: a Scottish perspective [J]. Tourism Management, 2005, 26

② VICTOR T C MIDDLETON. Tourism in rural areas [J]. Tourism Management, 1982 (3)

③ PEARCE PHILIP L Farm tourism in New Zealand [J]. Annals of Tourism Research, 1990 (17)

址依据、4.2 选址条件、4.3 业态类型、5.4 景观控制、7.1.3 度假环境、7.2.2 餐饮设施等标准的规定体现出乡村度假区建设需要依托乡村田园风光的自然生态和乡村民俗文化；5.2 布局要求、7.1.2 旅游经营的规定对乡村度假活动的开展作了要求。这表明该标准对乡村度假旅游者的行为特点和消费需求有着比较准确的认识。

我国乡村度假整体处于探索阶段，对乡村度假的认识尚需进一步深化，成都市《乡村旅游度假区建设管理标准（试行）》仍有一些不足之处需要今后在实践的基础上不断地改进和完善。

一是对乡村度假的乡村性体现不足。乡村度假乡村性的彰显应十分注重乡村田园风光、自然生态和民俗文化等方面的保护。而该标准中并未对乡村度假区的慢游体系建设作相关规定；"乡土特色菜占总菜品 70% 以上"的规定也未能维护菜品的乡村性；基本功能分区的划分值得商榷。

二是乡村居住与乡村度假活动的种类和层次较少，需进一步丰富。根据乡村度假旅游者的消费和行为特征，以及国外乡村度假发展经验，乡村居住和乡村度假活动在乡村度假中扮演着十分重要的角色，对乡村度假旅游者而言，种类丰富、选择多样的乡村居住和乡村度假活动是非常重要的吸引要素。

总体而言，《乡村旅游度假区建设管理标准（试行）》仍是我国乡村旅游转型升级一次有价值的实践，对成都市乡村度假旅游的发展起到了积极的推动作用，值得我国其他地区乡村度假的发展参考借鉴。

# 案例

## 案例一　大邑县全域度假总体规划

全域度假旅游可以说是区域旅游产业发展的一种全新模式，是指在度假资源富集的区域，采取以度假产业为龙头引领旅游业发展，以度假产业为主导优化区域产业结构，以度假产业为核心整合、统筹全域旅游产业的发展模式，最终实现区域旅游产业结构的高度化。

2010 年，在成都市建设"世界现代田园城市"的新理念下，杨振之来也旅游发展有限公司率先提出了在成都市大邑县依托其良好的乡村度假资源发展全域度假产业，并承担了大邑县总体发展战略规划、成都市龙门山生态综合功能区大邑县起步区规划、大邑县龙门山沿线示范线规划、安西遗产走廊规划和成都市大邑县全域度假总体规划的编制。大邑县全域度假总体规划属于大邑县总体发展战略规划之下休闲度假产业规划，其核心是将大邑县打造成为中国第一个全域乡村度假旅游目的地。

**一、基本概况**

1. 大邑度假旅游资源评价

成都市大邑县位于北纬 30°，穿越纵深的山水和广袤的平原，蜿蜒为一条 70

公里的乡村遗产走廊，生态多样性与文化多样性十分突出。

一条76公里的走廊，从海拔476米的平原到海拔800多米的丘陵，再到海拔5364米的雪山，其地理的巨大落差在成都市是唯一的，在世界也是罕见的（见图10-2）。

一条76公里的走廊，从农耕文明到山乡文明，再到山野生态，其文化落差在成都市是最大的，其所凝聚的乡村文化遗产形态在全国都是独一无二的。

一条76公里的走廊，从庄园，到仙佛，再到雪域，其景观的层次在成都市是最明显的，在全国也是少见的（见图10-3）。

一条76公里的走廊，从林盘园居，到山水乡居，再到雪域山居，其居住形态在成都市是最丰富的，其形态的过渡在全国都是最具代表性的。

依据度假资源评价要素对大邑主要的旅游景区进行评级之后，可以得出如下结论：大邑县生态环境资源和游憩资源较为丰富，而与度假环境密切相关的购物、娱乐、餐饮等设施和服务较为落后，直接影响了度假旅游的高端品质；整个大邑的度假产品都处于急需提升的阶段，需要进行产业调整和品质引导，从而形成具有高端消费潜力的度假产品。

2. 度假市场分析

（1）旅游行业大环境分析。国际旅游主题由原有突出观光和景色享受的3S（sunlight，sea，sandy beach，阳光；sunlight，sea，sandy beach，大海；sunlight，sea，sandy beach，沙滩）向更深层次的以心理、情感体验为主的3N（Nature，自然；Nostalgia，怀恋；Nirvana，天堂）转变，休闲度假成为国际旅游主流。国内旅游市场已经由单纯的观光旅游阶段过渡到以休闲度假为核心的综合旅游消费阶段，是一个"观光+休闲+度假"三位一体的"大旅游时代"，人们的需求呈现多元化。

（2）旅游需求市场分析。

1）人均收入提高带来旅游需求上升。统计显示，2009年，成都市人均GDP达35215元RMB，绵阳人均GDP达37636元RMB，重庆人均GDP达23184元RMB，经济基础上已经满足休闲度假消费条件，是大邑旅游的主力市场，未来几年，大邑将迎来旅游发展的新阶段，进入体验度假时代。

2）四川省交通枢纽中心建设带来旅游格局的改变。四川省正在加紧高速公路和铁路的交通枢纽建设，将极大地拉近成都市与各地的经济联系。高速铁路和公路的建设，实现了"快旅慢游"，将节假日游转变为以周末、节假日为主的近郊、短途旅游。

3）商务旅游市场发展迅速。高铁加强了四川省与强势经济带的交流，随之带来越来越多的商务游客。

3. 大邑发展全域度假的目标与措施

（1）大邑发展全域度假的目标。

1）优化区域形象和资源吸引力，构建区域竞争力。通过旅游资源的集散、优化配置，提升大邑在第三圈层和龙门山旅游区中的吸引、拥有、控制、转化资源的能力，整体提高大邑县的社会环境和综合服务能力。

2）提升城乡空间形态和宜居价值，构建宜居竞争力。通过城乡空间形态和产业结构优化，促进部分传统农业生产生活型城镇向工业、旅游业、文化产业发展，充分依托大邑最为独特的原山、原泉、原道资源和平原、丘陵、山地自然生态环境，打造成都市最具山水格局宜居度假小镇。

3）升级产业形态，增强产业关联性，构建产业竞争力。通过一、二、三产业互动，构建生态经济产业链，以资源为基础，升级产业形态，强化核心吸引物和主题景区与区域整体产业发展间传递关系，发展旅游地产业、休闲度假业、都市农业，加速全域休闲度假产业的发展。

（2）实现全域度假目标的措施。打造大邑县全域度假旅游需着力于以下几方面：整合大邑县境内度假旅游资源，对旅游产品进行完善升级；根据大邑县未来发展，对大邑县的城镇体系进行规划调整，合理引导城镇发展，科学规划城镇产业；以旅游度假业为引导，对大邑县内商业业态进行规划调整，植入现代度假生活所需的商业业态；打造大邑县全域度假漫游交通体系，构建全域度假生活；树立大邑县全域度假形象品牌。

**二、总体规划**

1. 战略与定位

（1）发展战略。

1）高端化与集聚——整合度假资源，做大做强关键产业，并向产业高端延伸产业链条，形成互补型的产业链条体系。构建区内外一体化的产业链条，形成综合竞争力。

2）精品化与国际化——高起点、高标准、高规格的原则进行合理有序地利用和建设，以精品化打造的产品方向要适应全球化的旅游发展趋势，符合广大国际游客普遍的市场需求。努力培育国际化的旅游环境，建设国际化的服务功能。

3）特色化与差异——形成在区域市场或全国范围具有独特竞争力的产品，打造主要目标市场的个性化品牌旅游产品，创造出与众不同的东西。建立起度假者对大邑目的地的信赖。

（2）产业定位。主导产业有雪山温泉度假产业、风情小镇度假产业、健康产业；配套产业有生态观光产业、乡村古镇休闲产业。

（3）主定位为全域山水田园度假产业区。旅游有观光、休闲、度假三种层次，度假是最高端形态和产业高端。

（4）发展目标为国际标准的度假旅游目的地、旅游度假全域社区。通过风情度假小镇、主题度假区的打造，引入国际顶级标准接待服务产品和专业设施，形成国际化的度假地。

（5）形象定位为：世界道源，中华文博，仙山圣水，自在度假。用大邑极具特色的文化气质特征、山水自然环境，来体现大邑全域度假的形象主题。

（6）功能定位以地势阶梯为基底，以产业形态为导向，划分三大功能区，（见图10-4）。

（7）市场定位。

1）按客源地划分。

| 基础客源市场 | 以成都市及成都市周边、绵阳、德阳等省内市场和重庆市场为主 |
|---|---|
| 重点客源市场 | 省内其他地区市场以及长三角地区、珠三角地区、京津唐等沿海发达地区市场为主 |
| 机会客源市场 | 国内其他地区市场以及日韩、欧美等海外入境市场 |

2）按游客特征划分。

| 划分标准 | 近期（2010~2015年） | 中远期（2016~2020年） |
|---|---|---|
| 按年龄划分 | 中年游客为主 | 兼顾各个年龄层次的游客 |
| 按收入划分 | 中等收入游客为主 | 以中等收入偏上游客为主 |
| 按购买时间划分 | 以节假日游客为主 | 双休日、带薪假期游客 |
| 按购买方式划分 | 家庭型、伙伴型游客为主 | 商务会议型游客 |
| 按停留时间划分 | 1~2日游的游客为主 | 停留2~3日以上的游客 |
| 按旅游目的划分 | 以观光、休闲型游客为主，发展运动游乐型、文化体验型、休闲度假型游客 | 以运动乐体验型、休闲度假型、会议商务型游客为主 |

**2. 总体布局**

规划提出一心、一轴、一环、八大主题度假组团的"1118"结构（见图10-5）。

（1）一心。县城服务中心，包括晋原综合服务中心、王泗旅游商品制造基地。

（2）一轴。安西遗产度假轴，包括现代农业与乡村旅游段、斜江河山水宜居段、西岭山地休闲旅游段。

（3）一环。山水田园度假环，包括南部乡村田园古镇度假环（半环）、北部山水运动康体度假环（半环）。

（4）八大主题度假组团。

雪山温泉度假组团——雪山温泉度假区、西岭户外运动自助小镇、花水湾温泉养生小镇、出江旅游山货小镇（见图10-6）。

山地养生度假组团——弥陀道场禅茶度假区、雾山禅意度假小镇、道源圣城养生度假区、鹤鸣道养度假小镇、斜源药养度假小镇、江源山乡度假区（见图10-7、图10-8、图10-9）。

康体宜居休闲度假组团——青霞昆士兰运动小镇、凤凰岛国际旅游度假区、金星户外度假村落。

田园古镇休闲度假组团——悦来美食休闲小镇、新场水乡原味小镇、宝珠乡野度假村落。

乡村林盘休闲度假组团——三岔天府花乡林盘休闲小镇、上安特色农家养殖休闲小镇。

特色农业休闲度假组团——安韩农业园旅游休闲区、韩场特色农产品集散基地、蔡场董场菌类美食休闲村落。

文博艺术休闲度假组团——安仁世界博物馆小镇。

工业商务休闲组团——沙渠新型工业商务小镇。

3. 度假产品体系规划

（1）体育旅游产品体系。在龙门山体育旅游规划的八个组团中，大邑县包含了其中六个组团，这为大邑的度假旅游提供了丰富的体育产品（见图10-10）。

（2）户外运动产品体系。依托大邑最显著的优势，即在100公里内完成了从平原到高山的过渡，拥有比较完备的平原、丘陵、山地特征，水系发达，植被茂密，建立完备的四大系列户外产品：平原系列户外产品、丛林系列户外产品、峡谷系列户外产品、山地系列户外产品。

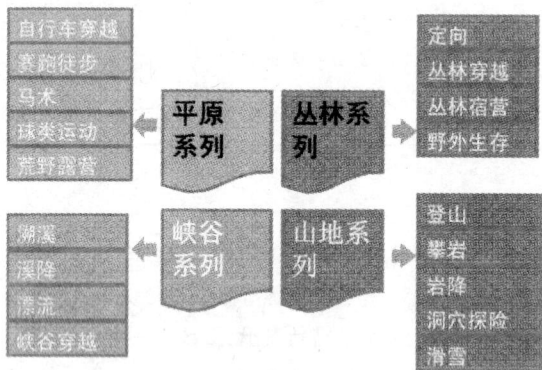

（3）自驾车产品体系。通过建立自驾车营地、车辆服务信息平台、汽车补给站、汽车租赁店、景观大道、标识系统，构建自驾车产品体系。

（4）娱乐产品体系。构建多样化、自助化和专业化的娱乐设施和项目。

（5）餐饮产品体系。餐饮服务是度假者享受度假生活的最基本保障，也是决定度假者度假生活质量的关键。要深入挖掘大邑特色餐饮资源，在不同特色风情的小镇以不同特色的餐饮业态来打造全域度假的氛围。

（6）购物产品体系。对购物产品进行分类管理和引导，主要分为奢侈品、特色商品、土特产三种类型。奢侈品以折扣店为主，可在花水湾和青霞镇设立类似于 Outlets 的专卖店；特色商品如西岭镇户外运动商品、王泗的白酒原酒商品、安仁博物馆的文化商品、鹤鸣镇雾山乡宗教的祭祀祭拜商品；土特产以大邑土特产为主，汇集四川特产，按照小镇的不同风情进行特产售卖。

（7）度假型景区。度假型景区是全域度假的重要节点，是串联户外运动、自驾车、休闲娱乐、餐饮、购物一系列度假产品的综合载体。大邑县主要度假型景区有西岭雪山、雾中山、鹤鸣山、花水湾温泉小镇、烟霞湖、安仁古镇、新场古镇等。

4. 度假慢游交通体系

度假慢游交通体系的构建要实现步行慢游体系、自驾车慢游体系、自行车慢游体系和水上慢游体系四大体系有机结合。

（1）步行慢游体系。

一级步行慢游道。用于度假地内部和周边游步道建设，此地段属于度假游客经常活动的空间，尽量宽敞，并且道路周边配备相关游憩和娱乐设施。

二级步行慢游道。即依托公路、自行车道、河流配套建设的游步道，供游客驻足观赏和休憩，另为承办诸如竞走、长跑、自行车赛场等体育赛事或大型群众娱乐活动提供硬件基础。

三级步行慢游道。远离度假地游客活动中心地带，游客到达比较少，将原有乡间步行道改建的步行道，从而良好地扩展旅游地辐射范围，实现度假者的合理分流。

（2）自驾车慢游体系。

线。以安西示范线为主轴，成为大邑全域度假自驾慢游体系的大动脉。

圈。依托安西示范线建立几个旅游环线，将安仁、新场、花水湾、悦来、青霞五大最具魅力风情小镇有机串联起来。

面。依托村村通公路成果，有计划、分批次地加强乡村公路建设，提高原有的县道、机耕道等级和通达条件。

（3）自行车慢游体系。一是依托自驾车慢游体系，实现公路与自行车道的无缝结合；二是依托步行慢游体系，尽可能地实现自行车旅游向更大范围的扩展。

（4）水上慢游体系。侧重打造斜江河、出江河的水上线路，在初期，主要实现在重点城镇周边如花水湾、出江、新场、安仁内部水上慢游体系的建设。

5. 度假旅游土地整理

通过对大邑县的全域考察，可以整理出新的适合进行度假开发的旅游用地：

（1）花水湾镇至鹤鸣山、斜源镇一线的沟谷。花石村—大龙村—长河坝—雾山村—青龙村—鹤鸣乡；斜源镇—九龙村—瓦子坪—三江。该沿线原来是大邑县煤矿主要分布地，现在煤矿关转停，很多废弃的煤窑、厂房遗址以及较多的台地，可以作为旅游用地。

（2）西岭雪山前山。茶地坪—红石堡沿线，山间沿地势分布有大小不等的若干台地和简易旅馆。

（3）花水湾镇。花水湾镇山上有一批已建好但未投入使用的闲置别墅。

（4）新场镇。头堰河、二堰河沿河环境整治，可以腾出沿河土地。新场镇、川王宫、宝珠山一线景观优美，台地村落相间，有大量可用于乡村旅游开发的用地。

（5）悦来到金星的县道道路沿线。前进村—丹凤乡—三义村—朝阳村—金星乡—红岩村—玉金村—白羊寺—舒家沟—毛家沟村。该沿线有较为开阔的缓坡台地，河流田园，乡村景观优美，适合开展户外运动和高尔夫运动。

（6）上安—高山—赵安—三岔沿线。该沿线的林盘聚落可以作为乡村旅游开发点。

（7）唐场—观峰—十里—六合—韩场—李牌坊—蔡场—董场。该沿线是特色菌类种植，其蔬菜大棚、林盘院落可以作为乡村旅游开发点。

**三、小结**

全域度假以度假产业引领观光和休闲，以高端业态引领中低端业态的发展，是我公司近两年来提出的全新规划理念，是乡村旅游产品转型与升级的一种前沿发展范式。通过促进产品结构和产业结构的转型与升级，引导一个区域的发展，其实是一个区域旅游经济结构高度化和旅游产品高端化的过程，也是站在度假的角度重新审视和提升观光与休闲的品质的过程。经过精心的规划，使大邑县旅游产业飞速发展。

# 案例二　成都市郫县乡村旅游功能区规划
## ——中国乡村旅游发源地的转型升级

成都市郫县农科村是中国农家乐的发源地，是国家级精神文明先进单位、全国文明村和全国农业旅游示范点，曾经带动了成都市周边乃至全国的乡村旅游发展。如今郫县乡村旅游却面临产品老化、产业规模小、弱、差等严峻的竞争态势，有鉴于此，在新形势、新背景下，郫县乡村旅游发展需确立新的战略定位和发展目标。

2011 年，杨振之来也旅游发展有限公司应邀承担了郫县乡村旅游功能区规划的编制，为了全面提升中国农家乐发源地的乡村旅游，在全国首次把一个县范围内除去城市用地范围内的所有乡村整合为一个乡村旅游功能区进行规划。本规划对该区域内的生态环境、农业产业、现代农业产业园、城乡空间形态、旅游服务业等进行重新审视，对规划区域内的农业产业和乡村旅游的发展进行引导，对现有项目和产品进行整合和提升，从而促进中国乡村旅游发源地旅游产业的转型与升级。

**一、规划概况**

1. 规划范围

郫县乡村旅游产业功能区规划范围为郫县县管功能区，即国家级乡村旅游功能区的范围，见图 10–11、图 10–12。包括郫筒、友爱、花园、三道堰、安德、唐昌、唐元、古城、新民场镇行政范围，除郫筒镇外，其余主要是郫县的西北乡村部分。

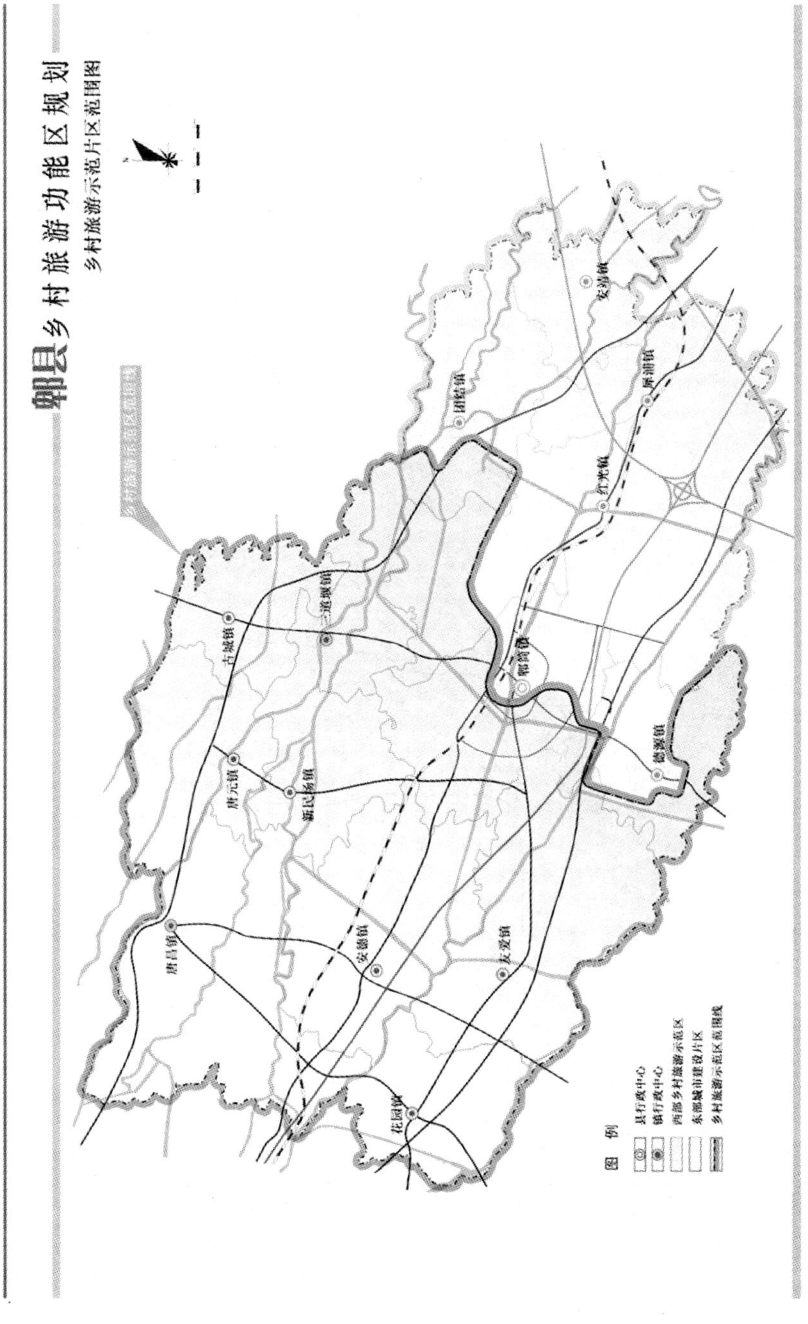

图10-11 郫县乡村旅游功能区范围图

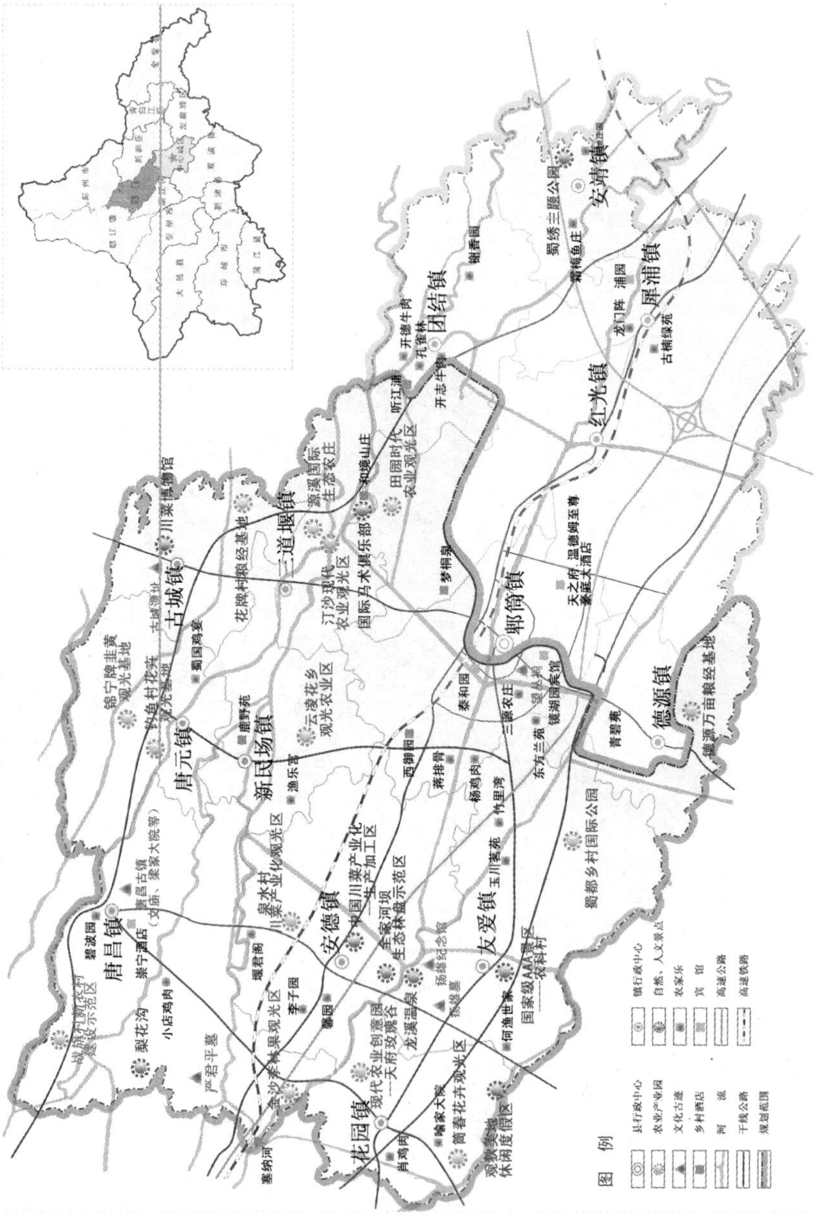

图10-12 郫县乡村旅游资源分布图

2. 规划期限

规划期限为 2011~2025 年,分为近、中、远三期。

近期(2011~2015 年),为乡村旅游快速发展时期,开发一批重点旅游景区和产品,建立具有一定市场识别度的旅游形象。

中期(2016~2020 年),为乡村旅游成熟期,乡村旅游基本接待能力形成,旅游形象形成一定知名度,在市场上形成了一些拳头产品,旅游业开始形成产业化阶段。

远期(2021~2025 年),为乡村旅游完善期,旅游接待服务建设进一步完善,旅游产品成熟阶段。

3. 主要任务

该规划的主要任务在于进一步细化和落实郫县乡村旅游功能区在成都市建设世界现代田园城市中的地位和方向,结合郫县的现状和资源基础,从空间布局、产业引导、土地利用上深化规划内容,并对乡村旅游的空间功能作出概念性规划。

4. 指导思想

在综合分析了该区域的区位基础、社会经济基础、资源基础、旅游产业基础、空间竞争以及郫县乡村旅游发展面临的问题之后,规划确立了建设郫县乡村旅游功能区的指导思想,即:

(1)找特色——立足资源优势,发展差异化旅游产品。郫县乡村旅游资源主要包括林盘、现代农业产业化园区、旅游城镇、乡村酒店及农家乐、部分历史文化旅游资源几个部分,对不同部分确立各自的发展主导方向。

(2)上规模——加强资源与品牌的整合,突出整体优势。郫县乡村旅游资源及产品整体来说弱、小、散,这就要求强化它们之间的内在联系,通过整合增强竞争实力,构建多层次的旅游内涵和吸引力。

(3)有重点——突出发展重点。考虑到成都市周边各县市区的旅游发展主题和主要景区,未来郫县乡村旅游发展应该立足基础,突出重点,构建差异化特色产品。综合比较,郫县乡村旅游的发展重点主要有三个,即中国农家乐发源地、天府林盘、天府乡村遗产。

(4)高质量——提高旅游基础设施和服务设施的档次,丰富乡村旅游体验的内涵,标准化乡村旅游的服务。

5. 总体定位

总体定位为"天府乡村遗产旅游区";"中国休闲农业与乡村旅游功能区"。

6. 形象定位

形象定位为"原味天府乡村,现代都市田园"。

7. 总体目标

以成都市建设世界现代田园城市、旅游综合改革试点城市和城乡统筹发展的大背景为契机，以现代人越来越强烈的生态、休闲、度假、消费需求为基础，深入挖掘郫县旅游资源的特色，立足于郫县城乡、生态环境特征及发展趋势，结合郫县相关产业基础和发展方向，东融西立，将郫县建设成为成都市二圈层具有显著特色和鲜明形象的重要乡村休闲度假旅游目的地，成功建设成为国家级乡村旅游功能区。

8. 空间结构规划

规划确立了郫县旅游产业"一廊、五区、八基地、九园区"的空间结构规划，见图 10-13、图 10-14。

（1）一廊。即郫县乡村旅游产业走廊，该廊道串联了郫县的天府乡村遗产，因而也是郫县的天府乡村遗产走廊。

1）范围。沙西线—温郫彭快速通道—IT 大道。

2）理念。整合天府历史文脉，汇聚核心旅游景区，统筹乡村旅游产业发展。

3）功能定位。形成"景观廊道+遗产廊道+旅游产业廊道"，统领和串接郫县乡村旅游形象、主题、景区和产品。

4）发展方向。

➡乡村遗产廊道

这条线路串接了郫县天府历史文脉，因此，它是一条遗产旅游廊道。通过这条线路，郫县整体上成为了一个庞大的露天天府农业文明博物馆，而沿线的田园、水系和城镇节点以及景区就是五千年天府乡村文明史的展品。

➡乡村景观廊道

将该走廊打造成一条乡村景观廊道，注重景观道周边田园风貌的培育和保护，要亮水、亮田、亮村落；注重风景道的多种体验方式，自驾车、旅游巴士、自行车健身道和步行观光道多种旅游交通体验方式并行。

➡乡村旅游产业廊道

这条道路同时也是统筹郫县乡村旅游产业的产业带。以望丛祠、犀湖、三道堰、古城镇和川菜博物馆、唐昌古镇及川菜产业化园区、天府林盘休闲度假旅游区、天府玫瑰谷和农科村等景区和城镇为节点和产业中心，以五千年天府乡村遗产为主题，延伸到乡村林盘、农业产业化园区，大力发展成为集田园观光、休闲度假、古蜀体验、餐饮购物和健身为一体的综合旅游产业带。

（2）五区。即五大乡村旅游产业聚集区。包括望丛祠创意文化旅游区、中国农家乐旅游发源地乡村休闲度假区、天府林盘休闲度假区、三道堰水乡特色体验及休闲度假区、唐昌特色古镇和购物旅游区。构建五区的原则包括：

1）整合。对分散的城镇、景区和产业化园区进行有效整合，扩大规模，强化内部之间的联系，丰富景区的景观和产品体系。

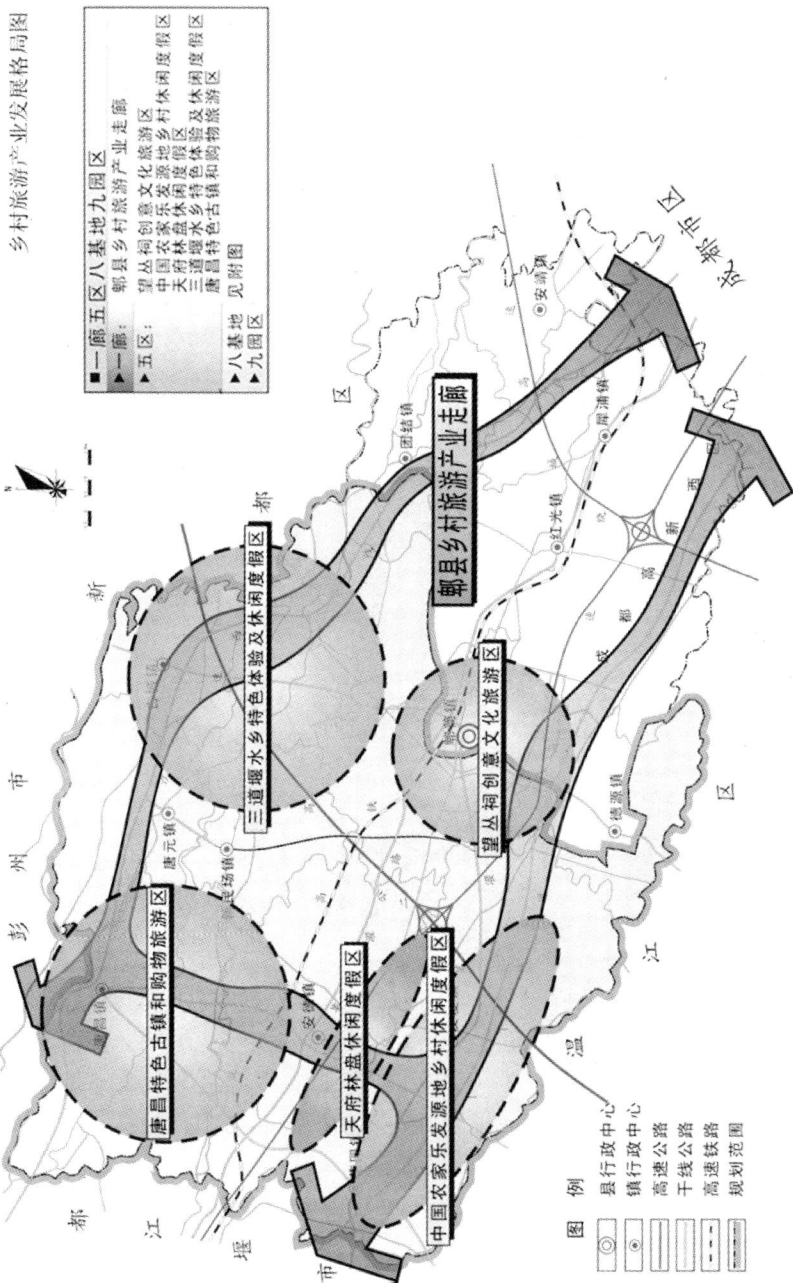

图10-13 郫县乡村旅游产业发展格局图1

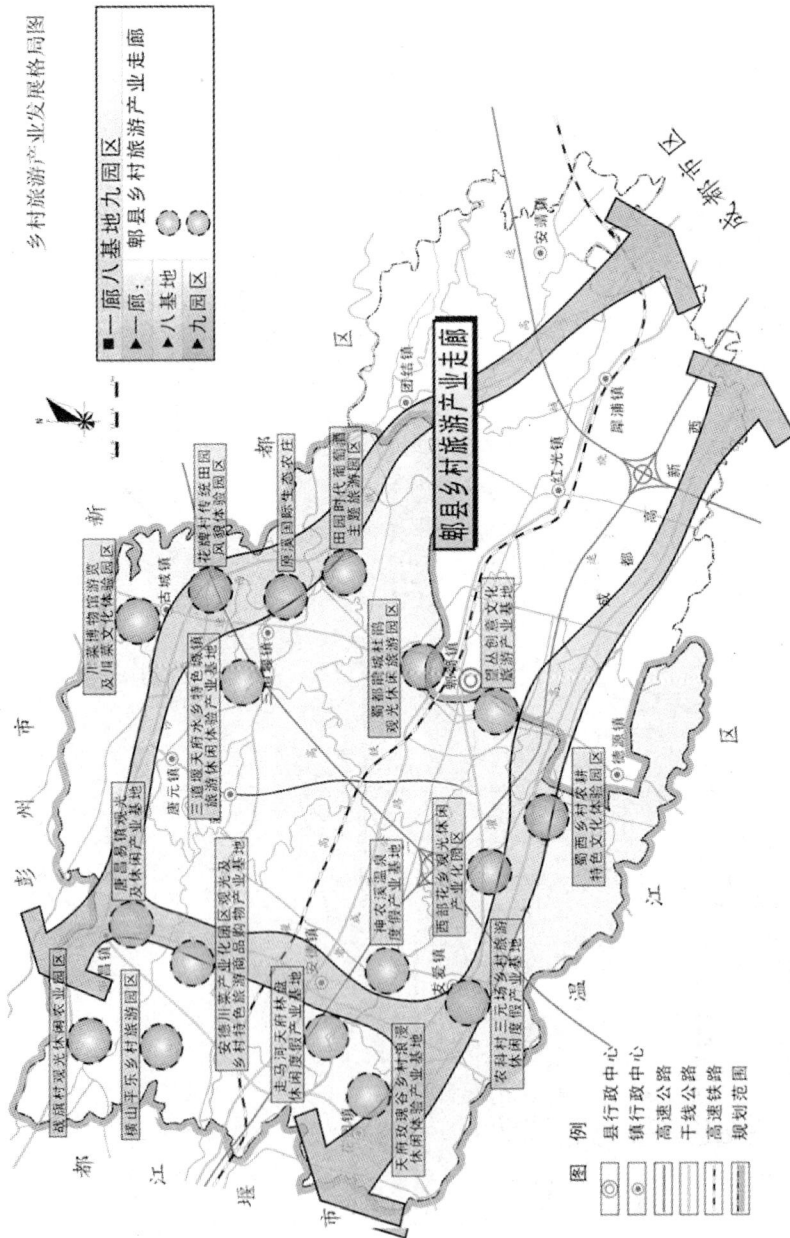

图10—14 郫县乡村旅游产业发展格局图2

2) 提升。提升设施及服务质量，提供高质量、高效益和让游客满意的休闲度假设施和相关服务。

3) 优化。优化旅游产品体系，突出产品形象，构建有吸引力的旅游主题和体验内容；优化旅游环境和旅游空间，构成符合天府本色的集乡村、城镇和水系为一体的天府乡村风貌体系。

(3) 八基地。即八个重点乡村旅游产业基地。包括：望丛创意文化旅游产业基地、农科村——三元场乡村旅游休闲度假产业基地、天府玫瑰谷乡村浪漫休闲体验产业基地、神农溪温泉度假产业基地、走马河天府林盘休闲度假产业基地、安德川菜产业化园区观光及乡村特色旅游商品购物产业基地、三道堰天府水乡特色城镇旅游休闲体验产业基地、唐昌易镇观光及休闲产业基地。

(4) 九个旅游产业发展基地。以"一廊五区"为基础，打造九个重点旅游产业基地，构建规划区乡村旅游的特色和产业骨架，包括望丛文化创意产业发展基地、农科村——三元场中国农家乐发源地休闲度假基地、花园天府玫瑰谷浪漫休闲度假基地、走马河沿线天府林盘休闲度假基地、安德镇旅游购物基地、三道堰天府水乡体验特色旅游基地、田园时代葡萄酒特色旅游基地、唐昌特色古镇体验基地、天府乡村文化遗产体验基地。

作为中国农家乐发源地，郫县农科村乡村旅游业的转型升级对郫县乡村旅游功能区的建设起着举足轻重的作用，对于我国其他地区乡村旅游的提升也有借鉴的意义和推广的价值。因此，下面着重介绍本规划中"中国农家乐发源地休闲度假区"的概念性规划，见图10-15，图10-16。

## 二、中国农家乐发源地休闲度假区概念性规划

### 1. 范围

包括友爱镇农科村及三元场、花园镇及天府玫瑰谷和蜀都国际乡村公园、蜀都花卉观光园区及神农溪温泉区域。以往的"中国农家乐发源地"只包括农科村狭小的范围，本次规划扩大范围，包括友爱镇和花园镇，将杨雄墓和神农溪温泉这些资源纳入规划范围，有利于资源整合。

### 2. 现状

(1) 农科村及三元场。农科村是中国最早而且也最为知名的乡村旅游地之一。荣获有中国农家乐发源地的荣誉，在现代四川省乃至中国农业发展史上具有重要地位，现为国家3A级景区。20世纪80年代中期开发农家乐后，一时间成为纷纷仿效的对象。在经历过辉煌之后，现在农科村已被超越，而且乡村旅游经营户也大幅下降，现在尚有30余家。

整体看来，目前农科村存在的主要问题包括以下几个方面：

1) 居民从花卉苗圃中能够获得很高收益，乡村旅游收入在很多居民眼中已经不再像以往显得那么重要，居民发展乡村旅游的积极性不高，缺乏动力。这是

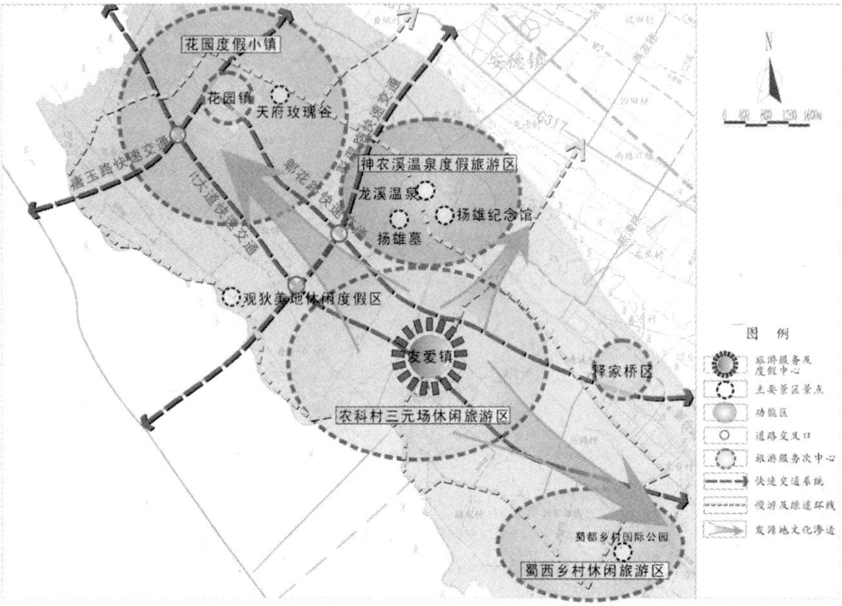

**图 10 – 15　中国农家乐发源地休闲度假区概念规划图**

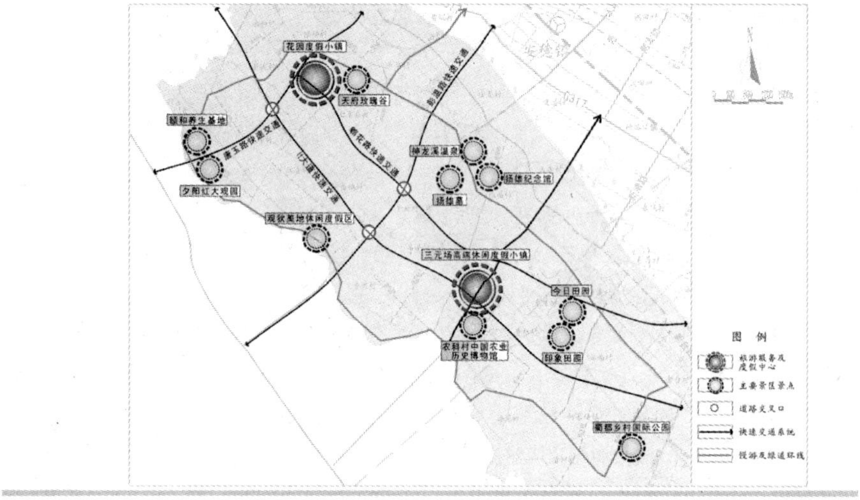

**图 10 – 16　中国农家乐发源地休闲度假区项目布局图**

农科村进一步发展最为重要的制约因素。在此背景下，接待设施难以更新，规模也很难再扩大。因此，在共享"中国农家乐发源地"品牌的条件下，通过对外联合来实现乡村旅游的更新换代和规模扩张是一个不错的选择。

2）由于设施陈旧，规模萎缩，农科村在很大程度上已经被诸如三圣花乡这样的竞争对手所超越。

3）现有农家乐实际上是一些封闭的经营实体，相互独立性很强，而外部空间形象和景观都很差，并且缺乏整体氛围。

4）产品形态单一，产业形态几乎还停留在10多年前的水平。旅游体验缺乏丰富的层次。

5）农科村依托的三元场镇是按照城乡"三个集中"原则进行统一规划的，场镇的空间形态以满足一般城镇居民的基本生产生活需要进行布局。绿地不成系统，城镇空间内的绿地少，达不到美化城乡环境的要求；道路系统属一般城镇道路体系，不适合休闲度假小镇的游览道路需要。城镇的居住用地主要为二类居住用地，居住要求也与乡村休闲度假区有一定差距。场镇规划的居住和商业配套服务设施与度假小镇的要求存在很大差距。

（2）花园镇及天府玫瑰谷。地处花园镇永泉村，目前已经完成300亩玫瑰种植基地和配套基础设施建设，建成长500米的特色街区，是一处集花卉生产、提炼、销售和主题休闲旅游为一体的综合性农业产业园区。于2010年10月试营业一段时间。

当前存在的主要问题在于：①基础设施和服务设施尚不完善；②玫瑰生产后可能对景观造成影响。

（3）蜀都国际乡村公园。位于友爱镇金台村，占地2000亩，计划打造成为集现代都市农业观光、农业体验、文化旅游和旅游地产为一体的综合性现代观光农业综合发展区。目前建成200亩大棚蔬菜种植区。蜀都花卉产业园区的建设计划集生产、交易、旅游、科研、信息等功能于一体。园区目前扩展到2000亩，入驻花卉企业48家，引进项目68个，投资总额8000多万元，企业经营收入（绿化工程、产品营销等）8000多万元。主要问题是这两个区域旅游功能都十分薄弱。

（4）神农溪温泉。

神农溪温泉位于友爱与安德交界的走马河畔，水温在50°以上，温泉品质较好。

3. 发展定位

发展定位为"品牌农家乐休闲和高端度假旅游目的地"；"国家4A级旅游景区"。

4. 功能区划分

规划确定的功能区包括四个旅游产业基地，见表10-2。

— 191 —

表 10 - 2　中国农家乐发源地旅游产业集聚区旅游产业发展基地表

| 基地 | 地位 | 主要发展方向 |
|---|---|---|
| 农科村——三元场休闲度假基地 | 重点产业发展基地 | 农家乐及特色旅游<br>小镇中低端休闲度假 |
| 花园天府玫瑰谷浪漫休闲度假基地 | 重点产业发展基地 | 玫瑰主题高端休闲度假 |
| 蜀西乡村农耕特色文化体验基地 | 一般产业发展基地 | 天府农耕特色体验休闲 |
| 神农溪温泉度假旅游基地 | 一般产业发展基地 | 温泉高端休闲度假 |

对其中的城镇三元场和花园镇要按照国际休闲度假小镇的水准进行建设，二类建设用地主要向释家桥社区集中，依托那里良好的交通区位形成居民集中社区。

（1）农科村——三元场休闲度假基地发展要点。

1）农科村主要建设项目。

■农科村核心景区

保持农科村规划的延续性，构建花样庭院区、中央游憩区、田园牧歌区三大片区，见图 10 - 17。

花样庭院区：面积 772 亩，主要包括现在农家乐集中区。通过民居改造、庭院美化、业态升级，提升农家乐接待档次和水平，发展庭院经济。

中央游憩区：规划面积 809 亩，挖掘乡村民俗文化，以十坊八店为重点建设项目，打造集中游憩体验区。

田园牧歌区：规划面积 3013 亩，以打造田园风光、林盘酒店和自行车游道为重点，展现田园牧歌似的生活方式。

■构建景区道路景观体系和公共景观体系

当前农家乐是一些封闭的经营实体，相互独立性很强，而外部空间形象和景观都很差，并且缺乏整体氛围。因此要构建景区内道路的景观体系和公共景观体系，使农科村封闭的经营实体在风景上相互联系，整个景区由私营经营单元和公共景观体系形成一个统一的整体。

充分发挥川派盆景和景观小品在景观体系中的作用，构建全局化的盆景景观体系，完善各类景观小品和植物景观。

■打造农科村的公共空间和公共设施

➡游客中心、游客集散广场

对现有游人中心按照郫县乡村旅游功能区的旅游产业信息中心标准进行改造和扩建，使农科村成为郫县国家级乡村旅游功能区的游客中心之一。

在游客中心前建设游客集散广场，布置露天茶座和咖啡吧，建设旅游商品购物消费点和儿童游乐区，形成公共休闲消费业态。

➡ 农科村中国农业历史博物馆

现有博物馆和游人中心连在一起,虽然小巧精致,却与农科村在中国农村、农业改革当中的地位不相适应。为此,将现有博物馆与游人中心相分离,扩大规模,提高地位,要展示中国农业和土地制度及农业产业化发展的演变历程。

➡ "川派盆景园"

农科村已经成为"川派"艺术盆景的重要产地。延伸川派盆景产业链,除了在景观上大力突出渲染盆景外,修建川派盆景园,包括珍品馆、盆景交易市场和盆景培训班三个部分。整个园区要遍布盆景花簇,环境优美。

■ 游览交通设施改造

过境道移出景区,在农科村村头村尾修建停车场,杜绝游客直接开车就进入农家乐的现象。让游客步行或骑游进入农科村园区。同时,建立包含农科村、三元场、天府玫瑰谷和蜀都花卉园在内的慢游体系。完善骑游及步游系统的自行车存取站、维修站和休息点的建设。

■ 服务设施的提档升级

提升友爱镇农科村的农家乐水平,对度假接待场所的设施和服务进行动态升级,引入国际顶级标准接待服务产品和专业设施,发展小型奢华酒店,始终保持国际级乡村度假地水准。

在 2015 年,80% 的接待户成功创建为星级乡村酒店和星级农家乐。

2)三元场的主要建设项目。总体上看,目前的三元场规划无法支撑未来打造乡村休闲度假小镇的产品体系,需要对城镇的空间形态进行重新规划、布局和整体提升。农科村的景区化经营要以三元场镇为依托,景区构建乡村旅游的核心吸引物,场镇作为游客的外部活动空间和景区的扩展空间,实现对景区与场镇的互补发展。因此,根据旅游发展需要对三元场镇进行提升和改造,主要从改善场镇的道路设施、道路景观、旅游购物场所、公共休闲空间的打造和业态着手。

具体而言,主要的建设项目包括:

■ 场镇环境的改造及治理

改变目前的田字街巷格局,变十字路口为丁字路口。主要街巷的绿道建设,要将绿地导入城镇,街道深入田园。

■ 公共空间和服务设施建设

打造三元场的公共空间和公共景观,包括小型广场、雕塑等。围绕广场及周边街巷布局公共业态,如茶馆、纪念品购买、农产品超市、酒吧、咖啡吧等。

■ 乡村酒店和度假酒店群

大力发展乡村旅馆和度假酒店,要求设施完善,品质优良,能够进行会议接待。至 2015 年形成 5~8 家星级乡村酒店,2 家三星级水准的主题度假酒店。

(2)花园天府玫瑰谷浪漫休闲度假基地发展要点。

1）花园镇建设项目。

**■场镇环境的改造及治理**

对城镇的空间形态进行重新规划、布局和整体提升。要求按照国际度假小镇的模式进行改造。城镇中心构建公共空间和公共景观，包括小型广场、雕塑等。围绕广场及周边街巷布局公共业态等。

大力加强城镇街道及周边田园的景观建设，以花卉为核心。城镇周围分布景观花田和花主题的主题园区，主要城镇街道和小径深入花田，同时，花田也借助花道（城镇景观街道和小径）深入城中或锲入城镇。

**■公共停车场及游览体系**

城镇修建公共停车场，游客车辆停放公共停车场，对全镇进行步行或自行车游览。

**■建设乡村度假酒店群**

大力发展高端乡村度假酒店和会议中心。

2）天府玫瑰谷主要建设项目。

**■玫瑰景观田**

在生产的同时要注意保持玫瑰的景观效果，一定要种植相当面积的景观玫瑰，注意花期搭配，要随时都能在视野中形成大面积的花海。

**■景点建设**

发展多元化的玫瑰主题旅游景点和体验项目。突出浪漫主题和娱乐氛围。可供参考的诸如：

➡爱的宣言广场

欧式风格，标志性的爱情景观柱或雕塑聚集在玫瑰花海之中。情人爱侣在爱情柱面前情证今生。

➡情侣小路

用玫瑰搭建起爱的花棚，鹅卵石铺道，路面上充满了爱的故事和箴言，小路起起伏伏，象征爱情的道路并不平坦，需要两人携手走过。路上蝴蝶飞舞，感受梁祝的坚贞爱情。

➡鹊桥

➡玫瑰墙

➡由名贵玫瑰组成的玫瑰长廊

➡维纳斯等爱神雕像

➡爱情乐园

一些适合情侣或家人的游乐设施和活动。

……

**■高端服务设施建设**

➡修建欧式风格的休闲产业街。包括五星级标准的欧洲乡村酒店、玫瑰花田教堂及休闲会所等。

➡欧式木屋风格群

➡童话色彩的景观建筑群

例如,白雪公主和七个小矮人的木屋、堂吉诃德的风车、睡美人的城堡等。里面可布置咖啡、茶、婚纱摄影、玫瑰产品使用和销售等商业业态。

■旅游商品建设

大力发展玫瑰主题商品。包括有玫瑰花及相关产品、玫瑰和爱情主题的饰品、日用品和工艺品等。

(3)蜀西乡村农耕特色文化体验基地发展要点。

1)明确用于发展旅游的用地面积。通过景区与公司协调,明确将国际乡村公园部分区域用于旅游发展的用地。

2)重点发展主题式体验乡村休闲。确定一个历史时间段,然后所有的设施和建筑都按这个时间的风格进行建设。

■匠人村:游客在这里学习传统的天府手工艺文化,包括若干场馆如手绘陶瓷工坊、木雕工坊、铁艺兵器铺、酿酒工坊等。

■生态美食体验工坊和餐厅:田里点菜下锅,提供传统川菜美食。

■川人农市:在景区修建商品市场,里面除出售一般旅游商品和蔬菜外,游客也可以将自己在匠人村制作的物件拿来出售。

3)完善旅游配套设施的建设。修建按四星级以上乡村酒店两座,完善景区标识系统和步道、马车道体系建设。

4)景观配置。蜀都花卉园要注意花卉的造型和季相搭配,保证花卉的景观。同时,在此基础上发展相关的餐饮、品茶等休闲活动,配置相应的休闲和娱乐设施,完善游览道路体系的建设。

(4)神农溪温泉度假旅游基地发展要点。依托温泉资源,以扬雄文化和西汉蜀地文化作为温泉度假的文化载体,打造汉代风格的温泉度假区。神农溪温泉度假旅游基地共分为四个区,分别是:入口服务区、汉汤温泉洗浴区、扬雄文化体验区和商务会议酒店区。

1)入口服务区的建设。入口服务区分为入口大门前区和景区内入口综合服务区两个部分,大门前区域作为景区外围旨在控制其与景区的关系,并在环境景观上进行整治,实现与景区的和谐统一。综合服务区包括入口大门、停车场及其管理用房及景区游人中心的功能性设施建筑,引导游客在不同的区域选择自己需要的旅游项目,使景观营造与设施的建设构成一个和谐统一的有机整体。

2)汉汤温泉洗浴区。将度假区位于走马河畔的区域打造为汉汤温泉洗浴区,包括洗浴接待中心、大众洗浴池、鱼疗温泉、八宝温泉池、儿童戏水池、观景池、康体中心等。

3）扬雄文化体验区。扬雄文化体验区由扬雄文化纪念馆、神龙御温泉构成。其中，在本区域新建扬雄文化纪念馆，对扬雄及其时代进行详尽的介绍和展示。神龙御温泉为整个度假区的高端产品，打造古香古色的高端温泉体验产品，以高档的设施、精致的服务、深厚的汉文化底蕴，为游客营造神仙般的温泉洗浴体验，以体现尊贵和品位。

4）商务酒店会议区。商务会议酒店区包括汉汤国际温泉酒店、扬雄国际会议中心、酒店别墅和酒店运动区。汉汤国际温泉酒店按照四星级标准修建。扬雄国际会议中心包括豪华大宴会厅、多功能厅、可分隔会议室、小型会议室、VIP会议室和休息室，先进的网络、数字化通讯、视听设施和同声传译系统，可满足各类国际会议、董事会议和商务洽谈的需求。建设不同风格的酒店别墅，服务于"金字塔"尖的成功阶层。酒店运动区设置室外与室内结合的运动区作为酒店的配套，主要设置网球场、斯洛克台球室、壁球室，等等。

5. 慢游体系的构建

依据现有三片之间的乡村道路体系，构筑环形慢游道及交通体系建设。完善环形道路上的自行车存取点建设，完善交通标识建设。

游客自驾车到指定的入口停车场停放，不得开车进入园区。

## 三、小结

农科村乡村旅游的转型升级，概括起来主要有四方面的内容：

一是重新划定范围。规划中将友爱镇农科村及三元场、花园镇及天府玫瑰谷和蜀都国际乡村公园、蜀都花卉观光园区及神农溪温泉区域都纳入中国农家乐发源地旅游休闲度假区，空间上进行拓展，突破原来的小范围，形成了"大农科村"的发展格局。

二是重新布局业态。产业业态上，从农家乐的低端业态升级为乡村休闲度假的高端业态，并打造一系列特色乡村酒店、度假村，形成体验型的田园养生、休闲度假旅游，深化一三产业的融合发展。

三是重新梳理交通体系。由对内交通转向对外交通，优化区域内的交通通达性和便利性，并进一步升级接待设施和服务设施。形成外连快速通道，内成慢游体系的交通格局。

四是以乡村旅游功能区规划来引导城乡新型空间形态规划，对友爱镇、花园镇按度假旅游小镇来定位，按度假小镇标准进行用地布局、业态规划和道路体系规划，形成度假小镇的城镇空间格局。以旅游规划来引导城镇空间形态规划，是我公司这几年的奋斗目标，并取得了较大成绩。

# 附件

## 成都市《乡村旅游度假区建设管理标准（试行）》
### （成都市地方标准　DB510100/T 020—2008）

1. 范围

本标准规定了乡村旅游度假区建设管理的术语与定义、建设条件、规划控制、建设模式、度假区评定、度假区建设申报和授牌。

本标准适用于指导旅游特色村、农家乐集中发展区的转型升级和新建乡村旅游度假区的建设和管理。

2. 规范性引用文件

下列文件中的条款通过本标准的引用而成为本标准的条款。凡是注日期的引用文件，其随后所有的修改单（不包括勘误的内容）或修订版均不适用于本标准，然而，鼓励根据本标准达成协议的各方研究是否可使用这些文件的最新版本。凡是不注日期的引用文件，其最新版本适用于本标准。

GB 3095　　环境空气质量标准

GB 3096　　城市区域环境噪声标准

GB 3838　　地表水环境质量标准

GB 5749　　生活饮用水卫生标准

GB 9663　　旅店业卫生标准

GB 9664　　文化娱乐场所卫生标准

GB 9667　　游泳场所卫生标准

GB 12941　　景观娱乐用水水质标准

GB 15618　　土壤环境质量标准

GB 16153　　饭店（餐厅）卫生标准

GB/T 17775　　旅游区（点）质量等级的划分与评定

GB 18920　　城市污水再生利用　城市杂用水水质

GB 18921　　城市污水再生利用　景观环境用水水质

GB 18972　　旅游资源分类、调查与评价

GB 17775　　旅游区（点）质量等级的划分与评定

GB/T 189733　　旅游厕所质量等级的划分与评定

DB51/D 5059　　四川省建筑防震鉴定与加固技术规程

DB510100/T 004 - 2004　农家乐开业基本条件

DB510100/T 005 - 2004　　农家乐旅游服务质量等级划分及其评定

DB510100/T 006 - 2005　　乡村酒店旅游服务质量等级划分及其评定

市政府令第 125 号《成都市公共信息标志标准化管理办法》

建设部住宅产业化促进中心 2004《居住区环境景观设计导则》

公安部/建设部 1989《停车场规划设计规则（试行）》

《成都市城市总体规划（2003～2020 年)》

《成都市土地利用总体规划（2003～2020 年)》

《成都市旅游发展总体规划（2007～2025 年)》

成都市国土资源管理局 2008《成都市土地整理专项规划》

成都市建设委员会 2008《成都市林盘保护规划》

3. 术语与定义

3.1 乡村性

是乡村区别于城市的根本属性，泛指乡村生态、农业生产、农事活动、农舍建筑、民俗风情、生活方式等乡村范围内的物质或非物质形态所具有的原真性、包容性和生态性等共有属性。

3.2 乡村旅游

是指利用乡村独特的自然环境、田园风光、生产形态、民俗风情、农耕文化、乡村聚落等资源，为旅游者提供观光、休闲、度假、体验、健身、娱乐和购物的一种旅游业态。

3.3 乡村旅游度假区

是度假旅游目的地建设的一种生产经营形态，具有参观游览、康乐健身、休闲度假等多种活动功能，具有明确的地域范围和统一建设管理的经济组织，是提供休闲度假设施与服务的、相对独立与开放的旅游社区。

4. 建设条件

4.1 选址依据

应符合《成都市城市总体规划（2003～2020 年)》、《成都市土地利用总体规划（2003～2020 年)》、《成都市旅游发展总体规划（2006～2025 年)》等上层规划，以及《成都市土地整理专项规划》、《成都市林盘保护规划》和项目所在地的村镇规划等相关专项规划。

4.2 选址条件

乡村旅游度假区建设应依托于市级以上历史文化名镇（村）、市级以上风景旅游区、省级以上农业旅游示范点、市级旅游特色村、农家乐集中发展区、市级农业产业园区或重大旅游产业化项目等进行发展，环境幽静、风光秀美、气候宜人、空气新鲜，有设置乡村旅游度假区的实质环境（如田园、果园、农庄、森林、湖泊、草场等），且度假区的构筑环境相对独立，有明确的自然边界；选址确定后，应纳入各区（市）、县域总体规划及下一层次的各级法定规划。

### 4.3 业态类型

旅游设施建设应与当地原有的农业生产方式、原住民的基本生活形态、原区域的地理文化特征相融合。合理配置农业生产和旅游资源，促进一、三产业互动发展、统筹城乡文明建设。

### 4.4 交通条件

外部交通的可进入性畅通快捷，一般要求度假区距客源中心城市的最佳车程在2小时以内，换乘系统通达方便；内部交通方便舒适，车行、人行交通设施体系完善，度假区内转运以环保交通公共型为主。

## 5. 规划控制

### 5.1 总体原则

坚持"生态、业态、文态、形态"四态重构的可持续发展原则，注重生态优先、产业同步，兼顾系统性、特色性、市场性和安全性。

### 5.2 布局要求

乡村旅游度假区布局应充分结合所在地的产业特征、村镇风貌、自然景观、地形地貌以及提供的度假项目等因素。

平坝地区以院落式分散布局为主，丘陵或山区以点状适度集中布局为宜，布局休闲、游憩、运动、康体等度假活动项目及设施。

区内各类设施建设用地不得超过总用地的30%。

### 5.3 功能分区

乡村旅游度假区的功能分区设置应包括农业生产区、休闲娱乐区、综合服务区、度假住宿区、原住民生活区等基本功能区。

### 5.4 景观控制

建筑景观（体量、形式、色彩等）总体要保持度假区所在地的乡村特色和传统文化风格；绿化景观要避免过度"城市化"和"园林化"。建筑和绿化应在最大限度保护度假区所在地原有的大地景观格局。

建筑高度不超过围合林盘（树木）的高度，单体建筑高度以檐口高度控制在10米以内，个别景观包括楼、阁、塔等的建（构）筑物高度可适当放宽，不得影响环境协调。

## 6. 建设模式

建立政府主导、企业主体、村民参与、市场运作的机制，运用村民自主的村（社区）集体经济组织开发型、具有农民股东的股份制公司开发型以及公司、集体经济组织和农户三方联合开发型等模式。

## 7. 度假区评定

### 7.1 基本要求

#### 7.1.1 建设规模

a) 乡村旅游度假区范围一般不小于 3 平方公里，空间边界明显。

b) 具备 2 项以上乡村性旅游资源（包括规模化、主题化的花卉种植基地、果林园区、生态农业园区、养殖基地、牧渔场、草原等）。

c) 具备 500 个床位以上的度假住宿设施。

d) 具备年接待游客量 25 万人次以上的承载能力。

7.1.2　旅游经营

a) 具有统一有效的管理机构和运作机制。

b) 度假区内应限制普通商品房项目开发，控制性建设旅游度假社区。

c) 具备 3 种以上季节性农事参与类（包括采摘、编织、手工制作等）和 5 种以上常态性休闲运动类（包括球类、游泳、登山、骑行、走跑等）活动及服务设施，且设施日容量分别达度假区日游客接待量的 1/10 和 1/2 以上。

d) 具备常年性或季节性度假，具有一种以上的全国性或两次以上的地方性特色节事活动（参与人数在 3 万人次以上）。

e) 过夜游客平均停留天数不低于 2 天。

f) 年接待游客不少于 25 万人次。

g) 度假区年经营收入在 5000 万元以上。

h) 原住民与外来业主的利益分配合理，未发生利害冲突。

7.1.3　度假环境

a) 环境质量达到相应国家标准。其中空气质量达到 GB3095 的二级标准，噪声达到 GB3096 的Ⅰ类标准，地表水质量达到 GB3838 的Ⅲ类标准，土壤质量达到 GB15618 的Ⅱ类标准。

b) 各种设施的卫生与安全符合相应的国家标准，包括 GB 9663、GB 9664、DB510100/T 004-2004、DB510100/T005-2004、DB510100/T006-2005 等。

c) 房屋、桥梁等建筑抗震设防标准应符合 DB51/D 5059-2008 规定。

7.2　设施评价

7.2.1　住宿设施

a) 新建或改造宾馆应达到三星级及以上的乡村酒店标准，单一经营主体的宾馆客房应达到 15 间以上。

b) 村民自建新房或原有住房改造后用于对外住宿和接待的房屋，应符合当地新农村自建房相关要求，且单间住所应配备独立卫生间。

7.2.2　餐饮设施

a) 餐饮设施具有乡村特色，类型丰富，环境舒适性好，能够满足不同消费水平的市场需求。

b) 餐饮设施布局合理，总体规模与度假区能力相匹配。

c) 餐厅风味应以地方特色和传统农家菜为主，乡土特色菜品占总菜品的

70%以上；菜品选材和用料以乡土原料为主，按传统工艺制作。

d）区内能提供7天/24小时就餐服务，满足游客合理的消费需求。

e）新建或改建餐厅设施标准达到成都市5星级农家乐或四川省5星级乡村旅游景区标准。

### 7.2.3 交通设施

a）对外交通可进入性强，与主要客源城之间至少有一条以上的旅游快速通道或距离高速公路出口半小时车程。具备紧急安全救援双循环交通公路。

b）内部交通通达性强，具备机动车系统和步行系统，有独立的生产（消防）通道、观光车专用道、自行车专用道、步行专用道等，可提供代步租赁服务。具体建设标准可参照《居住区环境景观设计导则》标准设置。

c）停车场容量应满足游客接待需要，按集中和分散两种方式进行停车场配置。主入口或游客接待中心附近区域应设置大型生态停车场（可供旅游大巴车停放），度假区内可根据需要设置小型生态停车场，各类停车场的选址合理，规模适中，与周边环境协调。泊车数量和标准可参照《停车场规划设计规则（试行)》的游览场所类设置。

### 7.2.4 给排水设施

一般应采用集中方式供水，选择洁净的取水水源地或与城镇自来水管网连接，建设蓄水池、供水管道。生活污水排放应集中处理，一般应建设污水处理站，也可通过化粪池处理后与就近城镇地下污水管道连接集中排放。

#### 7.2.4.1 供水

区内供水充足，满足度假产品需求，生活饮用水达到GB5749的规定，景观娱乐用水的水质达到GB12941的规定。

#### 7.2.4.2 排水

区内应实行雨污分流，排水及污水处理设施完备，具有与接待规模相适宜的处理能力，处理后水质应符合GB/T18920和GB/T18921的要求。鼓励建设中水回用系统，提高水资源的循环利用。

### 7.2.5 供电设施

区内电力充足，供电设施建设能满足当地村民和旅游发展对容量的需求，重要供电设施宜采用双回路供电，保证供电不间断。一般电线网应埋入地下，避免空中视觉污染。

### 7.2.6 通讯设施

通讯设施与接待规模相匹配，能满足当地村民和旅游发展对通信容量的要求。有国内、国际直拨电话、传真及互联网络服务，移动信号全面覆盖；公共场所应配备公共电话及互联网络端口；公用通讯设施服务标志醒目。

### 7.2.7 卫生设施

a) 各类场所卫生达到 GB9664 规定的要求，餐饮场所达到 GB16153 规定的要求，游泳场所达到 GB9667 规定的要求。

b) 公厕数量与接待能力相匹配，布局合理，设施设备应达到 GB/T18973 规定的三星级及以上旅游厕所标准。

c) 配备数量满足需要的垃圾箱，垃圾分类收集，日产日清，集中处理。

d) 食品卫生符合国家规定，配备卫生消毒设施，不使用造成污染的一次性餐具。

7.2.8　公共安全设施

a) 建立紧急救援机制，设立医务室，配备专职医务人员，提供全天候医疗服务。制定突发应急处理预案，应急处理及时、妥当，档案记录准确、齐全。

b) 执行公安、交通、劳动、质量监督、旅游等有关部门制定和颁布的安全法规，建立完善的安全保卫制度。配备必要的安全救助场所、应急疏散场所和设施，能提供全天候安全救助服务。消防、防盗等救护设备和防护设施齐全，交通、机电、娱乐等设备无安全隐患。

7.2.9　配套服务设施

a) 游客中心位置合理，规模适度，具备提供信息、咨询、游程安排、讲解、教育、休息等旅游设施和服务功能。

b) 公共服务导识系统完善，标识标牌布设合理，规范醒目。标识牌和景物介绍牌布置合理，能烘托整体环境。公共信息图形符号的设置应符合《成都市公共信息标志标准化管理办法》的要求。

c) 设立旅游购物场所，布局合理，环境整洁，秩序良好。旅游商品种类丰富，地方特色突出。

d) 建立电子商务系统平台，具备网上查询、预定、支付等服务功能。

7.2.10　辅助设施

设置邮政、银行服务设施，布局合理，外观易于识别，与环境协调性好。

7.3　管理评价

7.3.1　资源利用

全面调查评价度假区内部以及周边旅游资源的类别、品位，绘制旅游资源分布图，建立旅游资源数据库，具体方法可参考 GB/T18972 的要求。

7.3.2　环境保护

a) 度假区建设应通过环境影响评价。

b) 各种游乐、食宿设施设备符合环境保护要求，建筑物采用生态环保材料。

c) 建立完善的环境保护制度，具有切实可行的监测机制和手段，设立环保和减灾防灾专项资金，保护景观、文物、古建筑、生态系统、珍稀名贵动植物，防治滑坡、泥石流、洪涝干旱、虫害等自然灾害。

d) 旅游最大容量控制在环境承载力阈值范围内。

e）鼓励度假区进行 ISO14001 环境管理体系认证。

### 7.3.3 经营服务

a）服务质量应达到 GB/T 17775 规定，鼓励企业产品质量通过 ISO9001 质量管理体系认证。

b）持续开发新的旅游产品和推进农业产业化进程，度假旅游活动不影响农业生产，无闲置、荒芜农田。

c）建立市场营销机制，设立专项活动资金，巩固与发展客源市场，在最大环境承载力范围内，度假游客数量每年增幅达到 5% 以上。

d）建立产品形象和企业形象，有明确的质量目标、方针口号，有企业注册标志。

e）度假区经营模式和利益分配方式得到 90% 以上村民认可。

f）度假区从业村民年人均收入超过当地村民年人均收入 10% 以上。

g）当地村民因旅游获得的收入占总收入的 50% 以上。

h）就业人员中农村剩余劳动力占有率达到 30% 以上。

i）提高本地区农产品及纪念品销售等附加值 20% 以上。

### 7.3.4 社区管理

a）有统一的管理机构，建立健全生产、经营、质量、卫生、环保、统计等规章制度。

b）资源保护、项目建设和开发经营，与社区村民沟通渠道畅通，社区村民认可度达到 70% 以上。

c）定期宣传解释度假区发展的规划设想和行为规范，建立良好的社区发展环境。

d）定期开展安全、卫生、环保、统计、法制和质量、营销、服务、管理等培训，吸引 70% 以上村民参与，50% 以上村民参加旅游从业免费培训。

e）旅游社区对外来文化影响的整合能力强，90% 以上村民认可度假区的社区管理模式。

f）定期开展旅游安全教育活动，安全责任制度健全，有安全应急机制和预案，每年至少组织 1 次安全演习。

g）建立游客投诉服务系统，具备网络、电话和现场问卷等多种受理渠道。

### 8. 度假区建设申报和授牌

#### 8.1 申报条件

申报乡村旅游度假区建设项目应提交可行性研究报告、规划建设方案等技术资料，提供国土、规划、建设、旅游等部门审查意见及有关补充说明文件，由市旅游产业发展领导小组办公室组织审批。

#### 8.2 项目管理

乡村旅游度假区建设应严格按审定方案和基本建设程序组织实施，项目所在地的旅游行政管理部门负责项目协调、督促和监督实施。

新建的重点乡村旅游度假区项目可列入全市重大产业化发展项目，并同等享受相应政策。

8.3 授牌

乡村旅游度假区的标志、标牌、证书由成都市旅游行政主管部门统一制作，由成都市人民政府颁发。

# 第十一章　乡村旅游产品升级：乡村休闲、乡村度假与乡村体验

乡村旅游产品的转型与升级，主要方向是乡村休闲、乡村度假与乡村体验。我国现有的乡村旅游产品主要集中于乡村观光和简单的短时休闲，这一产品结构单一，较为初级，效益较低，游客需求不能得到完全满足。在乡村旅游发展的初期，观光产品投资少、见效快，能够迅速吸引市场关注，积聚人气，但在发展后期，乡村旅游面临市场需求的升级，自身的发展也面临着由量向质的转变。乡村旅游产品的升级，是构建以乡村观光、乡村休闲为基础，乡村度假为重点，乡村体验为特色的乡村旅游产品体系。

## 第一节　城乡统筹政策下乡村角色的转变①

城乡一体化，是未来社会发展的必然趋势，也是我国发展经济要解决的一个大问题，它牵涉到一系列关乎国计民生的重要领域。从世界范围来看，很多发达国家也存在城乡差距问题，他们大都制定农业保护性政策并对农民进行财政补贴，以缩小城市和乡村居民收入差距。我国农村人口比重占七成以上，农村不仅人口多、占地广，长期的城乡差别已经带来很强的后缀效应，仅靠经济政策和财政补贴，很难解决城乡差距的大缺口。

近年来，我国陆续出台一系列相关政策来推动农村改革，加速城乡一体化进程，促进城乡统筹发展。国家发改委批准重庆和成都两市作为全国统筹城乡综合配套改革试验区，力求推进各个领域的体制改革，促进城乡经济社会协调发展。我国农村改革首先要解决的是农民增收、农村剩余劳动力就业和土地利用问题，下文以成都双流彭镇金湾村乡村休闲旅游项目为例，解析如何通过发展乡村旅游，转变乡村角色，推动城乡统筹发展。

---

① 赵婷婷，杨振之．城乡统筹政策下乡村角色的转变［N］．中国旅游报，2008－12－24

## 一、城乡统筹推动乡村角色的转变

城乡统筹不是简单把乡村改造成城镇、把工业推向农村、把农民引入城镇，而是要为农村的发展创造公平的环境。一方面，对农村的产业结构和布局进行科学调整，推动农村经济发展；另一方面，推动农民生产方式和生活方式转变。

### 1. 乡村角色的转变

在城乡统筹政策支持下，通过集中兴建乡村农业发展园区，进行土地的集中经营，吸引投资和开展大规模的项目开发。鼓励农村发展新兴产业，推进农业产业化步伐。同时，积极促进观光农业和休闲产业的发展。

通过招商引资，乡村的经济发展了，乡村剩余劳动力的就业问题将得到解决；通过对乡村布局的重新规划和基础设施的不断完善，乡村环境美化了，村民的生活水平不断提高；通过道路交通网络的加强，城乡间的距离缩短了，城乡间的交流也变得越来越密切。乡村将不再是原来单一的农业生产角色，而成为为城市提供给养和为城市居民提供游憩休闲服务的角色，乡村逐渐成为城市社会和功能的延伸。

### 2. 角色转变下的思考

目前，我国大部分的乡村地区生产力水平相对较落后，集约化水平低，规模化也未形成。现在发展城乡统筹所倡导的"三个集中"，即工业向集中发展区集中、土地向规模经营集中、农民向城镇集中，将会加速推动乡村商业化、城镇化。但是大规模土地集中和乡村居民的统一安置，会不会导致乡村田园风貌的丧失？农业产业化和农民工人化，急剧的社会角色转变，会不会带给乡村居民强烈的冲击？城市人口的大量涌入和城乡界限的模糊，会不会导致乡村传统文化风俗的湮灭？

城乡统筹是机遇，也是挑战，乡村地区在发展经济的同时，更要关注乡村的社会人文。城乡统筹不是把乡村变成城镇，乡村的田园风光和风土人情也是宝贵的社会财富。在乡村转变角色的阶段，我们应当多思考这些问题，城乡统筹要和谐发展，城乡一体化才能平稳实现。

### 3. 乡村旅游发展的契机

要调整乡村产业结构、发展乡村经济，又不能破坏乡村的生态环境和田园风光；要改善村民的居住条件和生活水平，又不能改变乡村传统民俗文化，发展乡村旅游是一个绝好的出路。

随着城乡道路交通网络完善，城市不断外扩和部分功能向城郊转移，城市周边的乡村将逐步形成环城市游憩带（吴必虎，2001），满足部分城市休闲和度假功能。随着经济的发展，久居城市的居民渴望回归自然、走向田园，寻求安静舒适的环境，旅游消费需求欲望越来越强。乡村可以充分利用自身资源，满足城市居民休闲度假的需求，成为城市居民短途旅游目的地。

## 二、城乡统筹催动乡村休闲产业发展

成都是中国"农家乐"、乡村旅游的发源地，起步早、发展快、规模大。而成都人偏好休闲度假的需求促使成都周边出现了大量"农家乐"、乡村旅游等业态的开发。成都周边乡村旅游的开发已具规模，加之国家统筹城乡综合配套改革试验区及相关政策的出台，更推动了成都市乡村旅游产业的发展。乡村休闲产业的发展，在城乡统筹特区的试验建设中，将起着举足轻重的作用。

金湾村乡村休闲旅游开发项目地位于成都双流彭镇北部金湾村，距双流机场约6公里，距成都市区约15公里左右，在成都向南发展的主辐射范围内，是成都市都市近郊区，属于环城市游憩带，区位优势明显，未来即将建成的双楠大道直通彭镇，将有力地提高项目地的可进入性。

1. 统一规划，合理布局

近年来，金湾村通过引进企业与业主，逐步形成了农业用地向业主集中的模式。目前已引进10余家企业和业主，群体经营苗木园艺产业，集中土地764亩。未来，在实现新农村建设的同时，农民将逐步由分散向集中居住发展，对失去土地的农民将统一建设安置小区，预计建设用地面积240亩。

在空间布局设计中要考虑规划空间与自然空间的融合，要始终贯彻自然生态的理念，以乡村园林苗圃大背景为基础，将建筑有机融入自然环境，最大限度地利用现有景观资源，体现尊重自然、追求人造环境和自然环境的密切结合，相互辉映、相得益彰。

乡村园林是提供给游客的一种轻松愉悦的度假氛围，在旅游项目设置方面，要打破传统的旅游观念，结合农业观光和乡村园林风光，通过开放性项目及公共游憩空间的广泛设置，在时空维度上实现区域一体化发展。

2. 打造诗意主题化的乡村休闲旅游区

目前，成都很多乡村旅游项目都推出民俗文化或传统的农业耕种文化去吸引城市游客，如新津、新都等地。实际上乡村旅游的发展已进入到主题化阶段，更注重特色和文化包装，要用文化来吸引游客。因此，乡村旅游的开发必须要从主题和特色方面寻求整个项目定位的突破口。

金湾村乡村休闲旅游开发项目将诗歌与乡村文化组合包装，打造高品位的乡村旅游项目和文化体验环境——中国诗化园林艺术村。以园林苗木花卉生态资源为基础，以乡村休闲娱乐体验项目为核心，以独具特色的乡村生态度假为卖点，以中国园林植物诗歌意境为文化包装，把自然与文化、景观与环境、观光与休闲相结合，打造诗意主题化的乡村休闲旅游区。

我国休假制度改革，带薪休假制度的完善，直接影响居民对旅游目的地的选择。可以预计在未来几年，长线旅游的热度会有所减退，而短途旅游将进一步升温。

国家城乡统筹政策和农村改革为发展乡村旅游提供了良好的契机，乡村地区应把握机遇，积极调整产业结构，大力发展休闲产业。在开发乡村旅游项目时，必须结合自身特色和市场需求，参照市场竞争态势制订适合自身发展的旅游开发战略；要打破固有的思维模式、转变市场角色，创造有特色的乡村文化休闲旅游方式。

# 第二节　乡村休闲产品的规划设计

我国休闲研究起步较晚，乡村休闲的相关研究更处于休闲研究的低点，基础理论体系还未完全构建起来。休闲的概念远远大于旅游，乡村休闲应该囊括现有的乡村旅游、观光农业、民俗旅游等多种休闲形式，它是城市居民对乡村进行访问的所有活动的统称。这一概念从本质上讲远远大于现在的乡村旅游范畴，其产业特点与休闲的模式、方式等与乡村旅游也有很大区别。

## 一、乡村休闲概述[①]

乡村休闲有别于乡村旅游，乡村休闲的发展是把农业发展与休闲娱乐结合起来，包括乡村旅游、观光农业、民俗旅游等多种休闲形式，乡村休闲能带动相关产业的发展，有益于我国农村地区产业结构的调整与优化，在此将就乡村休闲的概念、发展历程及前景进行深入探讨。

1. 何为乡村休闲

从休闲的发展来看，主要经历了两个阶段：农业社会的休闲和后工业社会的休闲。而乡村休闲，正是建立在农业社会的休闲基础之上。在城市化和工业化加速发展的今天，乡村休闲就显得越来越重要。乡村休闲以乡村生活为背景，以家庭群体为主要单位，依靠交流、互动进行体力上和精神上的放松、休息、消遣。这种休闲方式，是在乡村这个特定的区域进行的，独特的乡村风光和传统的乡村民俗成为了乡村休闲重要的支撑。

2. 乡村休闲的发展前景：乡村旅游的新起点

目前，中国的乡村旅游正在经历一个快速发展的时期。各个省市的城乡过渡地带都涌现出了大大小小、形形色色的农家乐、主题农业园、度假山庄，而以乡村旅游为主题的度假区、风景区，在规划、设计、开发过程中都力求特色化、主题化，

---

① 杨振之，刘思翔. 城乡统筹下的乡村休闲［N］. 中国旅游报，2007 – 11 – 26

以吸引更多的游客前来。但是，不难看出，乡村旅游在其发展过程中，已经遇到了瓶颈——普通的乡村观光与乡村生活体验很难适应现在乡村旅游市场的发展，乡村旅游产品出现了陈旧、过时的状况。

从旅游业的发展过程来看，旅游的潮流使休闲度假变得越来越重要。因此，乡村旅游的发展也必不可少地会遵循这一规律，即乡村休闲的比重将比乡村游览所占比重更大。而乡村旅游也将形成以乡村休闲打破瓶颈，以新的旅游产品来满足乡村旅游市场需求的发展趋势。从这个意义上讲，乡村休闲将是乡村旅游的新起点。以单纯的观光向休闲转变，可以扩大乡村旅游市场，完善乡村旅游中的"行、游、购、食、住、娱"产业链条，增加农村居民就业和收入，进一步缩小城乡差距。

### 3. 乡村休闲的发展历程

中国农村经历了从原始农业向现代农业的转变过程。在这一转变过程下，乡村的休闲也经历了从传统的普通农闲向现代乡村休闲的转变。

（1）农业社会下的乡村休闲。农业社会下的乡村经济，是一种自给自足的单一经济，很少存在市场化的商品经济特性。农民的生产供给，绝大部分是为了满足自身需要，因此在生产力方面形成了以单个家庭或家族为单位的群体，并且不占有生产资料。这样的原始农业经济所形成的乡村休闲，也仅仅是以家庭或家族为特征，由于生产力低下，基本形成"靠天吃饭"的格局。乡村休闲仅仅是一种农闲的表现，在不能耕作的季节，往往各个家庭以自娱自乐形式进行乡村休闲。由于乡村的基础设施条件差，基本不能形成乡村旅游产业，所以当时乡村休闲主要是在封闭的社会圈层来进行，休闲方式单一、休闲活动较少、休闲层次较低，人们仅仅是以休息的方式去进行休闲，主要是为获得身体上的放松和恢复体力。

（2）现代乡村农业下的乡村休闲。随着社会发展，现代乡村农业打破了原来的单一封闭式经济，形成了以市场经济为指南针的集约化经济形态。这种经济形态表现为统一规划、统一建设、统一管理、统一营销，乡村农业形成了集群化、规模化、产业化。整个现代乡村农业不再是自给自足，而是各个产业链条互相紧扣，循环拉动的综合性产业。这种产业链的形成，为乡村休闲旅游提供了完整的供给保证。土地集中、人力资源集中和资本集中使得乡村休闲向着大众化和开放式方向发展，形成了乡村旅游产业。现代乡村农业下的乡村休闲，不再是以家庭为中心，而是以个人为中心，形成了乡村观光、乡村度假的方式。乡村休闲的目的，也不再仅以休息的方式去获得体力恢复，而是享受轻松、自由、美好的环境气氛，使身体和精神得到满足，达到一种自我调节作用，更多的是追求一种精神上的享受和愉悦。

## 二、乡村休闲与节事活动[①]

在乡村旅游目的地的发展初期，节事活动的开发对于树立目的地的旅游形象起着不可估量的作用；中后期，节事活动的深入发展对于构建文化乡村、体验式、和谐式乡村将起到助推器的作用。所以，在乡村休闲旅游目的地的发展过程中，乡村生态、乡村民俗节事活动的开发是值得投入大量的人力、物力和财力的。

1. 节事活动与乡村节事

节事活动及乡村节事的开展对于乡村休闲旅游目的地有着重要的意义，有必要对二者概念进行辨析。

（1）节事活动。纵观我国近年节事活动的研究发现，对节事活动的内涵和外延的理解有很大分歧，突出表现在对节事活动的概念和外延的探讨上。戴光全等在《西方事件及事件旅游研究的概念、内容、方法与启发》（上）一文中，则指出西方学界常常把节日（Festival）和特殊事件（Special Event）合在一起作为一个整体来进行研究，称为"节事"（Festival & Special Event）。[②] 但是总体上，它们都以某一地区的自然、文脉和发展战略为基础，举办的一系列活动或事件，包括节日、庆典、地方特色产品展览会、交易会、博览会、会议以及各种文化、体育等具有特色的活动。

（2）乡村节事。乡村节事是利用乡村田园原生态的环境以及形成的农业产业规模效应，或者通过深入挖掘民间民俗文化、民族文化而开发的乡村节庆事件。它通常包括两种类型：第一，以乡村原生态和农业产业规模为基础的乡村生态节事活动。第二，乡村民俗或乡村民族节事活动。比如成都龙泉驿区的国际桃花节、广元苍溪县的梨花节就是以乡村原生态的田园风光和农业产业集群发展起来的乡村节事活动；而贵州从江侗族大歌节，则是在深入挖掘几千年悠久侗族文化的基础上，旨在向游客展示从江丰富的原生态民族文化的特色民俗节事活动。

2. 节事活动对乡村休闲旅游业的作用

在乡村休闲旅游目的地逐步发展的过程中，节事活动起到了不可忽视的作用。

（1）节事活动增强了乡村休闲旅游业的差异化吸引力。在乡村旅游目的地发展的初期，乡村生态节事活动主要是为乡村树立独特的生态乡村形象。随着乡村旅游目的地的发展，乡村的农业产业结构就会受到市场的驱动，逐步发生转变。传统的农业生产模式就会逐渐被新的产业模式所取代，形成独特的产业景

---

① 杨振之，冯贤贤. 乡村休闲旅游与节事活动［N］. 中国旅游报，2008-8-18

② 戴光全，保继刚. 西方事件及事件旅游研究的概念、内容、方法与启发（上）［J］. 旅游学刊，2003，18（5）

观，这些作为乡村生态节事活动的新元素，就会成为乡村发展休闲旅游业的差异化吸引力。

独特的气质和文化精神，是乡村最宝贵的精神财富和核心竞争力，是形成一个乡村对外差异化吸引力的根基，是一个乡村休闲旅游业发展的魂魄。在乡村旅游目的地发展的初期，乡村民俗节事活动主要是拯救和展示古老乡村的先民所遗留下来的文化遗产，给游客带来不一般的体验。这个时期，它吸引游客的主要是由于地域的差异性，所带来的文化的新奇感。而随着旅游者品位的提高以及乡村休闲经济竞争的日益激烈，不同或者相同地域环境下的乡村与乡村之间不应再去角逐一场同质化的竞争经营，而是应该找出乡村自身的魂。深入挖掘乡村民俗文化的内涵，才能形成独特的产品。因此节庆事件是乡村休闲旅游业中一张"外向型"的牌，借助节事活动，初期重点打造差异化的形象，中后期逐步形成乡村休闲旅游业独特的核心竞争力。

（2）节事活动将成为乡村休闲吸引物体系中的一个核心产品。乡村中独特的自然资源、人文和社会资源具有一定的旅游吸引力，是其休闲产业发展的基础。当大众旅游还处于"观光型"的初级阶段时，节事活动的主要作用是展示乡村独特的生态、文化形象，吸引游客的眼球。初期的节事活动还停留在单纯的办会，办展的阶段。

但是随着乡村旅游目的地的成熟以及其休闲旅游业的盛行，旅游者日益偏好于动态性、参与性、体验性强的休闲旅游产品。单纯静态吸引物的吸引力正逐渐降低，而富有参与性、体验性的乡村节事活动，将成为乡村休闲吸引物体系中的一个核心产品。游客更愿意深入到乡村田园、乡村聚落中，去体验乡村独特的自然、文化、社会气息。

（3）节事活动促进乡村休闲旅游产业链的形成。在乡村旅游目的地发展的初期，针对节事活动所吸引的大量游客，当地政府或旅游部门会精心设计和开发具有浓郁本地特色的旅游产品系列。包括与"食、住、行、游、购、娱"相配套的一系列产品体系。当乡村旅游目的地逐步走向成熟之后，当地政府或旅游部门就会通过节事活动，完善农业观光休闲游、生态体验休闲游、文化休闲游、民俗休闲游等休闲旅游产品。节事活动不仅使旅游者在旅游的过程中充分了解当地独特的文化，也使当地政府或旅游部门完善和提升了本地的休闲旅游产品体系。

（4）节事活动增强了乡村休闲旅游业可持续发展的能力。文化的挖掘、乡村文化遗产的保护、乡村非物质文化遗产的传承、乡村产业景观的维护是乡村休闲旅游业可持续发展的保障。在乡村旅游目的地逐步发展的过程中，通过发展乡村生态事件活动发展起来的休闲乡村，会形成自身独特的产业景观，产业体验模式，农业产业文化；而通过乡村民俗节事活动的成功举办，乡村独特且具有吸引力的人文气息以及其传统的文化遗产不仅得以恢复生机，同时又能与时俱进地发展。这些都是乡村发展休闲旅游业最核心、最本质的东西。除此之外，节庆事件的举办，完善了乡村配套的基础设施硬件和相应的软件支撑系统（专门的技术管理人才、政府部门的指导合作等），这些都是促进乡村休闲业可持续发展的动力。

## 三、乡村休闲产品规划设计要点

乡村休闲产品的成功规划是乡村休闲活动开展的前提，在规划过程中要注意以下三个方面：

### 1. 明确主题，以大产业大系统支持乡村休闲产品开发

规划者应明确乡村旅游的发展方向，将乡村休闲作为本地区的支柱产业进行打造，并以此为依据大力发展乡村休闲的配套服务产品，逐渐优化乡村旅游的产品结构。在规划过程中，规划者应根据本地区的自然条件、区位条件、资源品级和特色、开发程度等情况，统筹安排产业布局，科学定位本地区主题，通过主题化乡村休闲产品的打造，以乡村休闲产业带动配套服务业发展，以农业、手工业和服务业等配套产业作为乡村休闲的重要支撑，提升本地区乡村休闲产品的市场竞争力。

除此之外，由于乡村地区面积广阔，单一的旅游产业难以带动整个大区域的经济发展。因此打造大产业大系统是实现乡村联动发展的关键。通过乡村本地产业与新进产业的联合发展，通过重点打造观光游览体系、休闲度假体系、生态农业体系，实现大区域的产业联动发展，提高区域知名度，提升土地价值，黏住空间内外资源、资本等生产要素，进而黏住由要素带来的产业集群效应，形成新产业集聚空间，支持乡村休闲产业的发展。

### 2. 提高品位，以高附加值产品提升乡村休闲的产业效益

现有乡村旅游以农家乐和休闲农庄为主，旅游产品中村落观光、骑马、垂钓、棋牌和餐饮等大众型产品是其主体，品种单一，以中低端消费为主，而能够满足高端需求的产品较少，导致了乡村休闲产品的高投入、低附加值、低产品效益。随着乡村旅游的持续发展，新老乡村旅游目的地的竞争日趋激烈，吸引人气成为各地竞相追逐的目标，短时能吸引眼球、吸引客流的表演、观光等产品类型也越来越为规划者青睐，个别地区的乡村旅游甚至出现低端竞争、重复建设的恶性循环，导致乡村旅游开发赖以生存的良好环境与珍贵资源遭到严重破坏。

在乡村旅游规划实践中，规划者首先应对本地区文化有深入了解，通过挖掘农耕文化和整合当地的独特地域文化，将本地文化概念巧妙地融入乡村旅游产品策划。同时通过增加游客参与度，增加乡村旅游产品的文化内涵，打造农耕体验、田园休闲、高科技农业、农业教育、主题旅游等多类型休闲产品体系，优化乡村休闲产品结构，提升乡村休闲产品附加值，创新高效益、高品位、多层次、低污染的乡村休闲产品。

**3. 丰富品种，以多层次多品类产品满足游客多样化需求**

乡村休闲产品是大众化产品，面对的目标顾客群体规模最大、需求层次最多、消费能力差别最大。其主要需求动机包括回归自然、休闲放松、寻幽访古、康体疗养、农事体验、求新求知等，涵盖的人群包括了个体业主、企业家、商人、学生等多个群体，其消费层次和消费能力均有较大差别。

因此，规划者在产品设计过程中，应通过广泛深入的市场调研，充分了解、掌握本区域主要城市客源市场的特征，如游客年龄结构、受教育程度、家庭结构、收入水平、消费偏好、消费能力等，针对性开发乡村休闲产品，在乡村产业、资源和环境容量允许的前提下，尽量满足游客的多样化需求。

# 第三节 乡村度假产品的规划设计

乡村度假是乡村休闲的高级形式，是游客依托乡村资源开展的疗养身心的深度旅游活动。乡村度假产品的开发基础是乡村文化、生态景观与农业产业，其主要特征是在乡村良好的生态环境和文化氛围中，消费绿色产品，体验宁静生活，逃避世俗压力。因此，乡村度假产品相比乡村观光产品，其对环境与氛围的要求较高，而对乡村遗产的品级、规模要求较低，环境良好、交通便利的乡村地区，都具有开发乡村度假产品的潜力。

在我国乡村旅游规划过程中，已经出现很多乡村度假区的旅游规划成果，这符合现阶段乡村旅游由观光向休闲度假转型的需求，同时也是顺应我国农业产业升级、新农村建设和城乡统筹发展的要求，是一个值得深入探讨并持续推进的研究领域。

## 一、乡村度假产品的产品特征

乡村度假产品与一般的乡村观光旅游产品存在较大区别，主要表现在以下几个方面。

**1. 文化内涵要求更高**

相比山地度假、海滨度假及森林度假等度假产品，乡村度假的文化内涵更深厚、更丰富、更独特。中国地域广阔，景观特色明显、地域文化鲜明的乡村众多，这为乡村度假产品的开发奠定了资源基础。在乡村度假过程中，游客有时间有精力去以更细致的角度观察和感受乡村文化，乡村度假产品对文化内涵的要求高于乡村观光产品，这决定了其对文化挖掘、文化阐释与文化演绎的程度更深。文化与环境的完美结合构成乡村度假产品的核心吸引力，是乡村度假产品能够吸引城市游客前往乡村做长时间逗留的主要原因。

2. 配套服务现代化、独立化

乡村地区以传统的农业生产为主，基础设施建设相对落后，医疗、购物、娱乐等配套设施缺乏。因此，在乡村地区开发乡村度假产品，需要配置独立的服务设施系统，完善的配套服务成为乡村度假产品必不可少的组成部分。相比城市度假或其他专属度假区，乡村度假区的服务设施是一个独立系统，配套服务的高标准、现代化、舒适性与乡村的原生态形成鲜明对比，这是乡村度假产品表现在产品内容上的鲜明特征。

3. 消费趋向中高端化

相比乡村休闲产品的全层次大众化消费，乡村度假产品面对的顾客群体更趋向于中高端。一方面，这是由乡村度假产品的供给有限性决定的。乡村度假产品对生态环境的要求较高，同时游客停留时间较长，对乡村地区的生态影响也最为明显，同时乡村地区独立建设的配套服务设施的规模毕竟有限，其游客容量决定了乡村度假产品并不适合大规模的市场供给。另一方面，乡村度假面对的消费群体大部分为生活和工作节奏较快、压力较大的城市中高阶层，他们对乡村度假产品的购买能力和消费意愿决定了乡村度假产品的档次。然而可以预见的是，随着城市化进程的加快和乡村地区配套服务的不断完善，乡村度假产品最终将会趋于平民化。

## 二、乡村度假产品的产品形态

近年来，乡村度假旅游受到越来越多旅游者的青睐，虽然乡村度假旅游在我国出现时间较短，但发展迅速。经过一段时间的发展，我国乡村度假旅游产品形态主要表现为以下几种：

1. 乡村度假产品的传统形态

乡村度假旅游要求游客能够真正放下工作，脱离日常生活，全身心投入乡村环境，体验清新、宁静、和谐的生活。综而论之，我国乡村度假产品的传统产品形态主要有以下三种：

（1）度假村式乡村度假产品。度假村是我国出现最早、最常见的乡村度假产品形态。度假村一般依托特色村落、风景区或知名人文旅游区开展乡村休闲度假活动，对外交通便利，基础设施完善，生态环境良好。度假村能够在一定程度上承接乡村优良的生态与文化氛围，与位于城区的度假场所相比具有很大优势。

（2）公寓式乡村度假产品。乡村公寓是指旅游运营商、社区居民或政府部门在乡村内建设度假型公寓，通过统一规划、统一建设、统一管理，出租或出售给乡村旅游者，供游客进行乡村休闲度假活动的乡村度假产品。乡村公寓可将乡村地区的特色建筑直接改造成为度假公寓，并可利用乡村已有基础设施，减少投资成本。

（3）俱乐部式乡村度假产品。乡村俱乐部是我国乡村度假产品开发的新方向，是乡村休闲度假产品的高级形式。乡村俱乐部一般位于风景秀丽、交通便捷的城郊乡村，多采用会员制，以某一休闲运动或特色产品为主题，提供高级度假服务设施，具有运动、休闲、科普、健身、社交及疗养等复合功能。

虽然上述主要的三种形态度假产品在不同程度上都促进了乡村度假旅游的发展，但是在乡村遗产的保护、乡村文化的体验和乡村休闲活动的开展上都存在严重不足。度假村式和俱乐部式度假产品都是封闭式的经营体，与村庄相脱离，并没有实现真正意义上的乡村度假体验。且由于前期的统一规划、统一建设，其无法与村庄乡村文化融为一体，游客对农耕农事的深度体验也受到局限，缺少与当地农民的沟通机会。而俱乐部式乡村度假产品实际上是封闭的高端产品，本身就已经改造了田园景观，不仅没有有效地融入到乡村田园景观中，而且影响了乡村田园的景观效果。无论哪一种传统形态的乡村度假产品都没有很好地在乡村文化遗产的保护基础上进行合理的开发，且是以破坏乡村性作为其发展乡村度假的代价，从长远来说，这将严重影响乡村旅游的长期发展。

2. 乡村度假产品的新形态——田园养生

田园养生是乡村度假产品发展的新形态，是最近兴起的度假产品概念，它追求陶渊明式的悠然生活，满足游客以"悠游"心态纵情田野，体验熟悉的乡间闲适生活的需求。田园养生是乡村度假中最具特色的代表性产品，在未来发展中将成为乡村度假产品的核心和重点，具有广阔的市场空间，因此对田园养生产品的规划开发研究具有重要意义。

（1）田园养生概念解析。[①] 中国最具代表性的田园养生倡导者是东晋时期的田园诗人陶渊明。在其最具代表性的作品《桃花源记》、《归去来辞》、《归田园居五首》与《饮酒》中我们可以读懂古人心目中的养生之道。陶渊明先生提倡"心远地自偏"的处世态度，乐于积极地融入乡野自然之中，利用田园的自然去切身体验淳朴本真的生活情趣，以达到修养身心的目的。现代田园养生则是在继承了传统养生理念的基础上，更注重内容的丰富化和项目的参与性。

作为现代人调整舒缓心绪的方式之一，田园养生指建立在乡村良好的自然生态环境基础上，以观光、休闲、度假、避暑、康体、游乐为主要形式，以达到延年益寿、强身健体、修身养性、医疗康健等为主要目的的休闲度假形式。田园养生旨在引导城市人暂时离开喧闹的城市环境和压力空间，通过在乡村生态环境中进行休闲游乐活动和适度的农事劳作，获得生理和心理的双重慰藉，达到强身健体和放松身心的目的。

（2）田园景观的保护与氛围营造。田园景观的保护。田园景观的形成有其自然和历史渊源，承载了丰富的文化民俗信息，是乡村宝贵的自然遗产。自然而

---

① 杨振之，王进. 城郊乡村休闲新视点：田园养生产品的开发［N］. 中国旅游报，2008 - 7 - 7

生态的田园景观是打造田园养生的环境基础。对田园景观的开发必须坚持"规划先行、保护第一"的原则，在不破坏原有景观要素的前提下，通过合理系统的植物栽培和建筑风貌改造，突出乡村天然、朴实、绿色、清新的田园氛围，打造出符合人们心理需求与旅游审美的田园景观。

田园景观的氛围营造。通过乡村环境的提升和景观氛围的营造，原始的田园景观才能够真正为当地旅游业所用。在农村田园静谧的大环境和生态自然的乡村氛围下，通过合理科学的田园景观规划和资源整合，依托森林、河流、湖滨、温泉等辅助资源，打造有别于城市的特色鲜明的田园意境，才能够在真正意义上满足城市游客的心理诉求。通过树立市场认可的乡村休闲度假和田园养生品牌形象，为乡村旅游的可持续发展提供强大的资源支持，为乡村旅游的发展创造新的效益点。

（3）田园养生产品规划要点剖析。① 田园度假——以静养生。乡村田园度假地通常位于环城市游憩带或知名自然风景区的周边。远离城市的灯红酒绿，寻找心中的一片净土常常是旅游者选择田园休闲度假的主要动机。在对此类旅游项目进行开发和规划时，要注重度假项目、空间、氛围与"静"的结合，特别是对田园环境氛围的打造、建筑风格的协调等。良好的田园养生度假地应首先从环境上塑造出宁静祥和的田园风格，为旅游者提供以静养心的空间。

田园农耕——以动养生。农耕体验是现代养生的重要表现形式，是田园养生与近郊休闲旅游结合的主要形式。"以动养生"是我国古代人们从长期生活实践中逐渐形成的一种朴素的养生观念，是田园养生度假的重要组成部分。田园农耕不仅包含乡村农耕劳作活动，更重要的是挖掘其涵盖的一系列体现生命本源的生活方式和元素，提炼出"以动养身"的概念，以便于打造出区别于周边景区的田园意象。

田园文化——以和养生。"与世无争、自给自足"是田园文化的精髓，体现了"以和养生"的精神。田园文化也是乡村文化内涵的外在表现，对凝聚乡村精神和升华乡村形象具有十分重要的作用。对其深层次挖掘不仅可以提高当地田园养生休闲度假的品味和档次，还有利于形成独特的区域品牌，迎合人们对质朴、率真的思想感情的追求和对乡村田园生活的渴望。

田园养生度假强调田园文化氛围的体验，所以在近郊休闲旅游目的地开发过程中，应围绕着田园文化这根主题轴线，在乡村环境、乡村建筑、旅游服务设施、服务项目、旅游商品等方面诠释田园文化内涵，剖析完整的乡村文脉，凝聚本土文化个性，拓展文化空间，让田园文化和养生主题更好地融为一体。

---

① 杨振之，王进．城郊乡村休闲新视点：田园养生产品的开发［N］．中国旅游报，2008 - 7 - 7

# 第四节 乡村体验产品的规划设计

体验这一概念引自于心理学，《现代汉语词典》对"体验"的解释是"通过实践认识周围的事物；亲身经历"。乡村体验是乡村旅游产品的必要组成部分，乡村休闲、乡村度假、乡村观光等产品都包含了乡村体验内容，都具有一定程度的体验性特征。本节将对乡村体验产品的特征及规划要点进行阐述。

## 一、乡村体验产品的产品特征

乡村体验产品，是将乡村体验作为产品核心来进行打造的乡村旅游产品，是以游览乡村景观、体验乡村生活、感受乡村文化为主要目的的特殊旅游形式。

### 1. 以游客的独特经历和心理感受为产品核心

乡村体验旅游是乡村旅游的最高层次，它追求乡村回归，追寻梦里故乡，宁静心灵与感悟生命是游客进行乡村体验旅游的主要目的。因此，游客在消费乡村体验产品时，必须具有融入真实乡村生活的机会，体验日出而作日落而息的农家生活，静看小桥流水炊烟袅袅的美好景象，经历难忘的心灵震撼，并能真正体会到生活的真谛，体会到更多人生哲理，心灵能够从尘世喧嚣逐渐净化沉淀，这一感受是独一无二的，是马斯洛心理需求理论的自我实现，因此也是最难达到的，它构成了乡村体验旅游产品的核心。

### 2. 从生产到消费均要求游客深度参与

乡村体验产品的生产与消费是同时进行的，并且生产和消费场所、消费主体、消费客体，都具有相对固定性。体验产品生产必须由游客亲身参与，如踩水车提水、自己动手做饭、到田间劳作等，在产品生产过程中，游客体验到的劳动快感，以及劳作之后休憩的欢娱，都可构成乡村体验产品的内容，是游客进行乡村体验的消费对象。因此，乡村体验产品的生产过程与消费过程在很大程度上是同时进行的，并且要求游客亲自参与生产，才能最终消费产品的全部内容。

### 3. 产品的个性化和组合化

乡村体验产品的心理消费性决定了其产品设计必须能够真正做到个性化，产品内容必须符合进行产品消费的游客年龄、学历等基本特征，才有可能达到最终的消费目的，实现游客体验满意度的最大化。也正是由于人们个体差异化较大，个体的心理感受在不同时间不同场所也有不同表现，因此单一的体验产品难以满足所有游客和游客所有心理需求，组合化是乡村体验产品的必然要求。例如乡村生活体验产品就应包含乡村赶场、田间劳作、农家住宿、农家饮食等多种产品形态。只有将产品组合中的每一产品做细做专，才能最终形成真实度高的乡村体验产品。

## 二、乡村体验产品的规划要点

乡村体验产品的规划既要突出乡村独特的自然风光，又要体现其人文特色及乡村文化，给都市人提供认识农村、体验农家生活、感受民风民俗的机会。因此，乡村体验产品在规划的过程中要注意以下几点：

### 1. 以主题化视角进行创新开发

乡村体验作为乡村旅游的核心，已经得到人们的普遍关注。然而这仅仅是停留在理论阶段，现实中各乡村旅游区仅仅将乡村体验作为乡村旅游产品的附属部分，并未得到应有重视。如成都地区的"五朵金花"乡村旅游区，是我国乡村旅游发展的成熟景区，"江家菜地"作为"五朵金花"的核心景区之一，它让城市游客有机会在乡村有一块自己（租赁）的田进行农事耕作，体验农事劳动，这仅是乡村体验产品的最初形态。

乡村体验旅游产品未在全国乡村旅游区的建设实践中得到重视，原因是多方面的，其中一点就是因循守旧，不能因地制宜对乡村体验产品进行创新开发。乡村体验产品的个性化决定了其规划开发必须遵循本地资源、本地文化和本地市场的三重要求，以主题化、精致化为手段，完成体验产品的组合设计，摒弃一些到处可见的、毫无关联的花果采摘、垂钓、骑马等初级产品形态。

主题化是乡村体验产品设计的重要途径。主题化乡村，一方面能够为游客提供一个别具特色的宁静的乡村环境，让游客长时间深入乡村进行生活体验；另一方面能够通过规划引导最大化维持乡村性，避免外来文化要素对游客体验质量的影响。而至于主题化乡村的规划方法，可借鉴原乡规划的规划要点。

### 2. 以深度参与强化体验设计

深度参与是指游客在产品的生产过程中必须身临其境，完整参与整个生产过程，并有时间进行消费后的心理总结。全程性和亲身性是体验设计的关键，其中的每一个过程都是紧密联系的，即便其中任何一个环节缺失，其体验效果都将大打折扣，消费满意度都不能达到最大化。

以深度参与理念设计产品，要求规划者在产品设计过程中不能在产品中加入强迫性，试图以某种规则指导游客应该做什么不应该做什么，理所当然认为游客完成程序后将会得到哪种感受，而是将游客置于环境之中，为其创造条件去独立思索独立行动，使其体会到在此情境中要做什么，以此为基点开发产品，引导游客顺畅完成体验过程，游客将会全身心参与其中，并最终达到深度参与、深度体验的规划目的。

### 3. 注重产品的心理需求层次

马斯洛理论把需求分成生理需求、安全需求、社交需求、尊重需求和自我实现需求五类，乡村体验产品的规划设计应充分利用马斯洛需求层次理论，以自我实现为目标，进行产品设计和市场开发。

李经龙等（2005）引入马斯洛的人本哲学观把旅游体验的层次进一步划分为山脚体验、高峰体验、高原体验3个等级。其中山脚体验是绝对的、自我肯定的快乐的闪现，是最为大众化的一种旅游体验方式；高峰体验是旅游者处于最佳状态的时刻，感到敬畏、强烈的幸福、狂喜、完美或欣慰的时刻；而高原体验是对奇迹的、使人敬畏的、神圣的、大一统的旅游情境和存在性价值的宁静而平和的反应。这一理论将旅游体验的三个层次阐述得较为清楚，乡村旅游体验产品的游客需求心理属于马斯洛自我实现需求层次上，是高原体验的一种类型，其心理需求特点是追求宁静平和，追求回归和自我升华，每个人能够体会的程度与深度是不同的。

因此，乡村体验产品的规划设计应基于较高的心理需求层次进行规划设计，在选择乡村产品主题上，注重文化性、乡村性、特色性等高心理层次需求点的结合；注重旅游纪念品开发，应能将游客体验感受充分凝聚其上，达到旅游体验在游客回归原来生活后的很长时间内看到纪念品还可感到心灵触动；重视游客的感官刺激，通过满足游客高层次的感官需求达到高层次的心理需求，从视觉、触觉、听觉、味觉、感觉等多重感官效能满足游客追求高峰体验的要求，避免产品档次长期徘徊在低水平而导致游客体验感受的下降。

4. 调动居民广泛参与的积极性

乡村体验产品的开发必须有本地居民的广泛、深度参与，以达到体验环境的原真性。乡村原住民承载了乡村最原始的生活环境和生活态度，他们的存在是乡村灵魂所在，没有原住民的乡村只是一个视觉上的乡村。乡村体验产品的生产过程中，通过乡村原住民的广泛参与，通过语言、动作的教导，可在潜移默化间提高游客的体验质量。

在规划设计中，居民调控规划的艺术化、灵活化、科学化是保障乡村体验产品质量的关键。有些乡村旅游区通过统一规划、统一建设居民聚居区实现农民集中居住，实现土地集约化经营，是一个有益尝试，对于一般的以生产生活为主要功能的乡村具有积极意义，但对于以旅游业作为支撑产业的乡村来说此种做法并不明智，强行将农村从原生环境中剥离，实际上是忽视了游客真实体验的需求，乡村旅游体验产品就失去了其产品灵魂。

# 案例

## 广州湖心岛乡村旅游度假区总体规划

### 一、项目概况

广州增城市正果镇湖心岛景区位于广州北部生态旅游高地。本项目旨在总体规划的基础上，打造一个综合型的乡村旅游度假区。规划区总面积3142公顷，总投资达 20 亿元以上，其中旅游产业总投资 45700 万元。

**二、基础分析**

1. 区位分析

项目地处于广州北部生态旅游高地，是增城北部都市农业与生态旅游板块主体，处于广州通往龙门、河源等乡村山水旅游目的地咽喉要道，旅游区位良好。150 公里半径内涵盖广州、深圳、佛山、惠州、东莞等珠三角 12 座大中城市，增城是广府文化与客家文化交融之地，处于广州 1 小时经济圈内，是"广佛大都市区"与"港深大都市区"辐射交叉点，发展潜力巨大。

增城北部在旅游市场上已经形成了乡村生态旅游集群的区域品牌效应，小楼的"增城菜心"及"何仙姑"、派潭的"百水寨"、正果的"湖心岛"等四大品牌的整合已经起到了较大的市场影响力，加上增城荔枝节、正果"畲族村"资源，增城将在未来 3~5 年内，逐渐树立起珠三角乡村旅游目的地的地位。

在增城内部格局中，小楼以土特产为主，是派潭"百水寨"观光产品的"过境购物点"。派潭的百水寨观光是其核心产品，所以小楼是发展观光农业游的最佳区域。而正果的增江沿岸资源更适合于休闲农业的发展，总体构成了派潭生态观光、南昆南避暑度假、小楼农业观光、正果乡村休闲的区域格局。

2. 旅游资源分析

规划区位于增江两岸，西以 119 省道为界，北以现有防洪堤、广河高速为界，南至正果镇区，东以正麻公路乌头石村段为界。规划总面积为 3142.39 公顷。

主要的自然资源有增江画廊、乌榄古树、湖心岛屿、河湾沙滩、小型湿地景观、沿江竹海、山坡果林等资源。

人文资源比较丰富。牛仔佛及正果寺在增城市知名度很高，何仙姑传说、师爷庙等道教文化在这里比较盛行，另外，荔枝文化、项目地的客家古村落、广府客家文化也是旅游开发中的可利用资源。

一级资源：客家古村落、正果寺、仙姑祠、师爷庙、百年古榄、增江画廊、湖心岛。

二级资源：沙滩、湿地、竹海。

三级资源：县衙门遗址、荔枝园。

四级资源：田园风光、拦河坝景观。

五级资源：山涧、水塘。

3. 旅游资源总体评价

（1）距珠三角大都市最近、最好的乡村景观和生态环境。项目地拥有"12 公里增江画廊 + 10 处客家古村落 + 百年古榄 + 千亩竹林 + 万亩荔枝林"，构成了珠三角近郊距离最近、乡村景观最优美、资源布局较为完好的乡村度假资源体系。

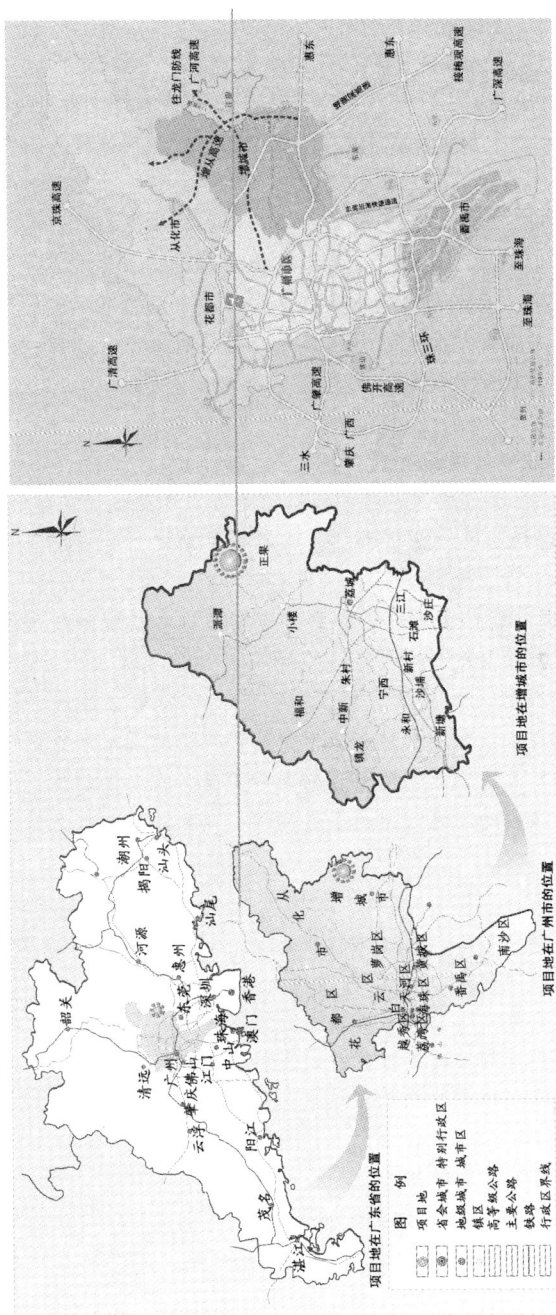

图11-1 广州增城市正果镇区位交通示意图

（2）人文资源优势突出，组合度高。

◆ 荔枝文化在全国范围内具有一定的影响力

◆ 佛教、道教文化根基深厚，在珠三角城市群有一定的影响力

◆ 广府客家文化特色突出、传统生活方式在全国具有特殊吸引力

（3）资源品级为"星星多、无月亮"。项目地的每样单体资源与珠三角同类资源相比较，都不具唯一性，品级不够高，从整体资源构成上来看，不适合开发以观光为主的旅游产品，而更适合开发综合型的乡村休闲度假产品。

（4）与增江上游区域竞争激烈。在增江流域内，沿江两岸大量保留着成片的百年古榄和客家古村落，是全国规模最大的，而且历史最悠久。特别是惠州的龙门县境内，古榄及古村落规模都比正果大，生态环境也更好，项目地与上游区域形成了非常激烈的资源竞争。

4. 场地问题

（1）项目地可开发建设用地有限。

1）受洪水影响，大部分坡度较小的地块均不可作为项目开发建设用地；

2）受土地利用现状及用地性质影响，旅游项目开发不可占用基本农田，空间布局难度较大；

3）大量项目用地只能往山坡或山谷移，与增江中心景观轴联系不紧密，同时果园及林地的青苗补偿费较高。

（2）正麻公路对景区开发建设的影响。目前正麻公路穿过景区的核心资源片区，对景区的高起点、高档次开发带来很大的影响，使得未来景区难以封闭式售票和统一管理，特别是过境车辆对游客的人身安全、对景区的休闲度假氛围都带来很大的影响，景区段的正麻公路不改道的话，本景区只能打造成为一个非常普通的乡村公园。

5. 市场概况

近郊出游距离及停留时间：最受欢迎的是车程在 1～2 小时以内的旅游区；在旅游目的地的停留时间一般为 2～3 天，约占一半。

未来出游地选择趋势：随着国家对法定假日的调整，车程在 2 小时以内，生态环境好，自然景色优美的近郊乡村旅游区将是未来休闲度假市场发展的主流。

四季出游选择偏好：春夏秋将是乡村旅游度假地的旺季（见图 11-2）。

出游时间选择：

➡44%：黄金周出游比例最高。

➡ 35%：小长假及周末出游比例也较高。

➡ 6%：平时工作日出游比例最低，近郊游的淡旺期非常明显，给景区经营带来一定风险。

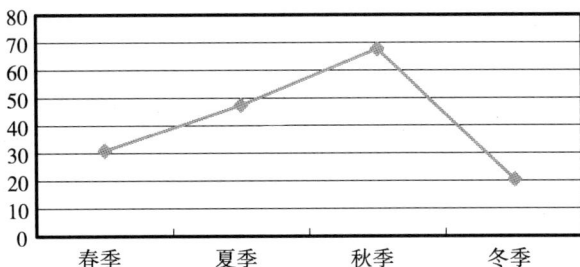

**图 11-2 市场四季出游偏好**

近郊游消费水平分析：

➡珠三角居民 2008 年人均日消费总额为 218.9 元。

➡判断：占 70% 的大众消费市场人均日平均消费总额在 100~300 元之间，占 30% 的高端消费市场人均日平均消费总额在 300~500 元之间。

休闲方式调研：

➡最受欢迎的是花一两天在城市近郊的景点游玩，大约占 24%；

➡生态环境和民俗风情是乡村旅游区吸引游客前来的重要因素，但不是直接吸引物。

6. 市场前景预测

随着景区总体打造和规划提升，预计在五年后游客接待量最高将达到 100 多万人次，年平均游客量也将从 47 万左右增长到 83 万人次。此外，按年平均 83 万人次的游客量，景区旅游收入预计在五年后达到 1.78 亿元。

### 三、总体定位

1. 形象定位：人间正果，养心圣地

定位解析：针对不同年龄和不同经济状况人群，依托宗教文化、民俗文化、乡村田园、生态环境等丰富素材，打造"养心"系列主题休闲旅游和养生度假产品，引导游客把养心体验、归园田居作为心灵放松的时尚方式，打造本项目特有的休闲方式，培育归属感，提高回头率。

2. 市场定位：珠三角中高端白领人群和老年人群

（1）市场范围。启动市场为广深莞经济带；主力市场为珠三角经济圈及其周边较发达地区；机会市场为到广州旅游的外地游客及国内其他发达地区。

（2）群体特征。主力消费群体为日常工作生活压力大，身心疲乏的都市中高端白领人群，以及自身经济状况良好或子女赡养能力较强的老年人群。

（3）市场组合。以家庭为单位的近郊休闲度假游；家庭团聚亲子游；中老年康疗养生度假游；老年养老定居；商务/奖励团队游；自助体验游。

3. 功能定位

（1）增江画廊观光。主要针对过境游客的需求，以水上游线来组织古村、古榄、竹海、花田等观光游览景点，让游客游赏到增江沿岸最淳美的乡村田园风光。

（2）乡村休闲娱乐。满足珠三角市民休闲放松的需求，打造珠三角地区最具特色的乡村休闲娱乐区，核心项目包括东方斗牛场、滑沙场及沙雕公园、荔园农家乐等。

（3）宗教养心体验。利用正果寺等宗教资源，为珠三角高素质消费人群打造第一个养心修身归属地。通过禅修、静心、国学、国艺等高雅体验来达到放松身心的目的。

（4）湿地养生度假。依据孙屋湿地景观，为老年人打造一处养生养老的理想地，同时配备齐全的体检医疗设施与中医疗养项目，成为珠三角高端养老地之一。

（5）休闲农业示范。以城乡统筹理念，对农村单一的产业结构进行调整，发展规模化现代农业，与休闲度假相结合，打造珠三角第一个以休闲和生产相结合的农业示范区。

（6）旅游地产开发。针对企业商务需求及高收入人群的第二居所需求，发挥项目地区位交通和生态环境优势，发展旅游房地产业，成为正果镇未来最大的经济增长极之一。

**四、规划目标**

1. 以统筹城乡的发展思路搭建区域开发运营平台，打造广东省首个城乡统筹模式下的乡村旅游示范区

（1）统筹土地资源。对农村土地进行流转和整理，提高土地的集约化利用，同时整理出旅游开发用地指标，为乡村旅游业发展提供基础保障。

（2）统筹产业发展。以旅游业为核心杠杆，对农村产业进行升级，形成农业+旅游+地产的复合型产业结构，农业是旅游的基础，旅游带来消费人气，地产实现企业效益。乡村旅游业与农业产业化的有机结合可以促进城市资本进入农村，促使农业向集约化、产业化升级，促使农业面向市场，参与国际竞争和增强抗风险能力。同时可以进一步拉长农业产业链，促使农产品就地销售，通过乡村休闲和民俗文化体验，增加农产品的附加值，增加土地附加值，推进农产品深加工生产，推进一、三产业结合，促进农民就地就业，提高农民综合素质。

（3）统筹旅游资源。与农民合作，让农民把手中有价值的旅游资源（古榄、古村落、竹林、果林）折价入股到旅游开发中来，增加农民收入的同时，开发商也能省去资源利用成本，降低旅游投资风险。

（4）统筹社会分配。开发商作为区域运营商，统筹调控地方政府、当地居民、投资商、旅游经营者共同参与项目地的综合开发，统筹社会分配，解决农民的劳动就业、社会保障、增加收入等问题，贡献财政税收。

| 平台搭建相关者 | 投入平台的资源 | 所承担的平台功能和相应行动 | 从中获取的收益 | 平台收益相关者 |

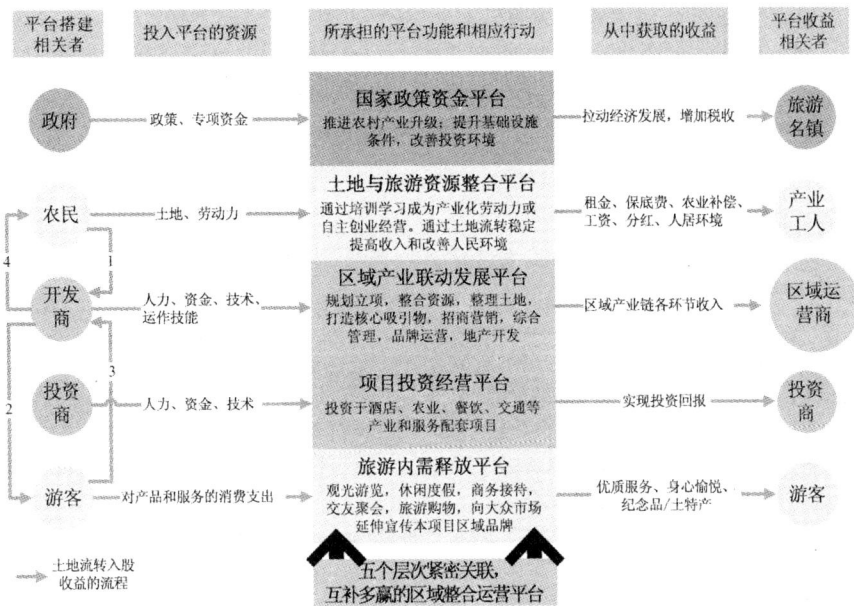

**图 11-3 旅游开发统筹关系图**

2. 进行"四化"升级，把项目地打造成为国家4A级乡村旅游景区

（1）土地集约化。将农民的土地资源转化为土地资本，从粗放型的土地利用方式转化为高效集约化的利用。

开发商作为区域运营商的角度，合理规划出各类产业用地，除了开发旅游业与地产业之外，还为当地农民与农业龙头企业牵线搭桥，引导农民将土地使用权，通过合法可行的方式，流转给农业龙头企业，农业企业凭借其专业的生产技术和市场化的经营理念，进行规模化生产、品牌化经营，从而提高土地的单位产值，使农村的土地资源转化为土地资本，增加农民收入。

（2）产业立体化。从单一型农村产业结构发展成为立体化的城乡综合产业区。

在景区总体规划的指导下，开发商培养一核多元优势产业链，形成农业＋旅游业＋地产业＋X产业间的联动互补，其中X产业指未来有待探索和引入的其他优势产业。围绕旅游、地产、现代农业的发展，配套相应的外围产业，为正果当地提供多样就业岗位。

（3）乡村景区化。从景观与功能单一的自然村庄发展成为国家4A级乡村旅游景区。

在统一规划基础上，合理考虑景观土地，选择多元化、美观化、富于季相变化的农作物，以达到四季有花有果的景观效果。规划建设时，各项设施及场所均按照国家 4A 级乡村旅游景区标准建设。

## 五、开发理念

社区参与化：从单独的公司经营转化为社区高度参与的联合经营、形成利益共同体。

本地农民以土地为资本参与整个项目的开发，通过流转方式把土地交给开发商成立的现代农业或乡村旅游业企业进行统一运营，企业为农民提供就业机会，农民参与到现代农业和旅游业开发之中，从事农业生产工作和直接、间接旅游业服务工作，以及产业链上的其他工作；与此同时，企业也为农民提供了多元化的收益机会，包括经济方面的股红、租金、工资福利和自营服务业收入，以及现代样式的居所、完善的基础设施、丰富的服务设施和良好的生活环境。

## 六、总体规划

1. 功能分区规划——一带六区

（1）一带：增江画廊观光带。

增江画廊作为整个景区的中轴线，是串联六大功能区的纽带，涵盖古村、古榄、竹海、花田等观光游览景点，以码头为接驳点和集散地，让游客通过水上交通，游赏到增江沿岸最淳美的田园风光。

（2）六区。

1）乡村休闲娱乐区。该功能区是整个度假区的门户，是游客的集中娱乐活动的区域，是整个度假区人气最高和娱乐项目最集中的区域，同时也是景区其他区域产品的展示窗口，为游客展示其他区域的特色项目及活动。

2）休闲农业示范区。是农业与休闲旅游相结合的产业示范园区，以发展家庭式订单农业为主，为景区发展常年到访的固定游客，为住下来的游客提供体验乡村农趣的主要区域，同时也是为度假地产区培养潜在购买者。

3）宗教养心体验区。该功能区是集佛、道为一体，打造景区宗教朝圣、养心体验的文化中心区域，同时也是景区最好的观景制高点。

4）湿地养生度假区。该功能区以湿地生态系统为背景环境和休闲活动空间，开发老年人养生养老、康疗保健和家庭度假产品，是中老年人群养生度假的绝佳场所，也是精英家庭享受天伦之乐的理想场所。

5）旅游地产开发区。集中在增江西岸，发挥了良好的交通进入优势，也充分整合了增江画廊的景观价值，与乡村休闲娱乐区隔江相望，形成一动一静、一旅一居的空间格局。

6）外围景观控制区。主要是指景区视域范围内的其他山体区域，对其进行逐年的景观改造，引进彩林工程或经济果木。主要承担视觉背景、发展预留、农业生产、生态缓冲等功能。

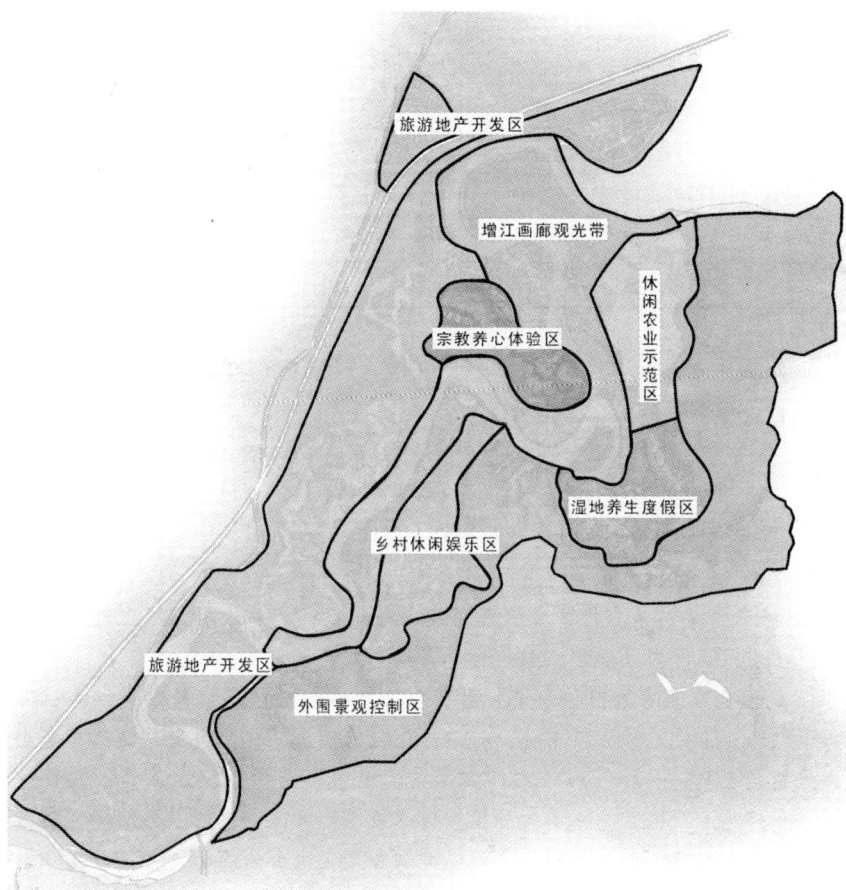

**图 11－4 功能分区图**

2. 项目布局

3. 道路交通规划

建议调整现有正果镇至麻榨镇的过境公路，将其改为内部交通线路，将原有的过境路的走向进行重新调整，往东方向进入麻榨镇。具体走向是从场镇南边（下脚岭以北450米处）连接至和平村，经塘面连接至径口，建设隧道或盘山公路至三松迳，最后延伸至合水店村原有水泥路，并建议对其进行扩建连接到乌石头村的正麻公路，以便绕过景区。

本规划区主干道总长18.095公里，次干道总长31.655公里。

| 分区 | 总长（m） |
|---|---|
| 番丰村 | 3955 |
| 蒙花布村 | 4590 |
| 浪拔村 | 3995 |
| 何黄屋 | 4055 |
| 乌头石村 | 3343 |
| 汀塘村 | 2989 |
| 西湖滩村＋麻冚村 | 8728 |

4. 保护培育规划

（1）污染源的控制。

1）河流污染问题整治。将污水完全纳入专用管网中，增江上的游船全部采用电力、人力等零排放环保型船舶，对河流无污染。

2）生活污水防治。建设污水处理厂。在游客活动比较频繁的区域附近隐蔽处修建化粪池，建设大量生态厕所。

3）大气污染防治。推进城镇天然气工程建设；实施农村沼气工程；严禁污染型工业进入景区内及周边，禁止过境车辆进入景区。

（2）生态系统的保护和改进。对现有桉树林进行生态恢复改造，可行方案有如下两个：①完全移除桉树林，打造景区化的经济果林。将现有桉树林完全移除，再增肥土壤，引种经济果木，如荔枝、龙眼、油橄榄、油茶等。②移桉树林，种多样化景观植物。考虑到种植桉树的经济价值，也可以采取间除桉树，降低种植密度，再补种景观植物，以形成更加多元化生态系统的方案，并在视觉上错落有致，景观性俱佳的半人工生态系统。

（3）对游客聚集产生的生态影响加以控制。①划定游客的亲水片区，禁止在片区外下水活动。②以步道引导游客在林地的活动路线，控制其直接进入林地深处。③对污水进行全面严格的处理，确保不直接排入自然水域中。

**七、分区项目策划**

1. 旅游项目的市场吸引力测试

（1）订单农业产品。对主力消费人群特征进行分析，未来订单农业的客源市场应定位为：①追求新奇体验、收入水平较高的25～30岁青年人群；②经济基础较好、关注饮食健康的41～50岁的中年人群。

珠三角市场对家庭订单农业感兴趣的市场总量预测：106.7万人。

预计本项目未来订单农业的订单数总量：5.86万单。

本项目固定客户量预测数（年龄在30岁以上，月收入在4000元以上）：

2.35 万单。

本项目的流动客户预测数：3.51 万单。流动客户有可能每年都会变动，这部分主要是年轻群体。

（2）斗牛表演类产品有 11% 的受访者对斗牛活动非常感兴趣，他们将是未来该产品的主力消费人群；选择"比较感兴趣"的受访者占 39%，是未来产品的潜力消费人群。

未来斗牛产品的主力消费人群应为：①追求新奇和刺激的 25～30 岁的年轻人；②具备消费能力的 41～50 岁的中年人。

根据分析，可以概算出未来斗牛项目每年的消费游客总数：非常感兴趣的游客总数为 35 万，项目经营前 5 年平均每年至少有 7 万游客参观斗牛表演，5 年后观众有望达 10 万人次。

表 11－1  市场调查分析表

| 旅游项目 | 受欢迎程度 | 不喜欢（%） | 一般（%） | 喜欢（%） | 非常喜欢（%） |
|---|---|---|---|---|---|
| 田园趣味高尔夫体验 | ★ | 18.5 | 45.9 | 28.5 | 7.1 |
| 江边垂钓休闲 | ★★★ | 6.7 | 27.5 | 46.2 | 19.5 |
| 吃农家饭、住农家乐 | ★★★★ | 3.6 | 25.7 | 47.7 | 23.0 |
| 江上划船、竹排慢漂 | ★★★★ | 3.5 | 19.5 | 46.1 | 30.9 |
| 亲朋喝茶打牌聚会 | ★★ | 8.4 | 37.4 | 41.6 | 12.6 |
| 玩沙玩水休闲运动 | ★★★★ | 3.4 | 21.8 | 47.9 | 26.9 |
| 客家老围屋观光体验 | ★★ | 5.6 | 37.1 | 41.4 | 16.0 |
| 百年橄榄园观光游赏 | ★★ | 5.0 | 36.6 | 43.5 | 15.0 |
| 橄榄园树屋度假体验 | ★★★ | 4.7 | 34.4 | 43.6 | 17.3 |
| 竹林吊脚楼度假体验 | ★★★ | 3.9 | 29.0 | 46.2 | 20.8 |
| 租住、自建木屋度假体验 | ★★ | 6.9 | 33.9 | 39.6 | 19.5 |
| 江边露营和篝火晚会活动 | ★★★★ | 4.4 | 24.8 | 44.2 | 26.6 |

| 旅游项目 | 受欢迎程度 | 不喜欢（%） | 一般（%） | 喜欢（%） | 非常喜欢（%） |
|---|---|---|---|---|---|
| 增江画廊游船观光 | ★★★ | 4.0 | 33.4 | 43.3 | 19.3 |
| 千亩竹海迷宫游乐 | ★★★ | 5.0 | 33.7 | 44.6 | 16.8 |
| 自驾车露营体验 | ★★★★ | 1.9 | 23.9 | 50.2 | 23.9 |
| 四季花田观光 | ★★★ | 5.0 | 30.3 | 45.0 | 19.6 |
| 鲜花、橄榄手工作坊体验 | ★★ | 6.8 | 37.4 | 40.9 | 14.9 |
| 登山等健身活动体验 | ★★★ | 4.5 | 28.3 | 45.2 | 21.9 |
| 沿江自行车骑游 | ★★★ | 6.0 | 29.5 | 44.5 | 20.0 |
| 单位或学校组织的户外拓展 | ★★ | 7.3 | 36.7 | 42.3 | 13.7 |
| 农业科普知识学习 | ★ | 8.8 | 43.6 | 38.1 | 9.5 |

注：

★★★★ 受欢迎程度>70%

★★★ 60% <受欢迎程度<70%

★★ 50% <受欢迎程度<60%

★ 受欢迎程度<50%

受欢迎程度 = 喜欢（百分比）+ 非常喜欢（百分比）

2. 增江画廊观光带

表11-2　分区项目综合分析表之增江画廊

| 分区项目综合分析表 | |
|---|---|
| 增江画廊观光带 | |
| 分区概述 | 本分区串联游客在景区活动的起点和终点，榄园的"古"、花田的"美"和竹海的"奇"构成变幻不绝的多样景观，极具视觉冲击力，并提供体现度假区特征的多种水上交通服务。本片区是集游客集散服务、形象展示、主题观光、餐饮住宿、江岸休闲于一体的综合片区，是串联其他分区不可或缺的"核心"。 |

续表

| 分区项目综合分析表 | |
|---|---|
| 主要功能 | 集散服务、观光、休闲、娱乐、餐饮 |
| 经营模式 | 古榄秘境、竹海迷城为单独售票景点，其他为公共空间 |
| 开发时序 | 项目启动期第一、二年 |
| 经营季节 | 四季都可经营接待 |
| 目标游客 | 所有类型游客 |
| 吸引力 | 综合 |
| 停留时间 | 一天（总计6小时左右） |
| 接待量 | 占景区接待量的80% |

3. 乡村休闲娱乐区

**表11-3　分区项目综合表之乡村休闲**

| 分区项目综合分析表 | |
|---|---|
| 乡村休闲娱乐区 | |
| 分区概述 | 本分区聚集了整个景区吸引力最强的若干产品，将是氛围最热烈动感的片区。包括斗牛场、城堡酒店、疯狂滑沙场及水上乐园、自驾车营地、自建木屋公社、荔园农家乐等产品，不但承担多种旅游服务功能，也将是未来地产开发后的生活服务配套片区。<br>斗牛场、城堡酒店、木屋公社等将成为景区的标志性建筑，产品消费时段的合理搭配将有效延长游客的停留时间，使其过夜住宿。<br>本片区将相应产生最大份额的旅游收益。 |
| 占地面积 | 1500亩 |
| 主要功能 | 娱乐、休闲、餐饮、住宿、演艺、露营、拓展、汽车保养与维护 |
| 经营模式 | 斗牛场、滑沙场和自驾车营地为封闭售票点，其他为公共空间 |
| 开发时序 | 项目启动期第一至二年 |
| 经营季节 | 四季都可经营接待 |
| 目标游客 | 中青年为主 |
| 吸引力 | 最强 |
| 接待量 | 占景区接待量的80% |

4. 宗教养心体验区

表 11－4　分区综合分析表之宗教养心区

| 分区综合分析表 | |
| --- | --- |
| 宗教养心体验区 | |
| 分区概述 | 宗教养心体验区是景区中相对静态的部分，主要面向度假居者、香客信徒，以及过夜休闲游客的次日活动。本分区包括宗教庙宇群和客家水寨两个主要产品，利用玲丁顶制高点的视域优势，在山脊线上建造宗教道观和寺庙群，重点挖掘牛仔佛、何仙姑、师爷庙及钟法镇等资源，打造珠三角地区规模最大的佛道合一养心朝圣地。山上在保持以荔枝为主的农业生产基础上，引导游客开展登山健身、仙荔采摘等活动。西湖滩村打造成为以静心为主的国学国艺学习基地，西湖坳村结合村前的水渠打造成客家水寨休闲村落，把水上商业与客家手工艺作为特色休闲方式。 |
| 占地面积 | 2150 亩 |
| 主要功能 | 休闲健身、宗教朝拜、餐饮服务、特色体验购物 |
| 用地来源 | 建设用地划拨/其他用地租用 |
| 经营模式 | 不封闭、不售票 |
| 开发时序 | 2011 年 |
| 经营季节 | 全年四季，以夏季为主 |
| 收益途径 | 庙宇香火、餐饮消费、客家工艺品售卖 |
| 目标游客 | 度假居民、香客信徒 |

# 第十二章　城乡统筹与乡村
旅游专题研究[①]

2007～2008 年，成都杨振之来也旅游发展有限公司从乡村旅游规划项目实践出发，结合理论研究与政策分析，组织相关人员撰写了农村土地改革和乡村旅游发展的系列文章，这些文章为本书的编写积累了理论要素，文章经刊发后取得了良好的社会反响。

## 第一节　土地流转政策下乡村旅游产业化发展探析[②]

在农村改革中，土地制度无疑是非常重要的一环。2008 年 10 月，党的十七届三中全会审议通过了《中共中央关于推进农村改革发展若干重大问题的决定》。决定中指出："要根据农民的意愿，允许农民以多种形式流转土地承包经营权，发展适度规模经营。"这项决议将对土地改革产生重大影响，同时也为乡村旅游产业化发展带来契机。

### 一、土地流转的必要性

农村土地使用权主要表现为土地承包经营权，土地流转是指在农户与集体间的承包关系不发生变化的前提下，承包者把有限的使用权转让给他人并收取一定转让费的行为。

1. 农村土地改革发展历程

新中国成立以来，农村土地实行过三次比较大的改革：第一次是新中国成立初期的农村土地改革，将土地分配给农民所有，使农民第一次真正拥有了土地的产权，形成了分散经营、小规模生产的基本格局。第二次是人民公社化时期的农

---

①　本章收录了 2007～2008 年笔者曾经发表于中国旅游报的系列文章，现将其中部分文章收录，作为城乡统筹与乡村旅游前期研究的重要成果之一，以飨读者。

②　杨振之，彭祎．土地流转政策下乡村旅游产业发展探析［N］．中国旅游报，2008 - 11 - 17

村土地集体所有阶段。这期间农村土地收归农村集体所有，土地实现了从分散耕作到集中经营的过渡，形成了规模化经营的雏形。第三次是农村土地的家庭承包经营制度阶段。这种经营方式符合当时中国农村的客观实际，具有强大的生命力，使得农业生产力得到前所未有的提高，农村经济得到前所未有的发展，农民生活水平得到前所未有的改善。

2. 农村土地流转的必要性

当前家庭承包经营制模式已实行了三十多年，三十多年来农村地区的生活水平、经济基础、人口与耕地数量已发生了很大的变化。在促进农业生产力提高的同时，家庭承包经营制也在一定程度上阻碍了农业规模化经营的进程，客观上抑制了农村土地的适时调整和合理化的流动。新时期的土地流转政策，是在家庭承包经营制度基础上，对土地经营权的调整，是农村劳动力转移和保障农民利益的需要，关系国计民生。

## 二、土地改革与乡村旅游发展

1. 当前我国乡村旅游发展状况

20 年来，我国的乡村旅游发展取得了一定成效，但还处于初步发展阶段。总体来说就是我国乡村旅游还未形成产业规模，还没有得到深化发展。主要原因体现在以下几点：

（1）由于农村受土地分散的影响，乡村旅游的产业化和规模化发展受到限制，乡村旅游的深化发展受到了土地制度的"瓶颈"制约。

（2）当前我国乡村旅游缺乏全省和全市区域范围的总体规划和空间控制，很多地区都是盲目性开发或者重复性开发，造成一哄而上、产品重复的局面。这不仅造成资源、财力、人力、物力的巨大浪费，而且由于缺少全域的统一规划，差异性小，降低了对游客的吸引力。

（3）产品单一，缺少创新，大多数乡村旅游经营户只为了经济利益而不顾产品的特色和文化品位，开发出来的产品千篇一律。而且品牌意识也不强，销售不成体系，没有一套完整的销售系统。加上缺乏旅游策划、管理、经营、营销、规划设计等方面的专业人才，产品难以形成持久的吸引力。

2. 土地改革为乡村旅游产业化发展带来契机

（1）乡村旅游规模化。土地流转政策实行后，土地经营由零散变为集中，土地资源形成连片专业规模化经营。依托于土地承包经营权的乡村旅游资源可以由当前的小块分割结构聚集起来变成大块结构，资源与生产要素的聚集有利于大资金的投入，使得乡村旅游向规模化方向发展。规模化乡村旅游开发，将形成乡村旅游目的地，带动区域乡村发展，形成对新农村建设的全面推动。同时规模化基础的形成，为国内旅游产业资本、房地产业资本、工业资本、国际投资资本等进入我国农村，提供了基础。

（2）乡村旅游资源资本化。当前我国的旅游资源并不具备资本属性。土地流转政策实行后，其承包经营权就可以流转，那么资本的价值就可以衡量，并形成土地承包经营权资本由个体人身依附转化为可聚集、可流转、可抵押的新形态。依托于土地承包经营权的乡村旅游资源，也就转化为一种可聚集、可流转、可抵押的资本。旅游资源的资本化，对投资界会产生极大的吸引力。

（3）乡村休闲产业的壮大。土地流转政策出台后，农村宅基地就可以集中，为乡村休闲产业的发展带来最大机遇。乡村旅游的深度体验，城市人对乡村环境空间的回购，城市人居住在乡村，就成为现实，这必将带来产业的转型发展和升级，带来乡村休闲产业的壮大。

## 三、乡村旅游产业化发展道路

随着旅游者对乡村旅游品种的多样性、内容的丰富性和体验的差异性要求的提高，乡村旅游也要随之而变，提质升级，要实现这一目标，乡村旅游就应走上产业化发展的道路。由于乡村旅游具有劳动密集性高、关联带动性强、就业门槛低、就业方式灵活等特征，特别是土地流转政策的出台，使得乡村旅游具备了产业化发展的条件。在具体实施产业化发展道路的过程中，应注意以下几点内容：

1. 抓住机遇、提高认识是前提条件

国家经济和旅游业的蓬勃发展、社会主义新农村建设和城乡统筹的发展政策的实施、土地流转政策的出台等，都使得当前我国乡村旅游的发展机遇比以往任何时候都要好。与此同时，还应该提高对乡村旅游产业化重要性的认识，只有将乡村旅游"做大、做活、做强"，乡村旅游才能走可持续发展道路。

2. 加强科学规划与管理机制是关键

要扩大乡村旅游发展规模，从资金的投入、乡村旅游标准的建立、基础设施的建设到从业人员的培训等各个方面都离不开科学的规划和健全的管理机制，对乡村旅游进行合理的统筹、科学的规划，可减少乡村旅游的投资浪费，避免无序开发和重复建设；健全的管理机制又可以促进乡村旅游的健康、稳定发展。

3. 采取合作发展模式是保证

政府、企业、农民等主体在参与发展乡村旅游的过程中，必然会结成一定的利益关系。政府、企业、农民联合起来走合作发展道路，采用近年农业产业化实践中出现的诸如合同制、股份制、利润返还等多种利益分配方式，可以使各主体形成利益共同体，有利于乡村旅游产业化发展。与此同时，乡村旅游还应与农业、工业、服务业联合起来，建立产业发展链，发挥乡村旅游的乘数效应和拉动功能，加快产业化进程。

# 第二节　农业现代化与乡村旅游的发展①

2006 年，国家提出"要把发展现代农业作为推进社会主义新农村建设的着力点"，② 并初步勾勒出农业产业升级的路径图。2008 年 10 月，中共十七届三中全会进一步深化了对发展现代农业的认识，明确了发展现代农业的总思路，提出应对农业结构进行战略性调整，并对加快农业科技创新、加强农业基础设施建设、建立新型农业社会化服务体系、促进农业可持续发展、扩大农业对外开放等作出了具体部署，这必将对我国农业现代化的发展产生深远影响。

## 一、传统农业与现代农业

美国经济学家西奥多·W. 舒尔茨在其著作《改造传统农业》③ 中提到传统农业就是"完全以农民世代使用的各种生产要素为基础的农业"。可以看出，传统农业受到了生产工具和生产方式的限制，农地产出效率较低，农产品生产的社会化与协作化不强，农业产业发展缺乏统筹管理与远期规划。

现代农业作为一个和传统农业相对的概念，是一个动态的过程，是实现农业现代化的过程。现代农业的最终目的是通过现代物质条件、现代科学技术和现代产业体系改造和提升农业结构，不断发展农业生产力、转变农业增长方式、促进农业又好又快发展。发展现代农业必须将经验生产转向科学生产，将手工畜力农具生产转向机器生产，将小规模、分散生产转向区域化、产业化生产，以达到高产、低耗、高效生产的目的。

发展现代农业是解决"三农问题"的重要途径之一，这与我们党的政策是不谋而合的。

## 二、新土地政策加速农业现代化步伐

土地制度是农村的基础制度。十七届三中全会提出要"稳定和完善农村基本经营制度"，意味着不仅现有土地承包关系要保持稳定并长久不变，还将赋予农民更加充分而有保障的土地承包经营权，为进一步完善农村基本经营制度和加快农业现代化迎来了新的历史机遇，主要体现在以下三个方面：

---

① 王进. 农业现代化与乡村旅游的发展 [N]. 中国旅游报，2009 – 01 – 12
② 2006 年中央经济工作会议
③ [美] 西奥多·W. 舒尔茨. 改造传统农业（第二版）[M]. 梁小民译. 北京：商务印书馆，2006

1. 创新农业科技，提高农民素质

农民是发展现代农业的主体，农民素质的高低直接决定着现代农业发展的速度和质量。新土地政策的实施必将有利于土地的集约经营，有利于释放出更多的农村劳动力进行有组织的规模化生产，使农民能集中起来学习和实践农业新科技，改变"面朝黄土背朝天"的劳作模式，从而优化农业生产结构，提高劳动生产率，为农业现代化的发展提供基本的技术保障。

2. 加快农村基础设施建设，拓宽收入渠道

通过入股、互换、转让等形式可以盘活土地资源，从而把部分农村劳动力转移到加工、流通和服务领域，促进农田水利基础建设，加强农村公益性基础建设以及农村能源建设。还可以把过多的劳动力从土地上解放出来，从事二、三产业，丰富农民的受益渠道，增加农民收入方式，从根本上解决"务农无地、上班无岗、低保无份"的"三无"农民现象，为农业现代化的发展提供必要的基础设施和人力资源。

3. 健全土地制度，完善服务体系

全会还提出要"制定健全严格的农村土地管理制度"，意味着我国将从土地补贴、农产品价格等多个方面进一步完善相关政策，增强农业抗风险能力、国际竞争能力和可持续发展能力。不断强化对以土地资源为核心的农业这一国民经济基础和战略产业的支持和保护，从而建立较为完善的服务体系，加强农业物质技术装备，提高土地产出率和资源利用率，为农业现代化的发展提供完善的服务体系。

## 三、以现代农业促进乡村旅游升级

农业产业化是现代农业的重要表现形式。新土地政策允许经营权的流转，为农业的产业化发展奠定了基础，为实现土地产出增值、农民收入增加、村庄特色化发展提供了必要条件。农村地区可根据自身土地存量、气候条件、资源类型、种养历史等条件，实现区域性的大规模特色农产品生产，以区别于周边地区的农产品竞争，实现差异化发展。与此同时，农村宅基地可通过市场调节合理流转，这为乡村旅游发展潜力较大地区的旅游产业规模化发展创造了条件。

现代农业提升了农业生产力水平，增强了农业的科技含量，同时科技的植入为乡村旅游的发展带来了新的资源基础和发展背景，提升了乡村旅游的产品和形象，为乡村旅游的升级拓展了新方向。

# 第三节　农村新型合作社的建立与乡村旅游的发展①

## 一、新型农业合作社的概念和性质

新型农村合作社是指 20 世纪 80 年代以后出现在中国农村大地上的农民自愿联合组织，实行民主管理、共同分享收益的各类新型合作社。包括各种专业合作社、专业协会、合作基金会、社区合作组织等合作经济组织，不包括传统的信用社和供销合作社。其中，农民专业合作社是最为普遍的一种形式。2006 年 10 月 31 日，十届全国人大常委会通过了《中华人民共和国农民专业合作社法》，对农民专业合作社进行法律规范。

合作社就其本质意义是劳动者（包括城市工人、手工业者、农民等小生产者和贫穷阶层）为了共同的利益，按照制定的原则和规章制度联合起来共同经营的经营企业或经济组织。合作社不同于合作制，前者是指经济组织，其特征在于构成和运行；后者指社会经济形态，是生产关系的总和。合作经济不同于集体经济，前者是一种组织经营方式，可以有不同的所有制形式参与；后者是一种公有制形态，集体所有制经济不一定按合作经济形式运行，但集体所有制本质属性是合作经济。

## 二、农村专业合作社的建立是乡村旅游发展的保证

1. 新型的农村合作社的组织形式可使旅游要素实现聚集

传统的家庭联产承包制规模较小、农民的土地较为分散，加上现阶段农民负担越来越重，很多地方土地抛荒、半抛荒现象严重，农民传统的耕作模式和粗放经营，造成土地资源严重的浪费；传统的家庭联产承包制农民的资金、技术也难以集中，在乡村旅游开展的初期这些基本的要素制约了它的发展。

有关乡村旅游的企业、科研、教学单位等与农户之间，以土地、资金、技术、劳动力等生产要素的投入，结成互利互惠、配套联动、共兴共荣的经济共同体。这种组织形式把分散的资金以及劳动力、土地、技术等生产要素以股份的形式集中起来，形成规模，使乡村旅游的生产要素在生产中得到合理的聚集和配置，推动旅游一体化发展。

---

① 黄笑. 农村新型合作社的建立与乡村旅游的发展［N］. 中国旅游报，2008 - 12 - 29

**2. 新型的农村合作社可以有效地实现乡村旅游的管理**

目前乡村旅游的开发，大多数情况下农民将自己的土地以一定的年限和价格出租给投资商，农民的收益通常是每年固定的收入，一些投资商得到土地后反过来雇用农民为其打工。但是乡村旅游发展起来之后，景区获得的更大收益与农户关联性并不大。可以说在一定程度上农民的土地贬值了，农民的利益没有得到充分的保障。

而农民把土地交到合作社，合作社运用新科学、新知识、新信息，走现代化统一管理模式，土地产生的效益是农民独自经营的几倍，这样就实现了农民和土地"双赢"的局面，大大地激活了农村经济快速发展。

**3. 新型的农村合作社可以促进农业产业的规模化、集约化**

推进农业产业化，强化产业链的连接功能，是农业发展的一项重大战略。大力发展农业龙头企业，是实现农业产业化经营的关键。但是，光靠农业龙头企业，还难以实现与千家万户分散的农户之间的有效连接，也仍然难以与农民形成利益共享、风险共担的机制。

发展各类新型农村合作经济组织，形成"新型合作经济组织＋农户＋公司"的模式。这种新型合作经济组织的宗旨是通过农户之间的互助合作，为成员提供各类产销和技术服务，使农业龙头企业的标准和其他要求准确地落实到农户。同时维护农民的利益，提高农民在市场活动中的有利地位。通过建立各类新型农村合作经济组织，促进农业生产、加工、流通、消费等各个环节有机地结合起来，使农业真正成为一个完整的产业，把农业产业化、规模化经营提升到一个新的层次。而农业产业化、规模化的开展为乡村旅游的开展提供了大背景和基础要素。

**4. 新型的农村合作社可有效利用人力资源**

新型合作社以有偿租用的方式，每亩田每年返还给农民固定的资金。农民自己再也不受土地的限制，根据自己本身的条件和情况，可以自由地选择出路，农民可以到城镇工厂上班或出外打工挣钱。这样大大地提高了农民的自由性、选择性。进入合作社的农民，由合作社统一进行培训，对从事不同旅游项目的农民进行针对性的专业化的培训，提高了农民的专业技能，有利于农民更好地进行专业化生产。

**5. 新型的农村合作社可以促进公共服务设施的建设**

新型合作社以农户的利益为基本出发点，除了合作社每年补偿农民固定的资金，合作社的全部收益基本上都返还给社员，土地增值部分占社员所得收益的大头，合作社除必要开支和成本外，其他收益主要用于公共设施建设，这是任何一个股份制公司做不到的。

乡村旅游的开展离不开乡村公共服务设施的建设，诸如景区交通运输设施、娱乐设施、购物设施以及安全设施等。以往的家庭联产承包制农民的资金过于分散，对于这些公共设施的建设难度较大，并且由于传统的农业生产对这些公共设施的要求较低，所以建设实施较困难。新型合作社的产生将农民分散的资金聚集在一起，促进了旅游公共服务设施的建设。同时乡村旅游的开展使得大部分农民集中居住，相应的生活配套设施诸如水、电、气、道路也加强了建设，而这些生活配套设施一部分也为游客所需。

6. 可以有效实现农村业态的调控，实现和谐发展，保证市场的有序性

在乡村旅游开发的初期，大多数农民以家庭为单位，开展以简单的农家乐为主的乡村旅游，当最初开展农家乐的家庭逐渐富裕起来的时候，更多的农户开始效仿，农村开始出现了大批个体经营的农家乐，由于市场的有限性，大多数农家乐并无太大的特色，因此农户之间开始形成了恶性竞争，破坏了市场正常运行的规律。原来吸引游客淳朴的乡村气息在农户之间经济角逐中逐渐丧失，市场呈现出不稳定的状态。

建立农村新型合作社，对农民进行有效的分工，农民根据自身的特点和占有的生产资料的不同进行专业分工，使分散的农户结成了生产、技术、销售一体化的利益共同体，大家互帮互带，组织起来一起应对市场。例如从事餐饮、住宿、购物、农产品加工等不同业态的工作，将农民之间的恶性竞争转变成友好的合作关系。由于农民只从事一种工作，农民的专业化程度也更高，一定程度上也提高了农民的工作效率，保证了市场的和谐发展。

## 第四节　城乡统筹背景下的近郊旅游地产研究[①]

统筹城乡的关键问题之一是要完善城乡一体的土地利用规划管理体系，防止城镇化过程中农村土地被滥用。旅游地产作为旅游和地产业的交叉产品，具有强大的市场生命力，是城乡统筹过程中乡村旅游开发的重要板块之一。在城乡统筹发展过程中如何实现既盘活郊区土地存量，提高土地利用率，又防止建设用地无节制的占用耕地，如何实现乡村旅游地产业的健康发展，是我们必须从乡村旅游规划开发初期就应得到重点关注的问题。

### 一、旅游地产概述

1. 旅游地产的概念解析

现在学术界对旅游地产的概念解构还不够明晰。一般来说，旅游地产是一种具有一定主题，以休闲度假为目的，以旅游项目为依托，以优美的景观和良好的

---

① 周坤，杨振之. 城乡统筹背景下的近郊旅游地产研究［N］. 中国旅游报，2007 – 12 – 10

配套为支撑的地产项目，通过和旅游项目的嫁接与融合，二者互为依托，相辅相成，共同构成一个融旅游、休闲、度假、会议、居住等多种功能于一体的大型的旅游与休闲空间。旅游地产具有高度的人性化内涵、先进的产品结构和多功能复合属性，具有较高的附加收益值和投资价值。通常状况下，旅游地产最常见的表现形式主要指以餐饮业态、综合娱乐业态以及各种休憩产品业态所主导的商业整合区域。

2. 新制度、新消费、新观念下的近郊旅游地产

（1）新休假制度下的近郊旅游地产。不久前，"黄金周"新调整方案公布征求公众意见，得到网民的普遍支持，休假制度改革势在必行。新休假制度改革的初衷在于改变现有休假制度下居民旅游消费过度集中导致的"井喷"现象，进一步调整居民的旅游消费习惯。新休假制度下，一些重要的民族传统节日将被纳入法定假日，居民的短期近距离旅游消费将得到更大程度的刺激，传统节日下家庭和朋友出游频率将会增加，并且这一部分游客对价格的敏感程度低于观光游客，他们更注重设施的舒适性、交通的便捷性和项目的丰富性，这为我国近郊旅游地产的发展提供了很大的市场发展机遇。

（2）新消费趋势下的近郊旅游地产。旅游消费已经成为很多居民家庭生活的基本消费构成之一。并且随着居民可支配收入的持续增加，生活节奏持续加快，带薪休假制度的逐步推行，居民的旅游消费层次也逐渐从观光旅游向休闲度假旅游过渡。在新旅游消费时代的背景下，城市近郊的旅游业发展将最先得到推动，具有浓郁风情的近郊乡村小镇以及舒适安静、空气清新的乡间会所将成为城市居民向往的地方，居民的旅游消费方向将更多地倾向于不必舟车劳顿的近郊休闲旅游，这为近郊旅游地产的发展提供了可靠的游客消费心理支撑。

（3）新发展观念下的近郊旅游地产。国务院确定成都、重庆为"城乡统筹综合配套改革试验区"，其最终目的是通过统一筹划城市乡村的经济社会发展，改变我国现有的城乡二元经济社会结构，实现全面构建社会主义和谐社会的宏伟目标。在城乡统筹的新发展观指导下，政府会出台相应的优惠措施，鼓励投资转向农村、转向无污染的新兴行业。旅游地产较之其他地产项目能够更多地吸纳农村剩余劳动力，使之参与到就业门槛相对较低的服务业，这为城镇近郊旅游地产的发展提供了新的政策支持和发展优势。

## 二、城乡统筹下的土地制度改革探讨

1. 按照城乡统筹、协调发展的总体思路，以"占补平衡"原则盘活存量集体建设用地

通过"占补平衡"合理置换，在保持现有耕地面积不变的前提下，置换出满足城镇建设发展所需要的土地面积，一方面使一些具有城镇生活技能的农民转

化为城市居民；另一方面使农村土地实现集约化规模化经营，提高当地农民实际收入，最终促进土地的规模化经营，解放农村剩余劳动力。

2. 完善近郊乡村土地流转制度，妥善解决农民失地后的就业和社会保障问题

合理的土地流转制度改革能够为传统的农业生产方式带来新变化，进而影响当地农民的收入来源构成，例如农民工资性收入的提高。如果其他配套改革措施及时跟进，农村的土地流转改革会在一定程度上缓解农村资金匮乏、劳动力富余而城镇建设用地紧张的问题，加快农村的基础设施建设，促进农业规模经营和产业化发展，实现农业资源持续高效利用和生产要素优化配置。政府部门首先要考虑的是如何解决土地流转后农民的失地无业问题，这就需要对农村社会保障制度作出进一步的统筹安排，完善农村低保制度，增加失地农民的就业机会。

3. 完善农地转用制度，保障失地农民分享土地增值收益

重庆市在土地新政策方面规定，允许农民以土地直接入股创立合作社或创办公司，鼓励农民自愿出让承包地和宅基地换取城市社保，这是在符合法律规范的前提下对农民持续分享土地增值收益作出的有益尝试。各地基层政府在农地转换过程中，应根据农村的具体情况，因地制宜，妥善解决农民失去土地后的生计问题，保障农民集体性地参与分享农地转用过程中的土地增值收益，是构建和谐社会实现城乡统筹发展的必由之路。

## 三、城乡统筹背景下的城郊旅游地产可持续发展之路

1. 真正将旅游产业做大做强

旅游地产项目投资大，回收期长，仅仅依靠短期的旅游效益难以支撑整个项目地的发展，因此政府和开发商都应深刻理解，只有从根本上做大做强旅游产业，力求最大化地挖掘项目地区域的资源特质，最大化地整合项目地区域外围环境，才能最终实现基础房地产开发与资产回报的目标，提升旅游区域价值及旅游房地产综合价值，带动项目地及周边区域的现代化建设。

2. 统筹土地规划与旅游规划

对旅游地产的开发应明确主题，把旅游业建设纳入到项目地的总体发展规划中，正确处理城镇规划、土地利用规划与旅游发展总体规划的关系。项目地的开发应进行总体规划，对大宗土地要进行控制性详细规划，并与当地的土地利用规划相衔接。开发部门要严格执行经依法批准的土地和旅游规划，不允许任何单位和个人随意改变规划，防止置换流转出来的土地挪作他用，以实现土地效益持续化惠及当地居民。

3. 实现城郊土地的集约化经营

"十分珍惜和合理利用每寸土地，切实保护耕地"是我国的基本国策，都市

郊区与一般农村比较，其人多地少，土地利用率高，旅游地产开发又需要大量土地进行项目配置，这一矛盾需要政府与开发商科学筹划，合理控制旅游用地面积，以供给引导需求，在保证基本建设用地的前提下尽量减少对优质农田的占用，通过适当土地整理和生产布局优化，实现城郊土地的集约化经营，实现项目地的农村建设与旅游地产开发协调发展。

在成都、重庆两市建设"城乡统筹综合配套改革试验区"的过程中，我们重点研究了乡村旅游与土地制度、城乡统筹与旅游地产，在两个城市近郊已编制了多个城乡统筹规划、乡村旅游地产规划，这些成功的经验将对进一步研究这一重大课题提供科学的借鉴。

# 参考文献

1. ［美］西奥多·W. 舒尔茨著. 改造传统农业（第二版）［M］. 梁小民译. 北京：商务印书馆，2006

2. ［法］勒·柯布西耶著. 明日之城市［M］. 李浩译. 北京：中国建筑工业出版社，2009

3. ［美］A. S. 马瑟著. 土地利用［M］. 国家土地管理局土地利用规划司译. 北京：中国财政经济出版社，1991

4. ［美］查尔斯·H. 温茨巴奇等著. 现代不动产［M］. 任淮秀等译. 北京：中国人民大学出版社，2001

5. ［美］罗伯特·考特，托马斯·尤伦著. 法和经济学［M］. 张军等译. 上海：上海人民出版社，1994

6. ［美］诺斯著. 经济史中的结构与变迁［M］. 陈郁等译. 上海：上海三联书店，1991

7. ［美］文森特·奥斯特罗斯，［加］戴维·菲尼，［德］哈特穆特·皮希特编. 制度分析与发展的反思［M］. 王诚等译. 北京：商务印书馆，2001

8. ［美］詹姆斯·麦吉尔·布坎南著. 自由、市场和国家［M］. 吴良健等译. 北京：北京经济学院出版社，1998

9. ［日］野口悠纪雄著. 土地经济学［M］. 汪斌译. 北京：商务印书馆，1997

10. "国外土地制度研究"课题组. 各国土地制度研究［M］. 北京：中国国际广播出版社，1992

11. GB/T19630－2005，有机产品国家标准［S］. 中华人民共和国国家质量监督检验检疫总局，中国国家标准化管理委员会，2005

12. GL32－1999，Rev. 1－2001. 有机食品生产、加工、标识及销售准则［S］. 联合国食品法典委员会与粮食组织（FAO）和世界卫生组织（WHO），2001

13. R. 科斯，A. 阿尔钦，D. 诺斯. 财产权利与制度变迁［M］. 上海：上海人民出版社，1994

14. ROBERT CHRISTIE MILL. 度假村管理与运营［M］．李正喜译．大连：大连理工大学出版社，2002

15. Robert Yaro：美国控制城市增长、保护环境和农业资源；杰佛里．索尔：美国经济发展过程中的农业用地保护战略［D］．1997 年中美土地规划国际会议论文集

16. 埃比尼泽·霍华德著．明日的田园城市［M］．金经元译．北京：商务印书馆，2000

17. 安慧，魏皓严．城乡统筹背景下对休闲旅游农业发展的思考［J］．小城镇建设，2008（6）：78 – 83

18. 保罗·萨缪尔森著．经济学原理［M］．萧琛译．北京：清华大学出版社，2008

19. 毕宝德．土地经济学（第四版）［M］．北京：中国人民大学出版社，2001

20. 边泰明．限制发展土地之补偿与财产权配置［J］．台湾：土地经济年刊，1997

21. 步会敏．乡村旅游产品差异化战略研究［D］．厦门大学，2008

22. 曹国新．从极性思维到多元互动：乡村旅游规划模式的变迁［J］．旅游学刊，2008，23（7）：8 – 9

23. 查爱苹．旅游地生命周期理论的深入探讨［J］．社会科学家，2003（1）：31 – 35

24. 查尔斯·沃尔夫．市场或政府［M］．北京：中国发展出版社，1994

25. 柴强．各国（地区）土地制度与政策［M］．北京：北京经济学院出版社，1993

26. 陈国君．城乡统筹视角下近郊土地流转模式研究——以成都市龙泉驿区大面街办龙华村为例［J］．安徽农业科学，2008，36（35）：15630 – 15631

27. 陈辉．绿色农业［J］．绿色论坛·先农论坛，2007：12

28. 陈继勇，罗福周，庞永师．城市化进程中城乡结合部土地的可持续利用模式研究［J］．科技进步与对策，2003（11）

29. 陈建新．对"旅游产品生命周期论质疑"的辨析［J］．桂林航天工业高等专科学校学报，2001（3）：18 – 20

30. 陈晶中，陈杰，谢学俭．城市边缘区土地利用类型及其面临的环境压力［J］．城市环境与城市生态，2003（16）

31. 陈利根．土地用途分区管制研究［M］．北京：中国大地出版社，2001

32. 陈利根．土地法学［M］．北京：中国农业出版社，2006

33. 陈梅．乡村旅游规划核心内容研究［D］．苏州，苏州科技学院，2008

34. 陈荣清，张凤荣，丁丽华．乡村旅游的可持续发展与土地整理［J］．东华理工大学学报，2008，27（3）：238－242

35. 陈思源，曲福田，倪绍祥．农用地转用价格评估方法研究［J］．地域研究与开发，2005（24）

36. 陈婷．我国乡村旅游规划存在的问题及对策［J］．信阳农业高等专科学校学报，2007，17（4）：54－55

37. 陈文君．我国现代乡村旅游深层次开发探讨［J］．广州大学学报，2003，2（2）：86－88，92

38. 陈先毅，宁越敏．大城市郊区乡村城市化研究——以上海为例［J］．城市问题，1997（3）

39. 成慧君．关于城中村改造问题的研究［D］．贵州大学，2006

40. 程宏志，方留．我省统筹城乡发展若干问题的思考［J］．中共合肥市委党校学报，2005（1）：45－48

41. 程烨等．土地用途分区管制研究［M］．北京：地质出版社，2003

42. 程裕祯．中国文化要略［M］．北京：外语教学与研究出版社，2003

43. 池静，崔凤军．乡村旅游地发展过程中的"公地悲剧"研究——以杭州梅家坞、龙坞茶村、山沟沟景区为例［J］．旅游学刊，2006，21（7）

44. 崔庆仙．我国城郊土地制度问题与城乡政区的相关分析［D］．华东师范大学，2007

45. 崔永刚．股份合作制存在的问题及其规范模式的初步研究［J］．中国集体经济，2003（1）

46. 大不列颠百科全书［G］．北京：中国大百科全书出版社，1999

47. 代玉梅，杜玉梅．对农业产业化相关理论的研究［J］．民营科技，2008（5）：106

48. 戴斌，周晓歌，梁壮平．中国与国外乡村旅游发展模式比较研究［J］．江西科技师范学院学报，2006（1）：16－23

49. 戴光全，保继刚．西方事件及事件旅游研究的概念、内容、方法与启发（上）［J］．旅游学刊，2003，18（5）：28－29

50. 戴蓬军．农业产业化若干理论问题分析［J］．农业经济，1999（6）：7－8

51. 党国英．论取消农业税背景下的乡村治理［J］．税务研究，2005（6）：3－6

52. 杜江，向萍．关于乡村旅游可持续发展的思考［J］．旅游学刊，1999（1）：15－18

53. 杜伟．对推进农村土地整理产业化的思考［J］．国土经济，2003（3）

54. 杜业明. 现行农村土地发展权制度的不均衡性及其变迁［J］. 西北农林科技大学学报，2004，4（1）：4－8

55. 段庆林. 中国农村社会保障的制度变迁（1949－1999）［J］. 宁夏社会科学，2001，104（1）

56. 段致辉，韩丽. 关于乡村旅游开发的研究［J］. 资源开发与市场，2000（5）：314－315

57. 樊桓锐. 中国集体土地使用权交易制度研究［D］. 郑州大学，2002

58. 范辉，董捷. 试论农地发展权［J］. 农村经济，2005（6）：28－30

59. 范业正. 国外旅游地规划的理论与技术方法［J］. 国外城市规划，2000（3）：2－6

60. 方增福. 乡村旅游规划的基本原则与方法［J］. 玉溪师范学院学报，2000，16（6）：25－27

61. 方志权，焦必方. 日本有机农业的发展与启示［J］. 现代日本经济，2002（2）：45－48

62. 冯红英. 乡村旅游发展的阶段性特征及启示［J］. 江西农业学报，2007，19（1）：147

63. 冯红英. 乡村旅游中乡村资产的构成、作用与保护［J］. 资源环境与发展，2007（3）：38－40

64. 冯贤贤，杨振之. 新土地政策下乡村旅游开发中的土地流转［N］. 中国旅游报，2008－12－01

65. 付加锋，宋玉祥. 城乡结合部的问题与对策［J］. 国土与自然资源研究，2002（3）

66. 傅德荣. 国外乡村旅游的发展现状和趋势［J］. 小城镇建设，2006（7）：97－98

67. 高强. 农户兼业化与农村社区发展［J］. 西北人口，1997（4）

68. 耿庆汇，牟晓婷，魏薇. 区域轮休——乡村旅游可持续发展的新思路［J］. 农村经济与科技，2007（3）：106－107

69. 宫银峰. 当前我国农业产业化运营存在的问题与对策［J］. 河南工业大学学报，2008，4（3）：5－10

70. 龚鹏. 我国农业产业化经营的有效组织模式［J］. 四川农业科技，2005（9）：9

71. 龚晓宽. 乡村旅游与扶贫开发［N］. 贵州日报，2004－10－2

72. 辜胜阻. 非农化与城市化研究［M］. 浙江：浙江人民出版社，1991

73. 顾朝林等. 旅游规划理论与方法的初步探讨［J］. 地理科学，2003，23（1）：52－59

74. 顾筱和，黄郁成. 试论乡村旅游的经济影响［J］. 广西社会科学，2006（2）：52－55

75. 顾筱和. 论乡村旅游自然环境的可持续发展［J］. 北京理工大学学报，2006，8（5）：98－100，105

76. 郭川. 论经济转型中的土地用途管制［D］. 南京农业大学，2001

77. 郭焕成，韩非. 中国乡村旅游发展综述. 地理科学进展［J］. 2010，29（12）：1597－1605

78. 郭焕成，吕明伟，任国柱著，休闲农业园区规划设计［M］. 北京：中国建筑工业出版社，2007

79. 郭凌. 乡村旅游发展中的乡村治理研究［J］. 农村经济，2008（6）：75－77

80. 郭凌. 乡村旅游社区参与概念辨析［J］. 新疆社会科学，2008（4）：100－104

81. 王志发. 把旅游业培育成战略支柱产业. 中国经济网－经济日报. http：//views. ce. cn/view/society/201009/29/t20100929_ 21857180_ 2. shtml

82. 国家农委办公厅编著. 农业集体化重要问题汇编［G］. 北京：中央党校出版社，1981

83. 韩桂君，戴建华. 我国农用土地流转若干问题研究［J］. 法治论坛，2004，19（5）

84. 韩晶晶. 基于居民感知视角的乡村旅游影响研究——以三峡车溪民俗风景区为例［D］. 华中师范大学，2008

85. 韩丽，段致辉. 乡村旅游开发初探［J］. 地域研究与开发，2000，19（4）：87－89

86. 何昌新，陈琴，郎富平. "反规划"理论在三门林场旅游规划中的应用分析［J］. 浙江旅游职业学院学报，2007，3（3）：13－15

87. 何红光. 中国旅游地产的现状分析［J］. 城市开发，2006（9）：78－79

88. 何景明，李立华. 关于"乡村旅游"概念的探讨［J］. 西南师范大学学报，2002，28（5）：125－128

89. 何景明，马泽忠，李辉霞. 乡村发展中存在问题的调查与思考［J］. 农村经济，2004（7）

90. 何婉，吴杰. 我国乡村社区与乡村旅游开发关系之探讨［J］. 市场周刊（研究版），2005（5）

91. 何伟. 少数民族地区乡村旅游发展模式探讨——以西藏拉萨为例［D］. 四川大学，2007

92. 贺小荣. 我国乡村旅游的起源、现状及其发展趋势探讨［J］. 北京第二

外国语学院学报，2001（1）：90－94

93. 贺雪峰，董磊明. 中国乡村治理：结构与类型［J］. 经济社会体制比较，2005（3）：42－50

94. 贺雪峰. 农民行动逻辑与乡村治理的区域差异［J］. 开放时代，2007（1）：105－121

95. 贺雪峰. 乡村治理区域差异的研究视角与进路［J］. 社会科学辑刊，2006（1）：44－50

96. 胡兰玲. 土地发展权论. 河北法学，2002，20（2）

97. 华杰. 城乡统筹协调发展背景下的特色乡村旅游模式选择［J］. 重庆工商大学学报，2008，18（3）：30－32

98. 黄爱军. 新公共管理与我国的乡村治理［J］. 中国农村经济，2005（2）：67－72

99. 黄建富. 信息化改造传统产业：中国发展新经济的战略选择［J］. 开发研究，2002（03）

100. 黄进. 乡村旅游研究与实践——桂林乡村旅游个案分析［D］. 中南林学院，2001

101. 黄进. 乡村旅游的市场需求初探［J］. 桂林旅游高等专科学校学报，2002，13（3）：84－87

102. 黄葵. 基于农地发展权理论的乡村旅游商业用地途径研究［D］. 四川大学，2007

103. 黄葵. 如何借发展乡村旅游之势推进城乡一体化建设——《都江堰乡村田园度假区总体策划》案例分析［J］. 来也旅游策划，2006

104. 黄玮. 乡村旅游对农村女性的影响——以临安市白沙村为例［J］. 经济论坛，2009（3）：18－19

105. 黄卫红. "共生型"农产品价值链构建与农业产业化经营的内在关系研究——广东燕塘乳业有限公司经营模式探索［J］. 农村经济，2007（12）：35－37

106. 黄笑. 农村新型合作社的建立与乡村旅游的发展［N］. 中国旅游报，2008－12－29

107. 黄星源. 从公权与私权的和谐论我国农地发展权的设立［J］. 安徽农业科学，2007，35（15）

108. 黄远林. 我国乡村度假的发展趋势与开发模式选择［J］. 商场现代化，2006（10）：309－310

109. 黄祖辉，汪晖. 非公共利益性质的征地行为与土地发展权补偿［J］. 经济研究，2002（5）：66－71

110. 季禾禾，周生路等．试论我国农地发展权定位及农民分享实现［J］．经济地理，2005，25（2）：149－155

111. 贾海波．农地发展权的设立与权利属性［J］．理论探讨，2005（10）：24－26

112. 贾天啸．与耕地保护相协调的土地市场模式研究［J］．陕西农业科学，2003（1）：45－47

113. 建国以来我国农村集体土地产权制度的变迁．http：//baike.baidu.com/view/787290.htm

114. 江林茜，张霞．乡村旅游经济发展模式初探［J］．求实，2006（1）：244－245

115. 江平．中国土地立法研究［M］．北京：中国政法大学出版社，1999

116. 姜财辉，陈永昶．我国乡村度假旅游开发研究［J］．山东师范大学学报：自然科学版，2006，21（4）：88－90

117. 姜贵善译．日本的国土利用及土地征收法律精选［M］．北京：地质出版社，2000

118. 姜群，何青霞．论农业产业化发展的现状、问题及对策［J］．经济师，2007（2）：225－226

119. 金茨萍，金一萍，黄郁成．国外乡村旅游的理论与实践［J］．南京社会科学，2007（10）：91－97

120. 金娜．营销学视野中的乡村旅游产品体验化设计研究［J］．农村经济与科技，2008，19（5）：30－31，37

121. 孔繁则．农业产业化的概念辨析——兼与郑林同志商榷［J］．经济经纬，1999（6）：86－88

122. 赖海榕．乡村治理的国际比较——德国、匈牙利和印度经验对中国的启示［J］．经济社会体制比较，2006（1）：93－99

123. 郎富平，杨眉．社区居民对乡村旅游的态度感知分析［J］．中国农村经济，2006（11）：68－74

124. 雷寰．农村集体土地产权权益与失地农民利益保障研究［J］．经济界，2005（4）：92－96

125. 雷卫中．浅议旅游产品生命周期［J］．南京经济学院学报，1997（2）：31－32，58

126. 冷奕明．成都城市化进程中土地利用变化研究［D］．四川农业大学，2006

127. 黎明，曾磊，郭文华．北京市近郊区乡村景观规划方法初探［J］．农村环境，2001，17（3）：55－58

128. 李凤圣，吴云亭．公平与效率——制度分析［M］．北京：经济科学出版社，1995

129. 李桂林，陈杰．城市边缘带土地利用特征与土壤资源压力［J］．长江流域资源与环境，2005，14（5）

130. 李坚．城乡统筹新视角下乡村旅游发展战略的构想［J］．企业经济，2007（5）：91－93

131. 李经龙，张小林，郑淑婧．旅游体验——旅游规划的新视角［J］．地理与地理信息科学，2005，21（6）：91－95

132. 李买生．国外农业产业化发展模式［J］．沿海企业与科技，2007（10）：45－46

133. 李世峰，白人朴．城乡结合部土地利用问题的战略性思考［J］．农业现代化研究，2003（3）

134. 李世平．设立土地发展权的必要性和可行性．http．//www.law110.com/news/310084.htm

135. 李世平．土地发展权浅说［J］．国土资源科技管理，2002，19（2）：15

136. 李树国．对我国土地利用分类体系的探讨［J］．中国土地科学，2000，14（1）

137. 李伟．论我国乡村旅游的发展取向［J］．昆明大学学报，2007，18（2）：1－6

138. 李伟．乡村旅游开发规划研究［J］．地域研究与开发，2003，22（6）：72－75

139. 李晓刚，徐梦洁，欧名豪，牛星．土地利用规划与旅游规划协调研究［J］．资源开发与市场，2005，21（4）：330－332

140. 李晓云，蔡银莺，张安录．农民在农地城市流转决策中的意愿分析——以武汉市城乡交错区农户为例［J］．地域研究与开发，2006，25（4）

141. 李孝坤．文化旅游资源开发与乡村旅游可持续发展［J］．重庆师范大学学报，2004，21（2）：76－78

142. 李莹．发展农业产业化经营的思考［J］．沿海企业与科技，2008（8）：115－117

143. 李玉新．基于和谐发展的乡村旅游社区参与研究［J］．社会科学家，2008（8）：99－101

144. 梁德阔．西递、宏村古村落的股份合作制经营模式设计［J］．中国人口资源与环境，2005，15（4）

145. 梁栋栋，陆林．古村落型旅游地土地利用的初步研究［J］．经济地理，

2005，25（4）：562－564

146. 廖业扬. 广西农业产业化模式的选择与创新——广西发展模式创新研究之二［J］. 广西社会科学，2008（06）

147. 林元兴，陈贞君. 容积转移与古迹保护［J］. 中国土地科学，1999（5）

148. 蔺丽莉. 发展我国农业产业化经营的探讨［J］. 中央财经大学学报，2006（5）：76－79

149. 蔺丽莉. 农业产业化经营的发展现状及对策探讨［J］. 河北大学学报，2006，31（4）：13－17

150. 刘滨谊，陈威. 中国乡村景观园林初探［J］. 城市规划汇刊，2000（6）：66－68

151. 刘晨阳. 云南乡村区域中心发展模式研究［D］. 昆明理工大学，2002

152. 刘聪，张陆，罗凤. 乡村旅游开发理念批判［J］. 人文地理，2005（06）：60－63

153. 刘德谦. 关于乡村旅游、农业旅游与民俗旅游的几点辨析［J］. 旅游学刊，2006，21（3）：12－19

154. 刘东明. 农业产业化与农产品流通［M］. 北京：中国审计出版社，2002

155. 刘国臻. 中国土地发展权论纲［J］. 岭南法学论坛，2005（10）

156. 刘海鸿. 乡村旅游：国外的理论与实践对中国的启示［J］. 经济问题，2007（7）：126－128

157. 刘晗，周玲强，李会玲. 我国乡村旅游产业组织模式探讨［J］. 商业时代，2008（34）：95－96

158. 刘桓，吴栋. 中国农村土地制度改革研究初探［D］. 清华大学经管学院第五届博士生论坛论文集，2006.10

159. 刘莉文，程道品，王力峰. 中国乡村景观旅游开发与建设［J］. 安徽农业科学，2008，36（5）：1819－1820

160. 刘娜，胡华. 成都市郫县农家乐现状剖析与发展思路［J］. 国土经济，2001（1）：43－44

161. 刘平辉. 基于产业的土地利用分类及其应用研究［D］. 中国农业大学，2003

162. 刘爽，孙余丹. 浅议乡村旅游规划［J］. 安徽农业科技，2008，36（19）：8081－8082，8090

163. 刘田. 征地问题沉思录［J］. 中国土地，2002（8）

164. 刘伟. 经济改革与发展的产权制度解释［M］. 北京：首都经济贸易大

学出版社，2000

165. 刘卫东，李家虎. 大城市郊区土地旅游开发问题研究［J］. 上海城市规划，1999（3）：23－27

166. 刘卫东等. 城市化地区土地非农化开发［M］. 北京：科学出版社，1999

167. 刘文贤. 国外旅游地产对中国的启示［J］. 北京房地产，2006（11）：103－106

168. 刘永湘，杨明洪. 农村建设用地流转的创新模式分析与评价［J］. 国土经济，2003（5）

169. 刘永湘，杨明洪. 中国农民集体所有土地发展权的压抑与抗争［J］. 中国农村经济，2003（6）

170. 刘允洲. 制度创新之路——农村集体建设用地流转管理实践与理论［M］. 北京：人民日报出版社，2001

171. 刘中艳，王捷二. 旅游规划综述［J］. 云南地理环境研究，2007，19（1）：131－134

172. 刘紫青. 关于生态旅游景区规划问题的探讨［J］. 福建林业科技，2005，32（4）：188－190

173. 龙茂兴，张河清. 乡村旅游发展中存在问题的解析［J］. 旅游学刊，2006，21（9）：75－79

174. 鲁明泓. 发展经济学的新趋势：农村非农化研究［J］. 经济学动态，1994（6）

175. 鹿心社. 研究征地问题探索改革之路（二）［M］. 北京：中国大地出版社，2003

176. 吕军，张立明. 中外乡村旅游研究的比较［J］. 国土与自然资源研究，2005（2）：67－69

177. 吕连琴，刘爱荣. 我国乡村旅游高级化的产品设计导向［J］. 地域研究与开发，2002，21（4）：69－72

178. 旅游"十二五"规划对旅游业发展的重大意义. 中国政府网，http://www.cotsa.com/News/T－41978

179. 罗自力，温萍. 乡村休闲旅游产业定位思考［J］. 农村经济，2007（3）：50－52

180. 马宝成. 乡村治理结构与治理绩效研究［J］. 马克思主义与现实，2005（2）：41－47

181. 马东升. 论乡村旅游对新农村建设的作用［J］. 湖南农机，2007（1）：39－40

182. 马健. 产业融合识别的理论探讨 [J]. 社会科学辑刊, 2005 (03)

183. 马菁. 乡村旅游及其规划研究 [D]. 华中科技大学, 2006

184. 马世铭, J. Sauerborn. 世界有机农业发展的历史回顾与发展动态 [J]. 中国农业科学, 2004, 37 (10)

185. 马勇, 赵蕾, 宋鸿, 郭清霞, 刘名俭. 中国乡村旅游发展路径及模式 [J]. 经济地理, 2007, 27 (2): 336–339

186. 毛勇. 乡村旅游产品体系与开发 [J]. 中南民族大学学报, 2009, 29 (2): 142–145

187. 梅昀, 陈银蓉, 胡伟艳. 农用土地的价值观与农地转用价格评估——以柳州市郊区农地为例 [J]. 国土资源科技管理, 2004 (5)

188. 孟明浩, 顾晓梅, 蔡碧凡, 俞益武, 孙治. 城郊型乡村旅游地开发规划研究——以杭州富阳市白鹤村为例 [J]. 福建林业科技, 2006, 33 (4)

189. 倪斋晖. 论农业产业化的理论基础 [J]. 中国农村经济, 1999 (6): 55–60

190. 牛海鹏, 李明秋, 王宝山. 农村集体建设用地直接进入市场模式构建 [J]. 地域研究与开发, 2004, 24 (1)

191. 牛然. 不同资源类型的乡村旅游规划研究 [D]. 首都师范大学, 2008

192. 农业部课题组. 建设社会主义新农村若干问题 [M]. 北京: 中国农业出版社, 2005

193. 盘晓愚. 中国乡村旅游的发展阶段和新趋势 [J]. 河北农业科学, 2009, 13 (9): 87–88

194. 彭德成. 对我国旅游规划工作的现状、问题与对策的研究 [J]. 旅游学刊, 2000 (3): 40–45

195. 彭明勇. 西部发展生态农业观光旅游初探———以龙泉驿为例 [J]. 重庆工商大学学报, 2005 (2): 23–25

196. 彭远翔. 以城乡规划促城乡统筹发展 [J]. 重庆建筑, 2007 (9): 5–6

197. 秦宏, 高强, 李嘉晓. 通过制度变迁推动我国农户分化与农村非农化、城镇化进程 [J]. 生产力研究, 2005 (3)

198. 秦宏, 李嘉晓. 沿海城郊农村城镇化的现实选择——基于城阳模式的启示与借鉴 [J]. 中国海洋大学学报 (社会科学版), 2006 (2)

199. 秦剑峰. 乡村旅游: 中国旅游名县的第二次创业 [J]. 当代广西, 2004 (2): 30–31

200. 秦明周, Richard H. Jackson. 美国的土地利用与管制 [M]. 北京: 科学出版社, 2003

201. 邱道持，刘明皓，薛俊菲等．小城镇供地模式改革的方向［J］．地域研究与开发，2002（21）

202. 邱云美．乡村旅游发展与"三农"问题的若干思考［J］．农业经济，2006（9）：11－13

203. 汝百乐．旅游规划中不可忽视的因素［N］．中国旅游报，2004－2－13

204. 邵爱云，单彦名，方明，赵辉．因地制宜、整合资源、分类指导——《村庄政治技术导则》编制原则解析［J］．村庄规划，2006（8）．

205. 邵琪伟．发展乡村旅游促进新农村建设［N］．中国旅游报，2007－1－3

206. 社区支持农业．http：//www.efarm.com.cn/info_open.asp？id＝274&classid＝5

207. 沈孔忠．城乡结合部农村社区转型与城乡协调发展［J］．人文地理，1999，14（4）

208. 沈茂英．农村土地流转与农户权益保障研究——以成都统筹试验区为例［J］．郑州航空工业管理学院学报，2008，26（5）：34－39

209. 沈守愚．论设立农地发展权的理论基础和重要意义［J］．中国土地科学，1998，12（1）：17－19

210. 施引芝．国内外土地整理借鉴［M］．北京：中国大地出版社，1998

211. 石培基，张胜武．乡村旅游开发模式述评［J］．开发研究，2007（4）：104－107

212. 世界旅游组织．旅游业可持续发展———地方旅游规划指南［M］．北京：旅游教育出版社，1997

213. 舒象连．我国乡村旅游资源及其开发散论［J］．湘潭大学学报，1999（3）：28

214. 束晨阳．基于古村落保护的乡村旅游规划———以安徽绩溪龙川村为例［J］．中国园林，2008（8）：9－15

215. 司艳丽．论集体建设用地使用权流转的法律规制［D］．中国政法大学，2006

216. 四川省邛崃市社会经济主要指标．http．//www.scec.net.cn/shengq/carview.ppt/ddhzt

217. 宋国恺．城乡结合部研究综述［J］．甘肃社会科学，2004（2）

218. 宋章海，马顺卫．社区参与乡村旅游发展的理论思考［J］．山地农业生物学报，2004，23（5）：426－430

219. 苏东水．产业经济学［M］．北京：高等教育出版社，2003

220. 苏艳芳，于胜涛．泰国"伙伴式"订单农业模式［J］．中国农民合作社，2011（4）：60－61

221. 孙弘．中国土地发展权研究：土地开发与资源保护的新视角［M］．北京：中国人民大学出版社，2004

222. 孙丽军，杜晓堂．主导产业与专业协会的结合：我国农业产业户静音模式的选择［J］．生产力研究，2003（3）：23

223. 孙佑海．土地流转制度研究［M］．北京：中国大地出版社，2001

224. 孙志洁．农业产业化经营的新模式研究［J］．职业时空，2009（9）：7－8

225. 汤志林．我国农地征用监管制度的困境与优化——基于农地发展权视角［J］．农村经济，2006（10）：68－69

226. 唐春根，李鑫．国内外农业产业化发展模式比较分析［J］．世界农业，2007（2）：9－11

227. 唐代剑，池静．论乡村旅游项目与游览组织［J］．桂林旅游高等专科学校学报，2005，16（3）：31－35

228. 唐代剑．中国乡村度假简论［J］．商业经济与管理，2006（07）

229. 唐建兵．乡村旅游规划中的误区及改进分析探讨［J］．成都大学学报，2007，26（4）：346－349

230. 唐召英，阳宁光．论城郊乡村旅游发展的动力机制及可持续发展对策［J］．农业环境与发展，2007（6）：36－38

231. 陶若伦，陈祖卫．土地使用权流转中保护农民权益的问题［J］．上海农村经济，2002（8）

232. 万先进，伍婷．乡村旅游产业化发展探析［N］．光明日报，2007－11－13

233. 汪秀莲，张建平．土地用途分区管制国际比较［J］．中国土地科学，2001（4）

234. 王存学，骆友生．中国农村经济法律基本问题［M］．北京：法律出版社，1998

235. 王继庆．我国乡村旅游可持续发展问题研究［D］．东北林业大学，2007

236. 王进．农业现代化与乡村旅游的发展［N］．中国旅游报，2009－01－12

237. 王俊红，马育倩．石家庄城郊乡村体验旅游产品开发研究［J］．商场现代化，2008（10）：217－218

238. 王莉．乡村旅游规划与开发理论初探［J］．昆明师范高等专科学校学

报，2003，25（3）：41 –43

239. 王敏娴. 乡村旅游社区参与机制研究［D］. 浙江大学，2004

240. 王瑞花，张兵，尹弘. 国外乡村旅游开发模式初探［J］. 云南地理环境研究，2005，17（2）：73 –76

241. 王树良. 城乡结合部土地利用模式研究［J］. 中外房地产导报，1999（23）

242. 王顺祥，吴群，黄玲，陈晓熙. 基于农地发展权视角的征地区片地价确定研究——以江苏省南通市港闸区为例［J］. 中国土地科学，2008，22（8）：35 –42

243. 王素洁，刘海英. 国外乡村旅游研究综述［J］. 旅游科学，2007，21（2）：61 –68

244. 王婉飞，单文君. 乡村旅游产业升级研究：以德清县乡村旅游为例［J］. 技术经济与管理研究，2008（5）：101 –104

245. 王卫国. 中国土地权利研究［M］. 北京：中国政法大学出版社，1997

246. 王先锋. 关于我国农业产业化经营模式及运行机制的分析［J］. 南京社会科学，2011（1）

247. 王小映. 统筹城乡土地政策　促进集体建设用地合法流转［J］. 首都经济杂志，2003（9）：21 –23

248. 王小映. 现行农地征收制度何去何从［N］. 中国经济时报，2003 –7 –25

249. 王秀红. 我国乡村旅游研究述评［J］. 重庆工学院学报，2006，20（3）：114 –118

250. 王轶. 物权变动论［M］. 北京：中国人民大学出版社，2001

251. 王永慧，严金明. 农地发展权界定、细分与量化研究——以北京市海淀区北部地区为例［J］. 中国土地科学，2007，21（2）：25 –30

252. 王玉霞. 我国农村土地流转状况分析和土地经营权入股［J］. 四川省情，2002（3）

253. 王云才，许春霞，郭焕成. 论中国乡村旅游发展的新趋势［J］. 干旱区地理，2005，28（6）：862 –868

254. 王云才，郭焕成，徐辉林. 乡村旅游规划原理与方法［M］. 北京：科学出版社，2006

255. 王云才，刘滨谊. 论中国乡村景观及乡村景观规划［J］. 中国园林，2003，19（1）：55 –58

256. 王征. 农业产业化发展现状及国家扶持政策［J］. 中国禽业导刊，2008，25（5）：7 –9

257. 王忠伟. 乡村旅游开发中土地利用变化与调控研究［D］. 河南大学, 2008

258. 卫振军, 吴海萍. 海东地区农业产业化经营发展现状及对策［J］. 青海科技, 2008（5）: 17－19

259. 魏小安, 刘赵平等. 中国旅游业新世纪发展大趋势［M］. 广州: 广东旅游出版社, 1999

260. 魏小安, 魏诗华. 旅游情景规划与项目体验设计［J］. 旅游学刊, 2004, 19（4）: 38－44

261. 魏小安. 休闲度假的特点及发展趋势［J］. 饭店现代化, 2004（11）: 13－17

262. 魏有广. 城郊乡村旅游产品开发实证研究——以济南市为例［J］. 山东省农业管理干部学院学报, 2008, 23（3）: 39－40

263. 魏有广. 乡村旅游规划体系研究［D］. 山东大学, 2007

264. 文军, 唐代剑. 乡村旅游开发研究［J］. 农村经济, 2003（10）: 30－34

265. 翁瑾, 杨开忠. "重渡沟"景区公司＋农户的旅游产业组织模式研究［J］. 经济经纬, 2004（1）

266. 吴必虎, 伍佳. 中国乡村旅游发展产业升级问题［J］. 旅游科学, 2007（6）: 12－13

267. 吴必虎, 黄琢玮, 马小萌. 中国城市周边乡村旅游地空间结构［J］. 地理科学, 2004, 24（6）: 757

268. 吴冰, 陈福明. 经济学基础教程［M］. 北京: 北京大学出版社, 2006

269. 吴次芳, 鲍海君. 城市化进程中的征地安置途径探索［J］. 中国土地, 2003（4）

270. 吴海瑾. 产业融合、产业创新与经济发展方式转变［J］. 科技与经济, 2009（01）

271. 吴琼莉, 郑四渭. 国外乡村旅游研究及对我国的启示——基于我国乡村旅游发展现状的思考［J］. 中国物价, 2007（12）: 58－61

272. 吴兴国. 征地补偿费受偿主体及农地发展权归属探究［J］. 中国发展, 2008, 8（3）: 63－67

273. 伍慧玲, 乡村旅游: 农业产业化的新引擎［J］. 商场现代化, 2007（32）: 262－263

274. 席运官. 有机农业与中国传统农业的比较［J］. 农村生态环境, 1997（3）: 55－58

275. 夏艳秦. 湖南乡村体验性旅游项目开发初探［J］. 陕西教育, 2008

（11）：119－120

276. 夏源．乡村旅游区景观规划设计研究——以成都市郫县农科村为例［D］．西南交通大学，2006

277. 肖胜和．浅论郊野旅游开发［J］．云南师范大学学报，1998（4）：35

278. 肖胜和．乡村旅游规划中乡村景观规划实践［J］．云南地理环境研究，2007，19（6）：118－121，135

279. 肖淑英，赵敏．农业产业化在现代农业中的作用及发展对策［J］．农业经济，2007（3）：15－16

280. 肖艳，苏维词，西南山区生态农业产业化经营模式与措施研究——以贵州省贵阳市为例［J］．安徽农业科学，2009（01）

281. 肖佑兴，明庆忠，李松志．论乡村旅游的概念和类型［J］．旅游科学，2001（3）：8－10

282. 谢花林，刘黎明，赵英伟．乡村景观评价指标体系与评价方法研究［J］．农业现代化研究，2003，24（2）：95－98

283. 谢俊奇．试论可持续土地管理战略［J］．资源战略，2002（1）

284. 谢元鲁．红砂村的城市化进程与民间资金向民间资本转化［J］．博士在锦江，2003（11）

285. 邢兰芹．浅析中国特色的新农村建设与乡村旅游关系［J］．西藏发展论坛，2007（4）：27－28

286. 熊剑平，刘承良，颜琪．城郊乡村旅游地居民对旅游开发的感知和态度分析——以武汉市东西湖区石榴红村为例［J］．中国农村经济，2007（7）：23－29

287. 熊凯．乡村意象与乡村旅游开发刍议［J］．地域研究与开发，1999，18（3）：70－73

288. 修长柏．关于农业"产业化"概念的再思考［J］．农业现代化研究，2002，23（6）：475－477

289. 徐福英，刘涛．新形势下我国乡村旅游转型与升级研究［J］．农业经济，2010（2）：93－94

290. 徐福英，马波．基于城乡统筹的乡村旅游发展研究［J］．北京第二外国语学院学报，2005（5）：73－77

291. 徐广全．浅谈农业产业化［J］．安徽农学通报，2008，14（16）：20－22

292. 徐明章．休闲农业与土地管制法规之配合［J］．农政与农情，1995，84（12）：23－28

293. 徐宁．关于土地利用功能分区研究［J］．安徽农业科学，2007，35

（2）

294. 徐平．中国乡村度假模式研究［D］．华中师范大学，2008

295. 徐清．我国乡村度假旅游开发研究［J］．山东师范大学学报：自然科学版，2006（04）

296. 徐清．乡村度假旅游产品开发探讨［J］．现代商贸工业，2008，20（4）：77－79

297. 徐学强等．中国乡村——城市转型与协调发展［M］．北京：科学出版社，1998

298. 许春晓．"旅游产品生命周期论"的理论思考［J］．旅游学刊，1997（5）：44－47

299. 许放明．当代中国农民分化的特点及成因［J］．宁波大学学报，1999（2）

300. 薛力．城市化背景下的"空心村"现象及其对策探讨［J］．城市规划，2001（8）

301. 严金明．中国土地利用规划［M］．北京：经济管理出版社，2001

302. 杨成余．农地发展权探微［D］．湖南大学，2006

303. 杨凯凯．乡村旅游对目的地居民社区满意度的影响研究［D］．浙江大学，2008

304. 杨明洪，刘永湘．压抑与抗争：一个关于农村土地发展权的理论分析框架［J］．财经科学，2004（6）

305. 杨庆媛，王锡桐．中国西部城市土地市场建设初探［J］．地域研究与开发，2002，21（1）

306. 杨森林．"旅游产品生命周期论"质疑［J］．旅游学刊，1996（1）：45－47

307. 杨晓云．乡村体验旅游开发初步研究［J］．昆明大学学报，2007，18（2）：17－19

308. 杨旭．开发"乡村旅游"势在必行［J］．旅游学刊，1992，7（2）：38－41

309. 杨振之，陈谨．论我国旅游业产业结构的优化调整［J］．云南民族学院学报：哲学社会科学版，2002（9）：30－34

310. 杨振之，冯贤贤．乡村休闲旅游与节事活动［N］．中国旅游报，2008－8－18

311. 杨振之，刘思翔．城乡统筹下的乡村休闲［N］．中国旅游报，2007－11－26

312. 杨振之，彭祎．土地流转政策下乡村旅游产业化发展探析［N］．中国

旅游报，2008 – 11 – 17

313. 杨振之，王飞. 农村土地利用方式的转变及乡村旅游的新发展［N］. 中国旅游报，2008 – 12 – 15

314. 杨振之，王进. 城郊乡村休闲新视点：田园养生产品的开发［N］. 中国旅游报，2008 – 7 – 7

315. 杨振之，王进. 城乡统筹与乡村旅游论纲［N］. 中国旅游报，2007 – 10 – 29

316. 杨振之，邹积艺. 旅游的"符号化"与符号化旅游［J］. 旅游学刊，2006，21（5）：75 – 79

317. 杨振之. 旅游资源的系统论分析［J］. 旅游学刊，1997（3）：49 – 53

318. 杨振之. 前台、帷幕、后台——民族文化保护与旅游开发的新模式探索［J］. 民族研究，2006（2）：39 – 46

319. 杨振之. 试论延长旅游地生命周期的模式［J］. 人文地理，2003，18（6）：43 – 47

320. 杨重光，吴次芳. 中国土地使用制度改革十年［M］. 北京：中国大地出版社，1996

321. 姚治国，苏勤，陆恒芹，潘轶，冯书春. 国外乡村旅游研究透视［J］. 经济地理，2007，27（6）：1046 – 1050

322. 叶林红. 构建乡村旅游发展新模式［J］. 资源与产业，2006，8（5）：56 – 59

323. 叶琪，徐清. 我国城市边缘区农地利用问题初探［J］. 北京农业职业学院学报，2006（20）

324. 易金，王德刚. 论乡村旅游产品的三维空间架构——以山东省乡村旅游开发为例［J］. 资源开发与市场，2008，24（9）：839 – 843

325. 尹惠斌，覃事娅. "新农村"建设过程中的城乡土地利用问题及对策研究［J］. 国土资源导刊，2006（1）：44 – 46

326. 尹振华. 开发我国乡村旅游的新思路［J］. 旅游学刊，2004，19（5）：40 – 44

327. 余青，吴必虎. 生态博物馆：一种民族文化持续旅游发展模式［J］. 人文地理，2001（6）：40 – 43

328. 余书炜. "旅游地生命周期理论"综论——兼与杨森林商榷［J］. 旅游学刊，1997（1）：32 – 37

329. 袁香香，武邦涛. 国外乡村旅游研究概况［J］. 安徽农业科学，2007，35（31）：9996 – 9997

330. 臧俊梅，王万茂. 农地发展权及其在土地管理实践中的实施途径与管理

方式［J］．广东土地科学，2007，6（5）：31－34

331．臧俊梅，余沪荣，杨俊孝．土地征收中失地农民保障问题分析及其对策研究［J］．广东土地科学，2005，4（6）

332．臧俊梅，张文方，朱一中．农地非农化中农地发展权定位与失地农民权益保障研究［J］．农村经济，2008（5）：31－34

333．臧俊梅．农地发展权的创设及其在农地保护中的运用研究［D］．南京农业大学，2007

334．曾天雄，罗海云．论乡村旅游和城镇化的影响［J］．湖南人文科技学院学报，2007（1）：68

335．曾珍香，傅惠敏，王云峰．旅游可持续发展的系统分析［J］．河北工业大学学报，2000，29（3）：50－54

336．翟媛，陈鹏．乡村度假国内外研究进展及启示［J］．经济研究导刊，2011（12）：163－164

337．张安录．可转移发展权与农地城市流转控制［J］．中国农村观察，2000（2）：20－25

338．张秉福．土地适度规模经营：问题与对策［J］．经纪人学报，2006（3）

339．张海英．台湾非都市土地使用管制之检讨与改进［J］．土地资源永续利用与土地使用管制，1998（8）

340．张红梅．生态旅游规划理论、方法与实践研究［D］．太原理工大学，2008

341．张建宏．论乡村旅游的可持续发展［J］．农业经济，2006（12）：9－11

342．张建华．关于乡村景观建设的若干思考［J］．上海交通大学学报，2007，25（3）：323－325

343．张晋萍．乡村意象概念性规划研究——以成都双流兴隆、万安两镇为例［D］．四川农业大学，2006

344．张磊，刘新，王娜．农地发展权与农村土地资源保护［J］．农村经济，2007（8）：32－34

345．张立国．中国农地产权制度的演进及其改革［J］．湖北社会科学，2006（2）

346．张丽，罗正明，张权林．三圣乡人的城市生活——特色农家乐对推进城乡一体化的作用分析［J］．农业生态，2006（2）

347．张千帆．"公共利益"是什么？——社会功利主义的定义及其宪法上的局限性［J］．法学论坛，2005，20（1）：28－31

348．张秋娈，王雁，高艳红．河北省乡村旅游的发展现状、问题及对策研究

[J]．社会科学论坛，2006（12）：61－64

349．张润泽，杨华．转型期乡村治理的社会情绪基础：概念、类型及困境[J]．湖南师范大学社会科学学报，2006，35（4）：11－13

350．张善峰．乡村文化在乡村旅游规划中的表达[J]．上海农业学报，2008，24（2）：127－130

351．张天柱．现代观光旅游农业园区规划与案例分析[M]．北京：中国轻工业出版社，2010

352．张祥桔，王鹏飞，梁育填．乡村旅游对目的地的影响研究——以北京平谷区玻璃台村为例[J]．首都师范大学学报，2008，29（4）：94－99

353．张晓山．乡村治理结构的改革[J]．科学决策月刊，2006（1）：14－16

354．张友安，陈莹．土地发展权的配置与流转[J]．中国土地科学，2005，19（5）：10－14

355．张瑜．各国（地区）土地制度比较研究[J]．经济研究参考资料，1989（96）

356．张增峰，黄克龙．城乡结合部土地利用问题及对策探讨[J]．南京师范大学学报：自然科学版，2001（2）

357．赵承华，我国乡村旅游推动现代农业发展问题探析[J]．农业经济，2011（04）

358．赵承华．我国乡村旅游可持续发展问题及对策研究[J]．农业经济，2008（4）：18－19

359．赵海林．正确认识农业结构调整的几个问题[J]．改革与战略，2004（6）

360．赵焕焱．全球饭店要情：法国．价值中国网，http：//www．chinavalue．net/Article/Archive/2008/3/27/106120_ 2．html．2011．7．6

361．赵琴．农地发展权的设置问题研究[D]．华中师范大学，2007

362．赵荣明，邱建．基于产业发展的村庄整治——以成都白果村和红砂村为例[J]．城乡规划与环境建设，2006，26（6）

363．赵尚朴．城市土地使用制度研究——欧美亚各国城市土地使用制度探索[M]．中国城市出版社，1996：63－64

364．赵尚朴．城市土地使用制度研究[M]．北京：中国城市出版社，1995：13－16，40－64

365．赵树凯．乡村治理：组织和冲突[J]．战略与管理，2003（6）：1－8

366．赵婷婷，杨振之．城乡统筹政策下乡村角色的转变[N]．中国旅游报，2008－12－24

367．赵亚莉，吴群．农村集体建设用地流转：政府失灵与制度障碍[J]．

REFORM OF ECONOMIC SYSTE, 2010（2）

368. 赵勇，骆中钊，张韵. 历史文化村镇的保护与发展 [M]. 北京：化学工业出版社，2005

369. 赵展坤. 国家促进休闲农业——乡村旅游发展大事 [EB/OL]. http：//www. crr. gov. cn/Html/2007－10－12/2_ 2166_ 2007－10－12_ 2474. html 2007－10－12

370. 郑健雄，陈昭郎. 休闲农场经营策略思考方向之研究 [J]. 农业经营管理，1997（2）：123－144

371. 郑柯炮，张建明. 广州城乡结合部土地利用的问题及对策 [J]. 城市问题，1993（3）

372. 郑林. 产业化的含义与"农业产业化"概念的辩误 [J]. 经济经纬，1999（1）：67－68

373. 郑明慧. 保定市农业产业化发展现状及对策研究 [J]. 经济论坛，2004（17）：22－23

374. 郑群明，钟林生. 参与式乡村旅游开发模式探讨 [J]. 旅游学刊，2004（4）

375. 郑亚民. 休闲房地产品牌塑造问题探讨 [J]. 商业时代，2006（11）：58－59

376. 郑治伟，王崇文. 北京乡村休闲旅游产业发展刍议 [J]. 商场现代化，2007（8）：352－353

377. 郑智鸿. 北台湾休闲农场市场区隔与市场定位分析，世新大学观光学研究所硕士论文 2001

378. 周诚. 关于农地征用补偿问题———简答杜业明先生 [J]. 中国土地，2005（4）：23－24

379. 周春林. 乡村旅游生态景观的规划原则初探 [J]. 科技信息，2008（31）：520－521

380. 周大庆，陈国生. 关于旅游规划若干理论问题的思考 [J]. 生产力研究，2006（9）：133－135

381. 周干峙. 对城市化的理解应该有一个全面的认识. http：//www. ccsc. gov. cn/whmr/200901/t20090112【2006－7－20】

382. 周静，卢东，杨宇. 乡村旅游发展的起源及研究综述 [J]. 资源开发与市场，2007，23（8）：733，764－765

383. 周坤，杨振之. 城乡统筹背景下的近郊旅游地产研究 [N]. 中国旅游报，2007－12－10

384. 周庆. 农业现代化进程中农村土地流转经营思考 [J]. 湖南农业大学

学报：社会科学版，2005，6（2）

385. 周艳丽. 区域旅游文化与乡村旅游可持续发展研究［D］. 上海师范大学，2005

386. 朱丹丹. 旅游对乡村文化传承的影响研究［D］. 北京林业大学，2008

387. 朱华. 乡村旅游利益主体研究——以成都市三圣乡红砂村观光旅游为例［J］. 旅游学刊，2006（5）：25

388. 朱启臻，窦敬丽. 新农村建设与失地农民补偿——农地发展权视角下的失地农民补偿问题［J］. 中国土地，2006（4）：19－20

389. 邹统钎，马欣，张昕玲. 乡村旅游可持续发展的动力机制与政府规制［J］. 杭州师范学院学报：社会科学版，2006（2）：64－67

390. 邹统钎，王燕华，丛日芳. 乡村旅游社区主导开发（CBD）模式研究——以北京市通州区大营村为例［J］. 北京第二外国语学院学报，2007（1）：53－59

391. 邹统钎. 中国乡村旅游发展模式研究——成都农家乐与北京民俗村的比较与对策分析［J］. 旅游学刊，2005，20（2）：63－68

392. Agnieszka A J, Iwona P. The Role of Rural Landscape in Tourism Development［J］. Rural Landscape Management Trends, 2009：117－120

393. Aliza Fleischer, Abranham Pizam. Rural Tourism in Israel［J］. Tourism Management, 1997, 18（6）：367－372

394. Andrew J, Plantinga and Douglas J. Miller. Agricultural Land Values and the Value of Rights to Future Land Development［J］. Land Economics, 2001, 77（1）：56－67

395. Ann Murphy, Peter W. Williams，Attracting Japanese Tourists Into the Rural Hinterland：Implications For Rural Development and Planning［J］. Tourism Management，1999（20）：487－499

396. Anne－Mette Hjalager. Agricultural Diversification into Tourism：Evidence of an European Community Development Programmer［J］. Tourism Management, 1996, 17（2）：103－111

397. Arie Reichel, Oded Lowengart. Ady Milman. Rural Tourism in Israel：Service Quality and Orientation［J］. Tourism Management, 2000（21）：451－459

398. Arrow K. J and A. C. Fisher. Environmental Preservation, Uncertainty and Irreversibility［J］. Quarterly of Journal of Economics, 1974（88）：312－319

399. Avies E T, Gilbert E T. Planning and Marketing of Tourism：A Case Study of the Development of Farm Tourism in Wales［J］. Tourism Management, 1992（3）：56－63.

400. B. Delworth Gardner. The Economics of Agricultural Land Preservation [J] . American Journal of Agricultural Economics, 1977, 59 (4): 1027 – 1036

401. Barbara Pini. A Critique of "new" Rural Local Governance: The Case of Gender In a Rural Australian Setting [J] . Journal of Rural Studies, 2006 (22) : 396 –408

402. Barbel Tress, Gunther Tress . Scenario Visualization For Participatory Landscape Planning— A Study From Denmark [J] . Landscape and Urban Planning, 2003, 64 (3): 161 –178

403. Barry C. Field, Jon M. Conrad. Economic Issues in Programs of Transferable Development Rights [J] . Land Economics, 1975 (4)

404. Chrys Horn, David Simmons. Community Adaptation To Tourism: Comparisons Between Rotorua and Kaikoura, New Zealand [J] . Tourism Management, 2002, 23 (2): 133 –143

405. Clare A Gunn, Turgut Var. Tourism Planning: Basics, Concepts, Cases [M] . Fourth Edition, Taylor and Francis Books, 2002

406. Cohen, E. Authenticity and commoditization in tourism [J] . Annals of Tourism Research, 1988, 15 (3): 371 –386

407. Danny MacKinnon. Rural governance and local involvement: assessing state – community relations in the Scottish Highlands [J] . Journal of Rural Studies, 2002 (18): 307 –324

408. David Clark, Rebekah Southern, Julian Beer. Rural Governance, Community Empowerment and The New Institutionalism: A case study of the Isle of Wight [J] . Journal of Rural Studies , 2007 (23): 254 –266

409. David J A Douglas. The Restructuring of Local Government In Rural Regions: A Rural Development Perspective [J] . Journal of Rural Srudies, 2005 (21): 231 –246

410. David Turnock. Sustainable rural tourism in the Romanian Carpathians [J] . The Geographical Journal, 1999 (165)

411. David Turnock. Prospects for Sustainable Rural Cultural Tourism in Maramures, Romania [J] . Tourism Geographies, 2002, 4 (1): 62 –94

412. Dogan Gursoy, Claudia Jurowski & Muaaffer Uysal. Resident Attitudes – A Structrual Modeling Approach [J] . Annals of Tourism Research, 2002, 29 (1): 79 –105

413. Donald Getz, Jack Carlsen. Characteristics and Goals of Family and Owner – operated Businesses In The Rural Tourism and Hospitality Sectors [J] . Tourism Management, 2000 (21): 547 –560

414. Douglas David. Countryside planning [M]. Andrew W. Gilg, 1978: 44 – 76

415. Derek Hall, Lesley Roberts and Morag Mitchell, New Directions in Rural Tourism [M]. Burlington: Ashgate Printing Company, 2005

416. Edward J. Kaiser and David R. Godschalk. Twentieth Century Land Use Planning: A Stalwart Family Tree [J]. Journal of the American Planning Association, 1995, 76 (3)

417. Eric J. Heikkila. The Economic of Planning [M]. Rutgers. Center of Urban Policy Research, The State University of New Jersey, 2000

418. Fleischer A, Pizam A. Rural Tourism in Israel [J]. Tourism Management, 1997

419. Frater Julia M. Farm Tourism in England [J]. Tourism Management, 1983 (9): 167 – 179

420. Geoff A. Wilson. The Australian Landcare Movement: Towards Post – Productivist Rural Governance [J]. Journal of Rural Studies, 2004 (20): 461 – 484

421. Giulio S, Alessandro T. Sustainable Land Use Planning in Protected Rural Areas in Italy [J]. Landscape and Urban Planning, 1998, 41 (2): 107 – 117

422. Gonsalves, Alternative Tourism——The Evolution of a Concept and Establishment of a Network. [J]. Tourism Recreation Research, 1987 (2): 9 – 12

423. Graham Busby, Samantha Rendle. The Transition From Tourism on Farms to Farm Tourism [J]. Tourism Management, 2000, 21 (8): 635 – 642

424. Hannigan J. A Regional Analysis of Tourism Growth in Ireland [J]. Regional Studies, 1994, 28 (2): 208 – 214

425. Herry C. Option Values in The Economics of Irreplaceable Assets [J]. Review economic studies, 1974 (41): 89 – 104

426. HwanSuk Chris Choia, Ercan Sirakayab. Sustainability Indicators for Managing Community Tourism [J]. Tourism Management, 2006 (27): 1274 – 1289

427. Inskeep E. Tourism Planning——An Integrated and Sustainable Development Approach [M]. US: Van Nostrand Reinhold, 1991

428. Isabelle F. A Benefit Segmentation of Tourists in Rural Areas: a Scottish perspective [J]. Tourism Management, 2005 (26): 335 – 346

429. Jackie C, Richard D, Gordon H, Julius S. Rural Tourism In Roznava Okres: A Slovak Case Study [J]. Tourism Management, 2001, (22): 193 – 202

430. Jean – Philippe P. The Evolutionary Theory of Land Rights as Applied to Sub – Saharan Africa: A Critical Assessment [J]. Development and Change, 2008,

27（1）：29－86

431. Jeffrey K, Dennis W. Using Referendum Data to Characterize Public Support For Purchasing Development Rights to Farmland ［J］. Land Economics, 1994, 70 （2）：223－233

432. Jenny Briedenhann, Eugenia Wichens. Tourism routes as a tool for the economic development of rural areas － vibrant hope or impossible dream? ［J］. Tourism Management, 2004（25）：71－79

433. Jieming Zhu. From land use right to land development right：institutional change in China's urban development ［J］. Urban Studies, 2004, 41（7）：1249－1267

434. Katherine L. Adam. Community Supported Agriculture：A Publication of AT-TRA － National Sustainable Agriculture Information Service. 1－800－346－9140. www. attra. ncat. org

435. Kevin O'Toole, Neil Burdess. New community governance in small rural towns：the Australian experience ［J］. Journal of Rural Studies, 2004（20）：433－443

436. L Roberts and D Hall（Eds）. Rural Tourism and Recreation：Principles to Practice ［M］. CABI Publishing, Oxon and New York, 2001

437. Lane B. Rural tourism and sustainable rural development ［M］. UK：Channel View Publications, 1994

438. LANE B. What is rural tourism ［J］. Journal of Sustainable Tourism, 1994, 2（1）：7－21

439. Laurie Kroshus Medina. Commoditizing Culture － Tourism and Maya Identity ［J］. Annals of Tourism Research, 2003, 30（2）：353－368

440. Lisa M Campbell. Ecotourism in Rnral Developing Communities ［J］. Annals of Tourism Research, 1999, 26（3）：534－553

441. LIU A. Tourism in rural areas：Kedah, Malaysia ［J］. Tourism Management, 2006（27）：878－889

442. Moore, Colleen Gand Cheryl Siskin. PUDs in Practice, Washington D. C：Urban Land Institute, 1985

443. N. G. McGeh, KyungmiKim. Motivation for Agri － tourism Entrepreneurship ［J］. Journal of Travel Research, 2004, 43（2）：161－170

444. Neil Ward , Kate McNicholas. Reconfiguring Rural Development in the UK：Objective 5b and the New Rural Governance ［J］. Joumalof Rural Studies, 1998, 14 （1）：27－39

445. Nilson P A. Staying on farms – an ideological background [J]. Annals of Tourism Research, 2002, 29 (1): 7 – 24

446. Patricia L. Machemer, June Thomas, Roger Hamlin. Transferable Development Rights – A Policy Brief for the Michigan Legislature, Urban and Regional Planning Program, Department of Geography, Michigan State University, 2000

447. Patricia L. Machemer, June Thomas, Roger Hamlin. Transfer of Development Rights – Smart Growth Recommendations from New Jersey Future, 2004

448. Patricia L. MacHemer, Michael D. Kaplowitz. A Framework for Evaluating Transferable Development Rights Programmes [J]. Journal of Environmental Planning and Management, 2002, 45 (6): 773 – 795

449. Patrick T. Long, Richard R. Perdue, Lawrence Allen. Rural Resident Tourism Perceptions and Attitudes by Community Level of Tourism [J]. Journal of Travel Research, 1990, 28 (3): 3 – 9

450. Paul Thorsnes and Gerald R. W. Simons. Letting the Market Preserve Land: The Case For A Market – driven Transfer of Development Rights Program [J]. Contemporary Economic Policy, 1999 (17)

451. Pearce P L. Farm Tourism In New Zealand [J]. Annals of Tourism Research, 1990 (17): 337 – 352

452. Peter M, Joanne C. Residents' Attitudes To Proposed Tourism Development [J]. Annals of Tourism Research, 2000, 27 (2): 391 – 411

453. Pizam A, Pokela J. The Vacation Farm: A New Form of Tourism Destination [J]. Tourism Marketing and management, 1980: 203 – 216

454. R W Butler. The Concept of a Tourist Area Cycle of Evolution: Implications for Management of Resources [J]. Canadian Geographer, 1980, 24 (1): 5 – 12

455. Richard A. Posner. Economic Analysis of Law [M]. Little Brown and Company, 1992

456. Richard Butler etc. Tourism and Recreation in Rural Areas [M]. John Wiley & Sons, 1998

457. Richard L. Barrows and Bruce A. Prenguber. Transfer of Development Rights: An Analysis of a New Land Use Policy Tool. 1975

458. Richard Sharpley. Rural Tourism and The Challenge of Tourism Diversification: The Case of Cyprus [J]. Tourism Management, 2002 (23): 233 – 244

459. Richard Sharpley. Flagship Attractions and Sustainable Rural Tourism Development: The Case of The Alnwick Garden [J]. Journal of Sustainable Tourism, 2007, 15 (2): 125 – 143

460. Robert A, Blewett, Julia I. Lane. Development Rights and the Differential Assessment of Agricultural Land [J] . Amercian Journal of Ecnomics and Sociology, 1988, 47 (2)

461. Roberta Macdonald, Lee Jolliffe. Cultural Rural Tourism Evidence from Canada [J] . Annals of Tourism Research, 2003 (2): 307 – 322

462. Robinson G M. Conflict and change in the countryside [M] . London: Bel – haven Press, 1990

463. Roddewing J, Richard, Chery A, Inghram. Transferable Development Rights Prgrams [M] . Washington D. C. : American Planning Association, 1987

464. Rose, Jerome G. The Transfer of Development Rights, New Jersey: The state University of New Jersey , New Brunswick, 1975

465. Samuel N. Free Time in France: A historical and sociological survey [J] . International Social Science Journal, 1986 (107): 47 – 63

466. Seyhmus B, Ken W, Mccleary. A Model of Destination Image Formation [J] . Annals of Tourism Research, 1999 (4): 868 – 897

467. Sharply Richard. Rural Tourism and Sustainability – A Critique [J] . New Directions in Rural Tourism, 2003 (40)

468. Sheila Agarwal. Restructuring Seaside Tourism – The Resort Life Style [J] . Annals of Tourism, 2002, 29 (1): 25 – 55

469. Shoup, D. C. The Optional Timing of Urban Land Development [C] . Regional science Association Papers, 1970 (25): 33 – 44

470. Stefang Sslingl, Susanne Mattsson. Farm Tourism In Sweden: Struc – ture, Frowth and Characteristics [J] . Scandinavian Journal of Hospitalityand Tourism, 2002, 2 (1): 17 – 30

471. Suzanne Wilson, Daniel R. Fesenmaier, Julie Fesenmaier, John C. Van Es. Factors for Success in Rural Tourism Development [J] . Journal of Travel Research, 2001, 40 (2): 132 – 138.

472. Tad Mutersbaugh, Daniel Klooster, Marie – Christine Renard, Peter Taylor. Certifying Rural Spaces: Quality – Certified Products and Rural Governance [J] . Journal of Rural Studies, 2005 (21): 381 – 388

473. Tazim B. Jamalb, Donald Getzb. Collaboration Theory And Community Tourism Planning [J] . Annals of Tourism Research, 1995, 22 (1): 186 – 204

474. Terry Marsden, Jonathan Murdoch. Editorial: The Shifting Nature of Rural Governance and Community Participation [J] . Journal of Rural Studies, 1998, 14 (1): 1 – 4

475. Thomas L. Daniels. The Purchase of Development Rights: Preserving Agricultural Land and Open Space [J]. Journal of the American Planning Association, 1991, 57 (4): 421 –431

476. Vanslembrouck & G. Van Huylenbroeck. Landscape Amenities: Economic Assessment of Agricultural Landscapes [M]. 2005 Springer: 59 – 68

477. Vanslembrouck J, Van Huylenbroeck G , Van Meense J. Impact of Agriculture on Rural Tourism: A Hedonic Pricing Approach [J]. Journal of Agricultural Economics, 2005, Vol. 56 Issues 1, 17 – 30

478. Victor T C Middleton. Tourism in Rural Areas [J]. Tourism Management, 1982 (3): 52 – 58

479. Wang Ning. Rethinking Authenticity in Tourism Experience [J]. Annals of Tourism Research, 1999, 26 (2): 349 – 370

# 后 记

本书的写作前后延续了 6 年的时间。记得我让两届硕士生都连续研究乡村旅游与乡村发展的问题，又让一届博士生研究乡村旅游与乡村治理问题。之所以如此安排，不仅仅因为乡村旅游对于农村变革是如此的重要，还在于我们在研究的过程中慢慢体味到了农村变革的较为可行的路径与方法。在 4 年前书稿准备脱稿时，成渝两地又被批准为统筹城乡综合改革实验区，许多新的问题又出现了，创新也在层出不穷，而且这些创新要经过一段时间的检验才能体现出价值。于是，我们又等了 4 年。读者可以看到，本书与《景区升级与服务质量管理》一样，凝聚了许多实践智慧与理论的提炼，这也是我多年来写作所奉行的一贯原则。读者同样也可以看到，虽然本书名为《城乡统筹与乡村旅游》，但实质上我们对土地制度和农业产业也在经济学层面上做了努力探索。感谢中国国家旅游局将此研究项目列为 2009 年的研究课题（课题编号 09TACG018），感谢国家旅游局中国旅游研究院在课题立项和课题研究过程中所给予的帮助。

本书是在 2010 年科学出版社出版的《城乡统筹与乡村旅游》一书的基础上修订、修改且大量吸收近一年来城乡统筹与乡村旅游发展的研究新成果，并增加了乡村旅游的转型升级研究的内容后，由经济管理出版社重新出版。在此，感谢科学出版社及其编辑陈梦、经济管理出版社及其编辑王光艳为本书的出版所付出的辛勤的劳动。在"来也思想库"出版过程中，成都来也旅游策划管理有限责任公司已经更名为"成都杨振之来也旅游发展有限公司"，同时北京来也旅游规划咨询有限责任公司更名为"北京杨振之来也旅游规划咨询有限公司"。除了感谢重庆教育学院黄葵和重庆文理学院周坤两位合作者外，还要感谢公司的同仁们，有不少案例是我们共同劳动的结晶，要特别提到的是公司的总建筑师张文聪教授，项目经理石锐，常务副总经理凌剑辉，总经理何银武，北京公司总经理胡海霞等，以及四川大学旅游学院参与收集资料和校稿的申雷、许家森等 2010 级硕士研究生，还有部分参与初稿写作的研究生，博士研究生郭凌（现就职于四川农业大学旅游学院）2008 级研究生张冠群（现就职于内蒙古师范大学），2010 级研究生朱思颖、刘小滨，2011 级研究生张曼，在此一并表示感谢！

杨振之

2012 年 1 月

图9-8 中国绵竹年画村核心区修建性详细规划总平面图

项 目 设 置

1 入口形象标志　　15 景观竹阵
2 年画艺术墙　　　16 年画艺术灯柱
3 生态停车场　　　17 老艺人作坊
4 荷塘水乡　　　　18 年画艺术村
5 田园人家　　　　19 年画艺术家俱乐部
6 梁堤烟柳　　　　20 陈兴财居所
7 趣味田园　　　　21 年画湖
8 综合接待办公楼　22 浮桥映水
9 景区入口　　　　23 年画商业区
10 年画艺术廊　　　24 生态休闲园
11 年画博物馆　　　25 年画交易市场
12 戏台　　　　　　26 市场配套服务中心
13 乡村活动区　　　27 新风貌景观走廊
14 年画广场　　　　28 景区次入口

技术经济指标

| 项目 | 单位 | 数值 |
|---|---|---|
| 规划总用地 | M | 300000 |
| 建筑面积 | M | 29402 |
| 平均层数 | 层 | 1.1 |
| 建筑密度 | % | 8.9 |
| 容积率 | | 0.1 |
| 绿化率 | % | 62.8 |
| 水域面积 | M | 22639 |
| 停车位 | 个 | 70 |

土地利用一览表

| 项目 | 单位 | 数值 | 所占比例（%） |
|---|---|---|---|
| 规划总用地 | M | 300000 | 100 |
| 建筑用地 | M | 26729 | 8.9 |
| 道路广场用地 | M | 41536 | 13.8 |
| 绿化用地 | M | 188359 | 62.8 |
| 水域用地 | M | 22639 | 7.5 |
| 其它用地 | M | 11837 | 3.9 |
| 停车场 | M | 8900 | 3.1 |

图9-9 引景入口效果图

图9-10 年画博物馆效果图

图9-11 车画湖节点效果图

图9-12 年画艺术村街巷改造图

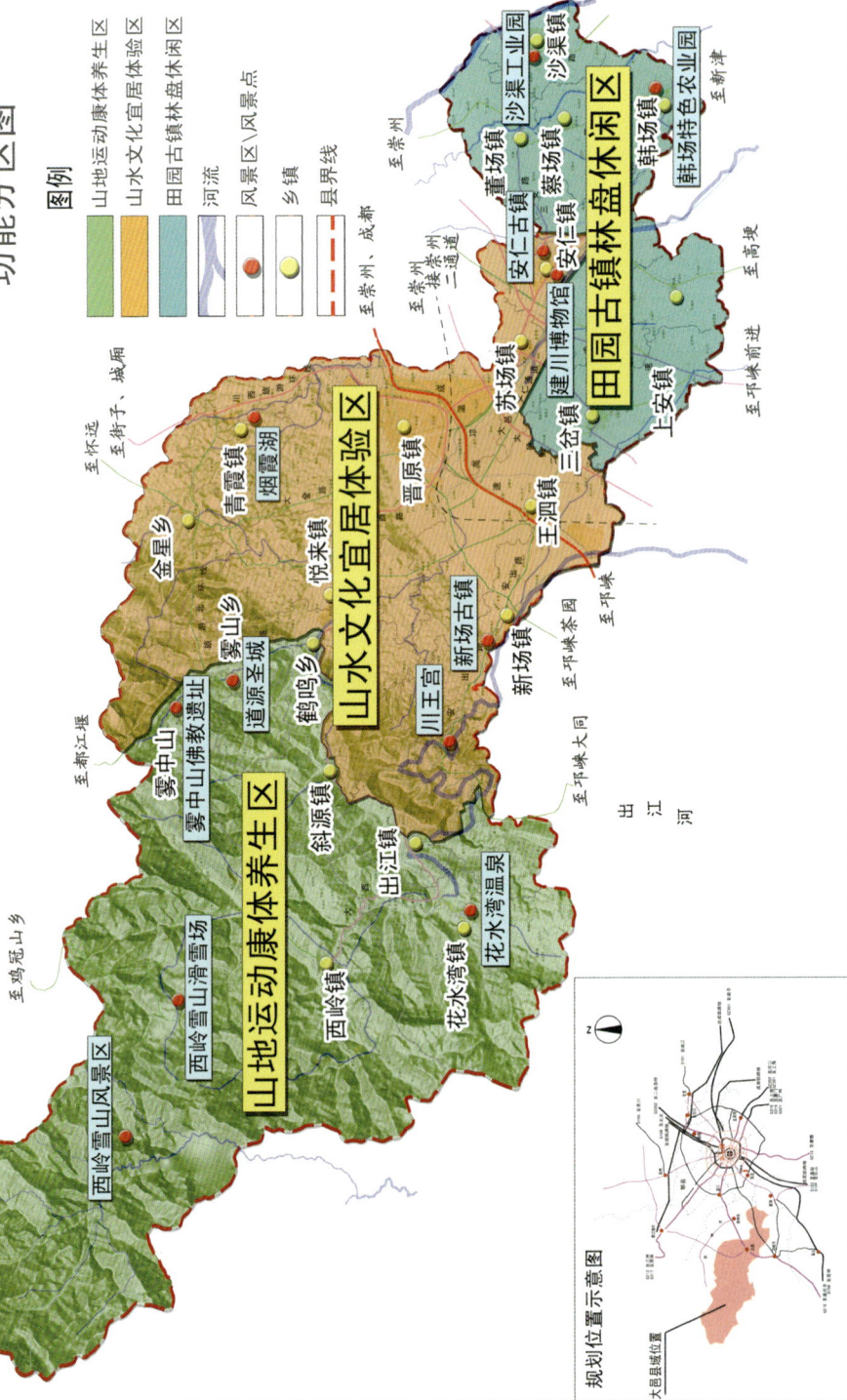

图10-4 三大功能区区划图

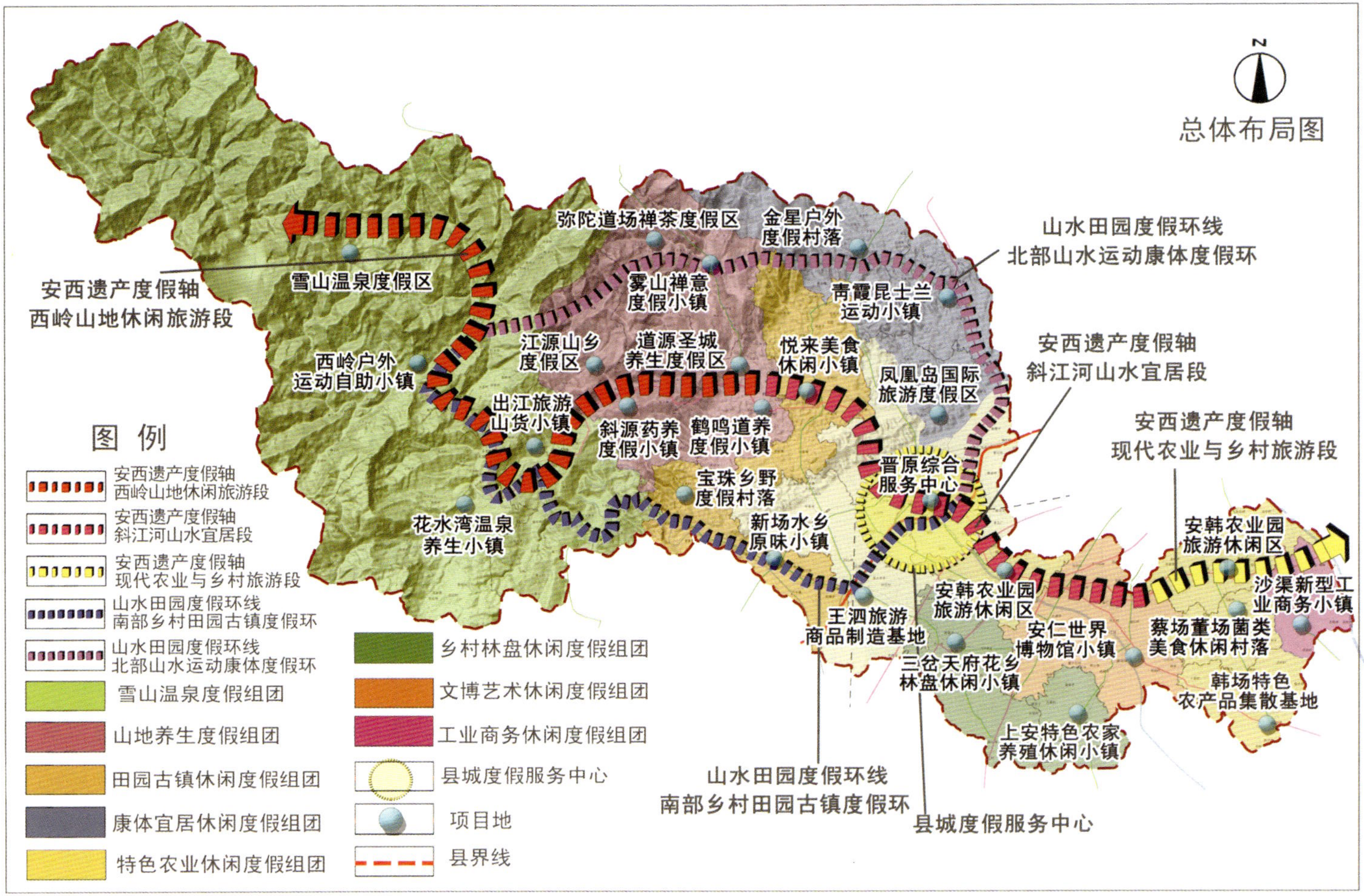
总体布局图
N
安西遗产度假轴
西岭山地休闲旅游段
雪山温泉度假区
弥陀道场禅茶度假区
金星户外
度假村落
山水田园度假环线
北部山水运动康体度假环
雾山禅意
度假小镇
青霞昆士兰
运动小镇
江源山乡
度假区
道源圣城
养生度假区
悦来美食
休闲小镇
安西遗产度假轴
斜江河山水宜居段
凤凰岛国际
旅游度假区
西岭户外
运动自助小镇
出江旅游
山货小镇
斜源药养
度假小镇
鹤鸣道养
度假小镇
安西遗产度假轴
现代农业与乡村旅游段
晋原综合
服务中心
宝珠乡野
度假村落
花水湾温泉
养生小镇
新场水乡
原味小镇
安韩农业园
旅游休闲区
沙渠新型工
业商务小镇
安韩农业园
旅游休闲区
王泗旅游
商品制造基地
安仁世界
博物馆小镇
蔡场董场菌类
美食休闲村落
三岔天府花乡
林盘休闲小镇
韩场特色
农产品集散基地
上安特色农家
养殖休闲小镇
山水田园度假环线
南部乡村田园古镇度假环
县城度假服务中心
图例
安西遗产度假轴
西岭山地休闲旅游段
安西遗产度假轴
斜江河山水宜居段
安西遗产度假轴
现代农业与乡村旅游段
山水田园度假环线
南部乡村田园古镇度假环
山水田园度假环线
北部山水运动康体度假环
雪山温泉度假组团
山地养生度假组团
田园古镇休闲度假组团
康体宜居休闲度假组团
特色农业休闲度假组团
乡村林盘休闲度假组团
文博艺术休闲度假组团
工业商务休闲度假组团
县城度假服务中心
项目地
县界线

图10-5 大邑县休闲度假产业总体布局图

图10-6 西岭雪山度假小镇鸟瞰图

图10-7 雾中山度假小镇鸟瞰图

图10-8 鹤鸣山度假小镇鸟瞰图

图10-9　鹤鸣山度假小镇步行街效果图

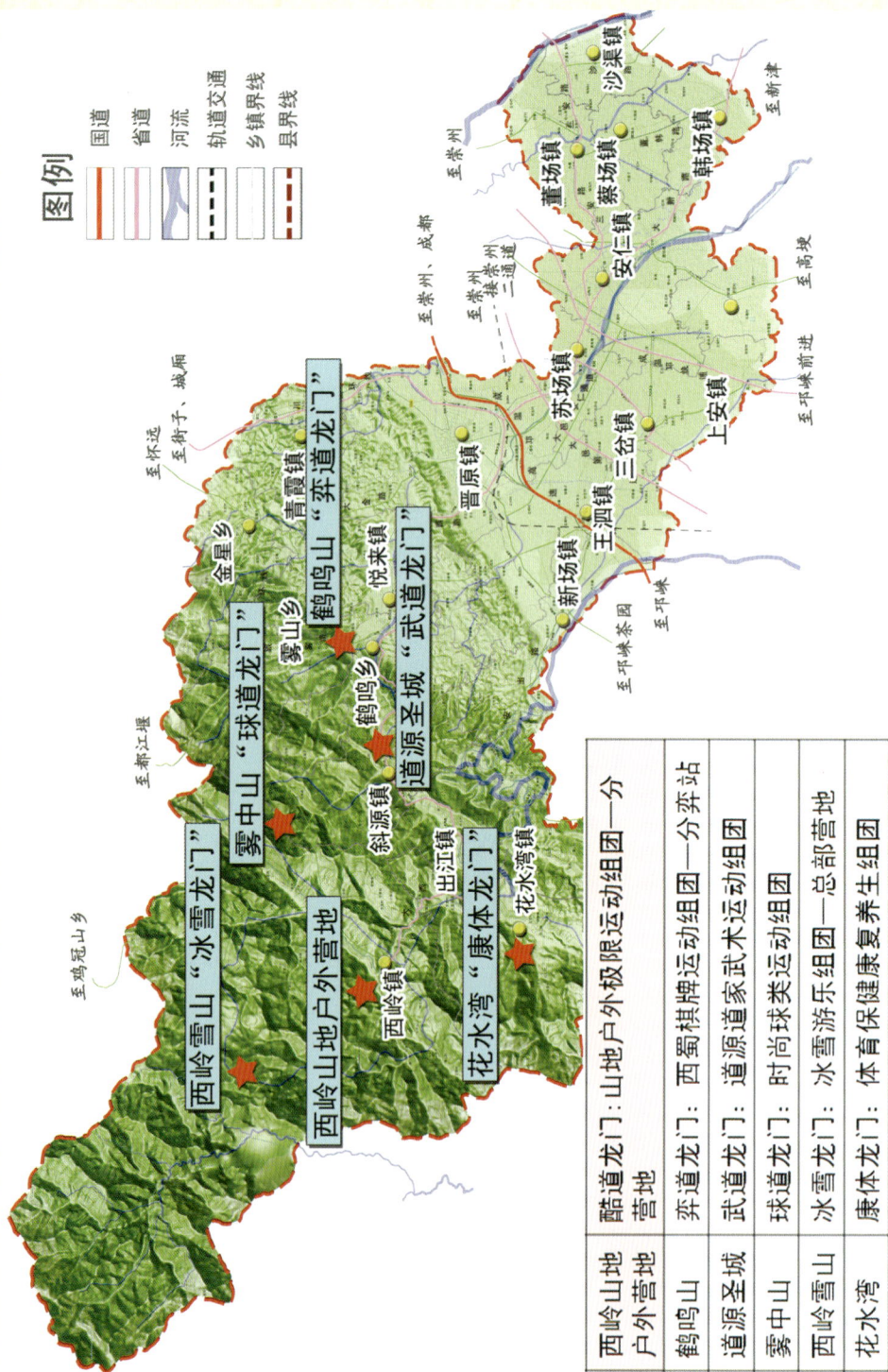

图10-10 大邑县全域度假运动休闲产品体系图

| 西岭山地户外营地 | 酷道龙门：山地户外极限运动组团—分营地 |
|---|---|
| 鹤鸣山 | 奕道龙门：西蜀棋牌运动组团—分奕站 |
| 道源圣城 | 武道龙门：道源道家武术运动组团 |
| 雾中山 | 球道龙门：时尚球类运动组团 |
| 西岭雪山 | 冰雪龙门：冰雪游乐组团—总部营地 |
| 花水湾 | 康体龙门：体育保健康复养生组团 |

总 平 面 图

至龙门

至河源

至麻榨

至派潭

N
米
比例 1:100000

图例
□ 规划范围
□ 道路
□ 建筑
□ 草地
□ 林地
□ 花田
□ 水域

## 主要技术经济指标表

| 指 标 | 现 状 | 规 划 |
|---|---|---|
| 规划总面积 | 25412200 m² | 25412200 m² |
| 道路广场面积 | 167700 m² | 488000 m² |
| 建筑基地面积 | 311290 m² | 1753710 m² |
| 建筑面积 | 591451 m² | 6137985m² |
| 平均层数 | 1.9 | 3.5 |
| 建筑密度 | 1.22% | 6.9% |
| 容积率 | 0.02 | 0.24 |
| 绿地率 | 75.57% | 71.59% |

图11-6 规划总图

项目设置

比例 1:10000

N

**A 增江画廊观光带**
- A1 古揽秘境
- A2 古揽香村
- A3 古村体验式购物作坊
- A4 古揽餐厅
- A5 古揽码头
- A6 码头休闲街
- A7 码头休闲船坊
- A8 码头游客服务中心
- A9 竹海休闲度假村
- A10 码头海空中迷宫
- A11 玫瑰园度假村
- A12 四季花田
- A13 竹海大迷宫
- A14 湖心总观鸟站
- A15 县街旧址
- A16 沿江游船码头
- A17 增江水世界博物馆
- A18 湿地公园

**B 乡村休闲娱乐区**
- B1 荔园农家乐
- B2 自建木屋度假村
- B3 吊脚楼茶园
- B4 东方斗牛场
- B5 清沙场
- B6 滑草场
- B7 沙丘越野车道
- B8 沙雕广场
- B9 沙滩浴场
- B10 沙滩摩托车
- B11 沙丘速滑雪场
- B12 露天电影放映场
- B13 木屋/帐篷营地
- B14 汽车营地

**C 宗教养心体验区**
- C1 师爷庙
- C2 佛教寺院
- C3 仙姑祠
- C4 水街码头
- C5 观光客栈
- C6 禅修中心村
- C7 国际荔园
- C8 国学静心院
- C9 国艺馆

**D 湿地养生度假区**
- D1 湿地公园
- D2 湿地酒店
- D3 湿地度假村
- D4 湿地养生社区
- D5 中心服务区

**E 休闲农业示范区**
- E1 订单式有机农田
- E2 订单式有机畜禽
- E3 劳作体验示范田
- E4 有机农产加工作坊
- E5 有机农产购物点

**F 旅游地产区**
- F1 乡村运动公园
- F2 乡村运动会所
- F3 千帆商务酒店
- F4 别墅物业

**G 乡村酒店区**
- G1 乡村度假酒店

**H 外围景观控制区**

**I 居民安置区**

图11-7 项目布局图

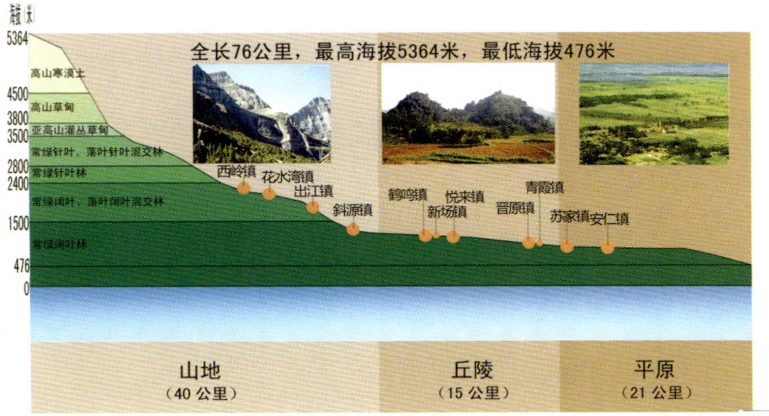

全长76公里，最高海拔5364米，最低海拔476米

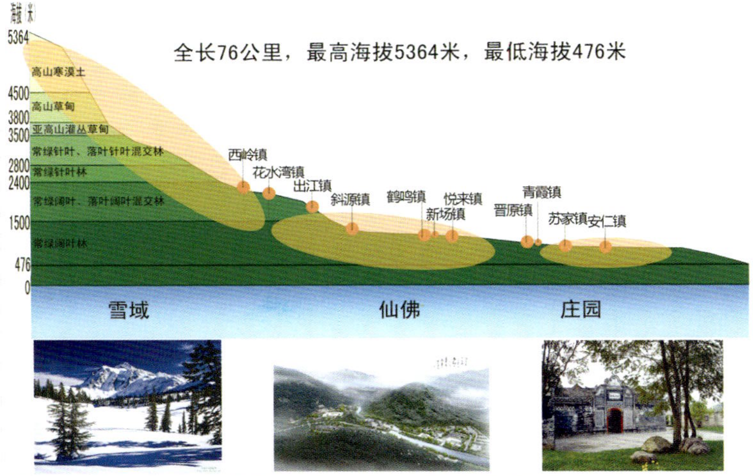

图10-3 旅游沿线景观变化图

雪域　仙佛　庄园

全长76公里，最高海拔5364米，最低海拔476米

图10-2 大邑县地形剖面图

山地（40公里）　丘陵（15公里）　平原（21公里）

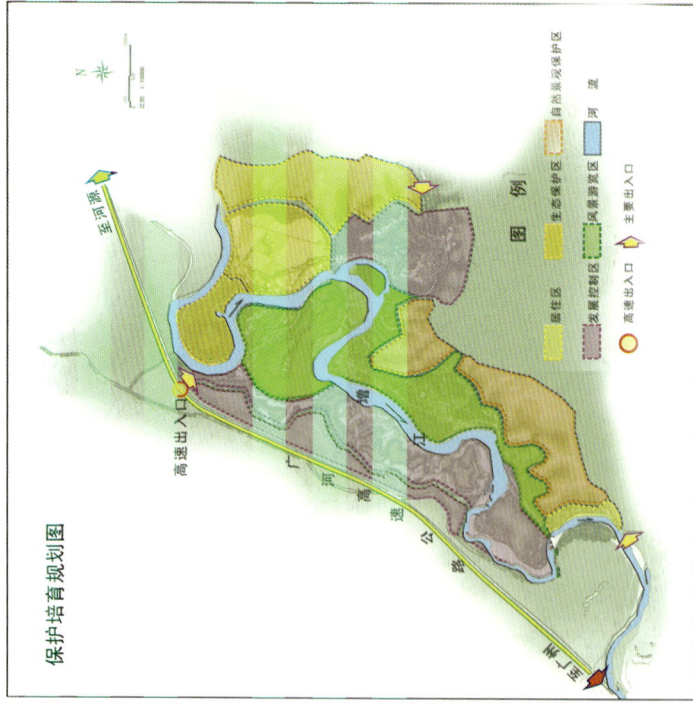

保护培育规划图

图11-9 保护培育规划图

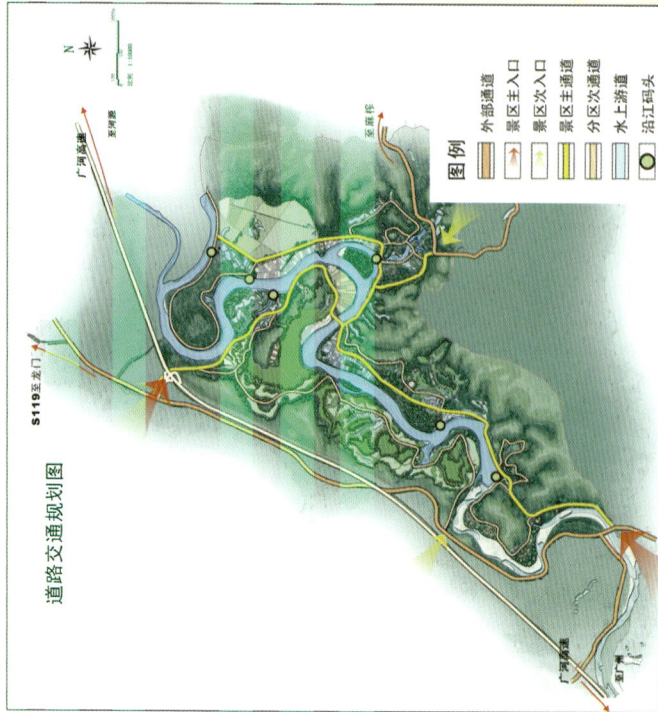

道路交通规划图

图11-8 道路交通规划图